LE COMPLEXE D'ORPHÉE

DU MÊME AUTEUR

Orwell anarchiste tory, Climats, 1995, nouvelle édition 2000.

Les intellectuels, le peuple et le ballon rond, Climats, 1998, nouvelles éditions 2003 et 2010.

L'Enseignement de l'ignorance, Climats, 1999, nouvelle édition 2006.

Les Valeurs de l'homme contemporain (avec Alain Finkielkraut et Pascal Bruckner), éditions du Tricorne-France culture, 2001.

Impasse Adam Smith, Climats, 2002 ; réédition « Champs », 2006.

Orwell éducateur, Climats, 2003.

L'Empire du moindre mal, Climats, 2007.

La Double Pensée, « Champs », 2009.

Jean-Claude Michéa

Le complexe d'Orphée

La gauche, les gens ordinaires et la religion du progrès

CLIMATS

ISBN : 978-2-0812-6047-4

À Noëlle Michéa et Linda Kizico Hudan.

À la mémoire d'Élisabeth Cassou-Barbier.

« Ce qui nous incite à revenir en arrière est aussi humain et nécessaire que ce qui nous pousse à aller de l'avant. »

Pier Paolo Pasolini

« Le déracinement déracine tout, sauf le besoin de racines. »

Christopher Lasch

« C'est aujourd'hui un lieu commun de dire que toute nostalgie du passé a quelque chose de morbide. Il conviendrait donc, apparemment, de vivre dans un éternel présent, où les souvenirs s'effacent d'un instant à l'autre, et où le passé n'est évoqué, s'il l'est, que pour remercier Dieu de l'amélioration de notre sort. Je vois là une sorte de lifting intellectuel, auquel on recourt par une terreur du vieillissement qui relève du snobisme. »

George Orwell

Préface

Éloge du rétroviseur

En 1910, un certain Adolphe Vasse – publiciste de gauche aujourd'hui bien oublié – décrivait de la façon suivante la cartographie du champ politique, telle qu'elle s'était trouvée entièrement redessinée au lendemain de l'affaire Dreyfus : « Les trois grandes divisions géographiques de la Chambre – Droite, Centre et Gauche – répondent aux trois grandes divisions idéologiques hors desquelles il n'y a place pour aucune conception politique, économique ou sociale. *Hier, c'est la Droite ; aujourd'hui c'est le Centre ; demain c'est la Gauche.* Réactionnaires, Conservateurs et Démocrates, tels sont les trois partis essentiels, catégoriques, pourrait-on dire, qui se disputent chez nous la souveraineté [1] ».

---

1. *Les partis politiques et leurs programmes. Pour qui voter ? Guide de l'électeur*, Durand, 1910 (cité par Marc Crapez, in « De quand date le clivage droite/gauche en France ? », *Krisis*, mai 2009, p. 50 ; cet article reprend sous une forme synthétique les analyses déjà développées par l'auteur dans son étude magistrale sur la *Naissance de la gauche*, publiée en 1998 aux éditions Michalon). Le terme de « démocratie » est pris ici dans son sens tocquevillien (c'est-à-dire pour désigner la dynamique historique de l'individualisme moderne).

Cette classification un peu fruste (mais à laquelle, de nos jours, la plupart des intellectuels de gauche souscriraient sans hésiter) introduisait d'une manière particulièrement claire les nouveaux présupposés idéologiques sur lesquels repose toujours l'imaginaire de la gauche moderne. D'une part – et c'était, bien sûr, le bouleversement le plus important –, le mouvement ouvrier socialiste (dont le rôle avait été si fondamental dans l'histoire du XIXe siècle français – des journées de juin 1848 à la Commune de Paris) cessait définitivement d'exister en tant que force politique *indépendante*, porteuse d'un projet philosophique spécifique et agissant à l'écart des clivages idéologiques traditionnels. Il ne représentait plus, à présent, qu'un courant parmi d'autres de la grande famille des « forces de gauche » (et cela, malgré l'opposition encore puissante des syndicalistes révolutionnaires dont la charte d'Amiens – adoptée en 1906 – symbolisait précisément la volonté de s'opposer à toute récupération politicienne du mouvement ouvrier) [**A**]. D'autre part, en définissant emphatiquement la gauche comme le *parti de demain*, c'est-à-dire en la recentrant sur les seules valeurs – supposés « démocratiques » – du progrès et de la modernité (à l'exclusion, par conséquent, de toute référence à la lutte des classes ou au pouvoir des travailleurs) [**B**], on la confinait implicitement dans une posture métaphysique d'une simplicité redoutable. Dorénavant, pour pouvoir bénéficier du statut convoité d'« homme de gauche » (expression qui ne commence d'ailleurs à se répandre qu'au début du XXe siècle), il suffisait, en effet, d'afficher un mépris de principe pour tout ce qui portait encore la marque infamante d'« hier » (le monde ténébreux des terroirs, des traditions, des « préjugés », du « repli sur soi » ou des attachements « irrationnels » à des êtres et des lieux) et de manifester, parallèlement, sa compréhension et sa sympathie actives pour *toutes* les évolutions de la société moderne, qu'elles soient politiques, économiques, morales ou culturelles [1]. En un mot, la gauche représentait désormais la clé d'entrée privilégiée de ce « meilleur des mondes » (« a brave *new* world ») [2] dont les seules valeurs (ou les seules limites) seraient les lois universelles de la Raison.

C'est d'abord à la lumière de cette foi naïve [3] dans l'existence d'un « sens de l'histoire » (la certitude, par exemple, de la disparition *inéluctable* du monde artisanal et paysan ou, dans un autre registre, de la jalousie et des chagrins d'amour) – et de l'universalisme

1. Dans son article « Wells, Hitler and the World State » (*Horizon*, août 1941), Orwell décrivait ainsi l'antithèse entre le progressiste « qui travaille à l'avènement d'un État mondial planifié » et le réactionnaire « qui s'emploie à restaurer un passé où tout n'était que désordre » (antithèse absurde, mais que l'œuvre de H.G. Wells avait, selon lui, malheureusement contribué à rendre familière) : « d'un côté, la science, l'ordre, le progrès, l'internationalisme, les avions, l'acier, le béton, l'hygiène ; de l'autre, la guerre, le nationalisme, la religion, la monarchie, les paysans, les professeurs de grec, les poètes, les chevaux » (*Essais, articles, lettres*, volume 2, Ivrea/Encyclopédie des nuisances, 1995, p. 180).

2. Tel était le titre originel du *Meilleur des mondes* d'Aldous Huxley (roman publié en 1932).

3. Dès 1932, Lewis Mumford – l'un des esprits les plus profonds du XXe siècle – considérait déjà la notion de progrès comme « la plus morte des idées mortes ».

abstrait qui en est le fondement habituel (l'idée que l'abolition des frontières et le déracinement généralisé [**C**] constitueraient la condition préalable d'un monde réconcilié avec lui-même) [**D**] – qu'il est possible de comprendre l'étonnante psychologie de l'homme de gauche moderne.

Si « être de gauche » signifie avant tout savoir « vivre avec son temps » (et même, dans l'idéal, être en avance sur lui – à la manière de l'artiste d'avant-garde ou du créateur de mode) [1], les figures du mal et de la déraison se dégagent, en effet, d'elles-mêmes. Tous ceux – ontologiquement incapables d'admettre que les temps changent – qui manifesteront, *dans quelque domaine que ce soit*, un quelconque attachement (ou une quelconque nostalgie) pour ce qui existait encore *hier* trahiront ainsi un inquiétant « conservatisme » ou même, pour les plus impies d'entre eux, une nature irrémédiablement « réactionnaire ». Deux péchés capitaux que l'on peut d'ailleurs réunir – si le besoin électoral s'en fait sentir – sous le concept, plus noir encore, de « fascisme » [**E**] et qui suffisent à définir entièrement la démonologie spécifique – ou le *Malleus Maleficarum* – de l'homme de gauche. Car s'il est une seule mauvaise pensée que ce dernier doit s'interdire inconditionnellement de former – le salut de son âme progressiste et libérale en dépend – c'est bien celle qui voudrait que sur tel

1. Quand la seule position subversive serait d'être, selon le mot de Nietzsche, *inactuel* (il est clair, par ailleurs, que ce que nous avons décrit ici comme l'imaginaire de la gauche progressiste correspond, en grande partie, à ce que Nietzsche avait appelé le « nihilisme du dernier homme »).

ou tel aspect de l'existence collective (qu'il s'agisse, par exemple, de la sécurité d'un quartier ou du niveau des élèves, de la qualité de l'alimentation ou des conditions de travail, de l'évolution du divertissement télévisé ou du respect des règles de civilité) les choses aient pu *aller mieux avant* [**F**].

C'est là le point central. Il se pourrait, après tout, que l'avenir radieux s'avère finalement plus sombre que prévu et qu'il faille – devant la leçon impitoyable des faits [1] – en rabattre sur les rêves millénaristes d'un monde futur où il n'y aurait « plus rien de semblable à la vieille histoire » [**G**]. Mais, même dans ce cas, l'essence de la religion du progrès n'en serait pas fondamentalement affectée, comme le prouve d'ailleurs l'existence – à première vue contradictoire – d'écologistes *de gauche* (autrement dit, d'« écologistes » pour lesquels, à l'instar de George Bush, la croissance reste « la solution et non le problème »). Ce paradoxe s'éclaire dès que l'on prend conscience que le « désir d'avenir » (autrement dit, l'attirance positive pour telle ou telle forme du « meilleur des mondes ») n'a jamais représenté que le moment second (voire facultatif) de

1. « Il ne fait guère de doute que les modes de productions et les modes de vie devront être profondément modifiés dans les années et décennies qui viennent. Il va falloir, en moyenne, adopter des solutions qui, selon les Nations unies, permettent de diviser par cinq d'ici 2050 les émissions de gaz à effet de serre des pays dits développés ; qui réduisent dans de fortes proportions les transports automobile et aérien, le commerce international sur de longues distances, l'usage de ressources fossiles, d'eau et de matières premières, la consommation de viande bovine et de poisson, etc. » (Jean Gadrey, *Adieu à la croissance*, Alternatives économiques/Les Petits matins, 2010, p. 18).

la croyance au progrès [**H**]. En réalité, le premier moteur psycho-idéologique de cette conviction religieuse a toujours été le rejet et la haine du passé (qu'il s'agisse du passé collectif ou de son propre passé individuel et familial) et la conviction que ce dernier, avec son cortège de coutumes absurdes, de préjugés ridicules et de superstitions meurtrières, représentait tout ce à quoi les individus devaient *s'arracher* s'ils voulaient enfin connaître la paix (civile ou intérieure), la liberté (politique ou personnelle) et – pour les plus exigeants – le règne triomphal de la Raison. C'est pourquoi le développement, à partir du XVIIIe siècle, d'une croyance consolatrice en un « sens de l'histoire » ne serait guère compréhensible sans le *traumatisme originel* des guerres civiles de religion des XVIe et XVIIe siècles – traumatisme dont la traduction première avait été (pour reprendre une formule rhétorique que la gauche nous a rendue familière) une philosophie du *plus jamais ça* [**I**]. Seule cette terrible expérience permet effectivement de comprendre pour quelles raisons l'esprit progressiste repose beaucoup moins, en définitive, sur un intérêt réel pour le monde à venir (ou pour les générations futures) que sur le désir préalable d'échapper à tout prix à un passé psychologiquement insupportable et sur la certitude obsessionnelle qu'aujourd'hui tout va forcément mieux qu'hier [**J**]. Certitude si profondément enracinée dans l'inconscient de l'homme de gauche qu'elle en est venue à constituer une véritable *forme a priori de son entendement* à laquelle il ne pourrait renoncer sans renoncer à lui-même, c'est-à-dire (pour utiliser ses propres distinctions conceptuelles) sans être confronté au sentiment dévastateur et terrifiant qu'il est en train de devenir *un peu réac sur les bords*, voire *limite facho*.

En ce sens, le tabou fondateur de toute pensée de gauche (très différente, encore une fois, de celle de l'ancien socialisme ouvrier et populaire, dont les rapports au monde précapitaliste – ou même à l'univers familial – étaient autrement plus dialectiques [1]) est donc bien cette interdiction religieuse de *regarder en arrière* ou, *a fortiori*, d'accorder le moindre intérêt à la recherche du temps perdu et à l'expérience historique des civilisations antérieures. Interdiction qui suffit amplement à expliquer, au passage, que la pente idéologique naturelle des mouvements de gauche et d'extrême gauche – une fois rompus les derniers liens qui les unissaient encore aux classes populaires et à leur « conservatisme tempéramental » (Orwell) – ne puisse être, partout et toujours, que la surenchère mimétique et la *fuite en avant*.

Bien des lecteurs se souviendront alors ici du destin exemplaire d'Orphée, le « prince des poètes ». Descendu au royaume des morts pour retrouver la belle Eurydice – mordue par un serpent le jour même de leurs noces –, il est, en effet, parvenu, grâce à la magie de sa parole et aux sons envoûtants de sa lyre, à convaincre Hadès lui-même de le laisser revenir avec celle qu'il aime dans le monde

1. « Ah que la vie était belle contre Franco ! » Tel est, de nos jours, l'un des slogans anticapitalistes les plus populaires en Espagne. Voilà une formule qui témoigne d'une compréhension dialectique des rapports au passé, devenue assez rare de ce côté-ci des Pyrénées.

des vivants. Mais le dieu des Enfers n'a accepté cet arrangement exceptionnel qu'à une seule condition. Orphée ne devra jamais « *tourner ses regards en arrière* jusqu'à ce qu'il soit sorti des vallées de l'Averne » (Ovide, *Les Métamorphoses*, livre X). Bien entendu, c'est au moment même où ils vont *franchir la limite* (geste de gauche par excellence) qui sépare le royaume des ombres et celui des vivants, qu'Orphée ne peut s'empêcher de se retourner vers l'objet de son amour (sentiment peu compatible, il est vrai, avec le détachement stoïcien qu'implique le culte du progrès et de la mode), perdant ainsi – et cette fois pour toujours – celle qu'il était venu sauver [1].

Puisque tout essai se doit d'avoir un titre, j'ai donc choisi de désigner sous le nom de *complexe d'Orphée* ce faisceau de postures *a priori* et de commandements sacrificiels qui définit – depuis bientôt deux siècles – l'imaginaire de la gauche progressiste [**K**]. Semblable au pauvre Orphée, l'homme de gauche est en effet condamné à gravir le sentier escarpé du « Progrès » (celui qui est censé nous éloigner, chaque jour un peu plus, du monde infernal de la tradition et de l'enracinement) sans jamais pouvoir s'autoriser ni le plus léger repos (un homme de gauche n'est jamais épicurien, quelles que soient ses nombreuses vantardises sur le sujet) ni le moindre regard en arrière [2].

---

1. Cette interdiction de regarder en arrière se retrouve dans bien d'autres mythes. Le plus célèbre est celui de Loth – neveu d'Abraham – dont la femme sera changée en statue de sel pour avoir précisément violé cette interdiction fondamentale (Genèse, 19). L'histoire de Loth est reprise à l'identique dans le Coran.

2. On songe à la célèbre « définition » de Dominique Strauss-Kahn : « le socialisme, c'est l'espoir, l'avenir et l'innova-

Naturellement, cette étrange mystique ascensionnelle – et la fascination béate qu'elle implique pour tout ce qui est nouveau – ne constituent, chez notre Orphée moderne, que l'envers logique de son étonnante incapacité philosophique – et le plus souvent psychologique – à tisser le moindre rapport positif avec le passé (et sans doute – comme le pensait Orwell – *la peur de vieillir* joue-t-elle un rôle décisif dans cette incapacité). Or le sens du passé n'est pas seulement ce qui nous donne le pouvoir de méditer sur les ruines des civilisations disparues ou de se lamenter sur la folie éternelle des hommes. Il est *aussi* – et peut-être même avant tout – ce qui permet à chacun (individu ou peuple) de s'inscrire dans une continuité historique et dans une somme de filiations et de fidélités (héritage qui devra, naturellement, être assumé de façon chaque fois singulière) et d'échapper ainsi à l'illusion adolescente d'un recommencement absolu ou aux mythologies parallèles – à la fois religieuses et cartésiennes – de *l'île déserte* et de *l'an 01.* Mythologies qui sont, comme on le sait, au fondement même de l'imaginaire occidental et qui, d'une manière ou d'une autre, ont toujours conduit les Modernes à se vivre comme des « monades sans portes ni fenêtres » (Leibniz), que ce soit sous la forme romantique du Robinson ingénieux et bricoleur, de l'aventurier solitaire, de l'artiste

tion » (déclaration du 20 février 2011). Le lecteur aura, bien sûr, rectifié de lui-même. Ce que DSK définit ainsi, ce n'est nullement le socialisme (notion dont il ne doit même plus avoir le moindre souvenir). C'est seulement *l'imaginaire de la gauche moderne* (ou – ce qui revient à peu près au même – celui du Fonds monétaire international).

maudit, du rebelle *néo-punk* incompris, du *privé* désabusé, misanthrope et alcoolique, ou encore – dans les versions les plus appauvries de cet individualisme radical (on songe, bien sûr, aux romans apologétiques d'Ayn Rand) – sous celle du *self-made-man* entreprenant, bien décidé à ne compter que sur lui-même dans la jungle impitoyable du marché capitaliste [**L**]. Que de telles figures, dans leur diversité même, nous soient devenues aujourd'hui plus familières que jamais, montre bien à quel point trente ans de domination culturelle ininterrompue de la gauche (post)mitterrandienne [**M**] ont presque fini par nous faire oublier qu'à l'origine le terme « socialisme » avait justement été forgé par Pierre Leroux, en 1834, pour désigner l'antithèse exacte de cet individualisme exacerbé, dont il voyait la source philosophique majeure dans « l'économie politique anglaise » (c'est-à-dire, dans l'héritage d'Adam Smith) et qui impliquait logiquement que « les hommes *désassociés* soient non seulement étrangers entre eux, mais nécessairement rivaux et ennemis » [**N**].

Certes, aussi longtemps que les structures de l'Ancien Régime demeuraient en place ou, du moins, aussi longtemps que les forces réactionnaires qui se proposaient de les restaurer constituaient une menace réelle, l'invocation du « progrès » ou d'un « sens de l'histoire » pouvait encore passer pour un simple habillage provisoire de la critique sociale (de la même manière, en somme, que le christianisme avait pu fournir un cadre idéologique efficace aux insurrections paysannes du XVIe siècle). En revanche, une fois ces structures et ces forces définitivement balayées (la *droite d'Ancien Régime* – la seule qui ait jamais été « réactionnaire » au sens strict du terme – disparaît du paysage politique après 1945), l'idée qu'une société libre et fraternelle ne pourrait naître que de la ruine de toutes les formes particulières d'enracinement et d'une rupture délibérée avec l'ensemble du *monde d'avant* – puisque telle est, en définitive, le grand principe de la métaphysique progressiste – devait nécessairement se charger d'un sens nouveau, et révéler enfin au grand jour les ambiguïtés dont elle était porteuse depuis l'origine. C'est sans doute à Marx que nous devons la conscience la plus nette de ce renversement dialectique programmé. S'il est vrai, en effet, que « l'ébranlement constant de tout le système social et l'agitation et l'insécurité perpétuelles [1] » sont justement les traits spécifiques qui distinguent la civilisation capitaliste « de *toutes les précédentes* » (*Manifeste communiste*), alors il est clair que la vieille exhortation progressiste à aller toujours de l'avant, à transgresser par principe toutes les limites morales et culturelles reçues en héritage, ou à substituer – dans tous les domaines de l'existence – la mode à la tradition, prend soudain une tonalité bien différente. Une tonalité très différente, en tout cas, de celle qui définissait encore, au XVIIIe siècle, le combat des philosophes contre un pouvoir autocratique séculaire,

1. Notons, au passage, que si *l'insécurité perpétuelle* constitue bien l'un des traits les plus fondamentaux de l'ordre capitaliste, il devient difficile de présenter « l'idéologie sécuritaire » comme le cœur même d'une politique libérale. Il faudra donc, ici encore, choisir entre Marx et Foucault (et l'on sait, depuis trente ans, quel a été le choix constant de l'université bourgeoise).

fondé sur la domination de l'Église catholique, les privilèges arbitraires de la naissance et la grande propriété foncière.

C'est pourquoi il devait inévitablement venir un temps – et nous y sommes, de toute évidence, arrivés – où, derrière la conviction autrefois émancipatrice *qu'on n'arrête pas le progrès*, il deviendrait de plus en plus difficile d'entendre autre chose que l'idée, à présent dominante, selon laquelle *on n'arrête pas le capitalisme et la mondialisation.* Car tel est bien, en vérité, le lourd tribut à payer (dont l'abandon par la gauche moderne de toute critique socialiste du mode de vie capitaliste ne représente qu'un effet secondaire) pour tous ceux dont le « complexe d'Orphée » continue à organiser – consciemment ou non – la compréhension de l'histoire et de la politique. Que ce soit en raison de leur appartenance sociale (les nouvelles élites mobiles du marché global) ou de leur rapport psychologique personnel à l'univers familial et à l'idée de filiation.

C'est donc d'ici qu'il va falloir repartir si nous tenons encore à vivre dans un autre monde que celui qui advient.

Scolies

[**A**]

[... *toute récupération politicienne du mouvement ouvrier...*]

En 1898 – comme nous le verrons plus loin –, Jean Jaurès et Jules Guesde tenaient encore l'affrontement entre la droite antidreyfusarde et la gauche dreyfusarde pour un simple épisode de cette « guerre civile bourgeoise » dont ni la classe ouvrière ni les partis politiques socialistes ne devaient se mêler. Quant à la gauche de l'époque (c'est-à-dire, pour l'essentiel, le front commun des libéraux et des « républicains de progrès » – rejoints un peu plus tard, par les « radicaux »), elle se définissait depuis le début du XIXe siècle par un combat permanent contre deux menaces à ses yeux symétriques. D'un côté, le « péril clérical et monarchiste » – incarné par la droite traditionnelle et ses « ultras » – et, de l'autre, le « danger collectiviste » incarné par la classe ouvrière, ses partis politiques socialistes (ou anarchistes), son mouvement coopératif et ses puissants syndicats. Le jeu politique français – jusqu'à la fin du XIXe siècle – ne s'organisait donc pas encore autour d'un clivage binaire (l'opposition supposée éternelle d'une gauche « progressiste » et d'une droite « conservatrice » et « réactionnaire »). C'était d'abord un *jeu à trois* qui mettait aux prises les Blancs de la droite monarchiste et catholique, les Bleus de la gauche républicaine, libérale et progressiste et les Rouges du mouvement socialiste, communiste et anarchiste, qui entendaient bien, pour leur part, agir de façon *indépendante* des deux autres forces (comme la moindre lecture de Marx suffirait à le confirmer). Ce n'est donc, en réalité, qu'au terme de l'affaire Dreyfus que les principaux partis politiques de la classe ouvrière (du moins ceux qui étaient alors représentés au Parlement) allaient progressivement se rallier à la politique de « défense républicaine » (pour des raisons, au départ, essentiellement tactiques sur lesquelles nous reviendrons) et que le clivage gauche/droite allait, en conséquence, envahir peu à peu le champ de la politique moderne (jusqu'à engendrer, chez les historiens de la IIIe République, l'illusion rétrospective qu'il existait déjà sous cette forme *avant l'affaire Dreyfus*). À partir de ce moment précis, il deviendra alors possible de dire, avec Marc Crapez, que « l'ancienne Gauche, devenue un centre-gauche, ne limite plus ses alliances au seul radicalisme, devenu le noyau de la gauche naissante, mais accepte l'appoint d'*une partie du socialisme*, devenue une extrême gauche » (*Naissance de la gauche*, *op. cit.*, p. 63).

L'un des objectifs de ce petit essai sera donc d'établir quelles ont été les raisons historiques – et, surtout, quel a été le prix politique et philosophique à payer – de cette intégration, à première vue surprenante, du mouvement ouvrier socialiste – naguère indépendant – dans le camp de la gauche libérale et des « forces républicaines de progrès ».

[**B**]

[... *toute référence à la* lutte des classes *ou au* pouvoir des travailleurs...]

Bien entendu, la gauche française n'avait jamais cessé de se définir, depuis 1815, comme le parti du *mouvement*, du *progrès* et des *Lumières*. Mais, tout au long du XIXe siècle, la plupart de ses représentants – pour des raisons qui tenaient d'abord à la nature aristocratique de l'Ancien Régime – ne dissociaient encore que très rarement la cause du progrès et *la cause du peuple* (pour reprendre ici le nom du journal fondé, en 1848, par George Sand). Seuls des libéraux comme Guizot, Royer-Collard ou Victor Cousin – qu'on appelait précisément les « doctrinaires » – s'aventuraient déjà à opposer systématiquement la « souveraineté de la Raison » (dont ils se percevaient comme les représentants naturels) à celle des classes populaires, dans laquelle ils voyaient la matrice toujours féconde des débordements terroristes de la Révolution et de toute les revendications « exagérées » (ils sont donc, en un sens, les véritables ancêtres philosophiques des chroniqueurs de *Libération*, des *Inrockuptibles* ou du *Grand Journal* de Canal Plus).

En revanche, une fois la gauche définitivement recentrée sur sa seule fonction « avant-gardiste » (processus qui ne s'achèvera, en France, qu'avec l'ère Mitterrand), plus rien ne pourra interdire aux intellectuels et aux artistes qui s'en réclament de se vivre, à présent, comme les représentants héroïques d'une « minorité éclairée » (ou d'un « parti de l'intelligence ») [**1**], œuvrant par définition dans le « sens de l'histoire » (c'est-à-dire dans celui de la « mondialisation ») et profondément convaincus que les insupportables penchants « populistes » des *classes inférieures* – cet univers grouillant et « nauséabond » de *Beaufs*, de *Groseille* et de *Bidochon* – constituent le seul danger susceptible de menacer les équilibres délicats et subtils de la société ouverte (et, par la même occasion, les privilèges si légitimes de cette minorité éclairée). Comme George Orwell le constatait déjà en 1937 – dans *Le Quai de Wigan* – la plupart des intellectuels de gauche en sont désormais venus à penser que « la révolution n'est pas un mouvement des masses auquel ils souhaiteraient s'associer, mais un ensemble de réformes que nous, les gens intelligents, allons imposer aux classes populaires ».

[**1**] On songe à la célèbre pétition social-narcissique des *Inrockuptibles* de février 2004.

[C]

[... *l'abolition des frontières et le* déracinement généralisé...]

Si l'universalisme de la gauche est d'abord l'héritier de celui de la philosophie des Lumières, on ne saurait pour autant oublier ses racines chrétiennes et, notamment, son origine *paulinienne* (c'est un point sur lequel Alain Badiou a eu le grand mérite d'insister). Pour saint Paul, en effet, il n'existera plus, dans le Royaume de Dieu, « ni Juif ni Grec, ni esclave ni maître, ni mâle ni femelle » (Épître aux Galates, 3-28) parce que alors tous ne feront plus qu'« *un* dans le Christ ». Dans cette conception désincarnée (ou *transgenre*) de l'universel (que l'on retrouverait, de nos jours, aussi bien au principe de la lutte citoyenne « contre toutes les formes de discrimination » qu'à celui de ces royaumes de Dieu modernes que sont la « Communauté européenne » ou le Marché mondial), toute détermination particulière – c'est-à-dire tout agencement symbolique concret supposé enfermer un sujet (qu'il soit individuel ou collectif) dans les limites d'un héritage historique ou naturel donné – doit être pensée comme un obstacle majeur à l'avènement d'un ordre juste et, par conséquent, comme une configuration politiquement incorrecte qu'il est indispensable d'éradiquer au plus vite. Tel est bien, en fin de compte, le sens ultime de la croisade perpétuelle de la gauche et de l'extrême gauche contemporaines contre tout ce qui pourrait impliquer une forme quelconque de filiation ou d'identité individuelle et collective – y compris sur le plan anatomique et sexuel (Judith Butler – figure emblématique de la gauche américaine moderne – tenant ainsi la drag queen pour le seul sujet politique révolutionnaire capable de remplacer efficacement l'« ancien » prolétaire de la doctrine marxiste [**1**]). Si donc la *loi du progrès* est celle qui doit inexorablement conduire des étouffantes « sociétés closes » à la merveilleuse « société ouverte » – qui oblige, en d'autres termes, l'ensemble des civilisations existantes (du monde islamique aux tribus indiennes d'Amazonie) à renoncer peu à peu à toutes ces limitations « arbitraires » qui fondaient leur identité contingente pour se dissoudre triomphalement dans l'unité *posthistorique* – au sens ou l'entendait Fukuyama – d'une société mondiale uniformisée (unité dont le moteur ne saurait évidemment être que le développement coordonné du libre-échange, des « droits de l'homme » et de la culture *mainstream*) – on comprend alors ce qui fait la cohérence philosophique de la gauche moderne. Pour cette dernière, en effet, c'est forcément une seule et même chose que de refuser le sombre héritage du passé (qui ne saurait appeler, par principe, que des attitudes de « repentance »), de combattre tous les symptômes de la fièvre « identitaire » (c'est-à-dire, en d'autres termes, tous les signes d'une vie collective enracinée dans une culture particulière) et de célébrer à l'infini la transgression de toutes les limites morales et culturelles léguées par les générations antérieures (le règne accompli de l'universel libéral-paulinien devant coïncider, par définition, avec celui de l'indifférenciation et de l'*illimitation* absolues) [**2**]. Aux yeux de l'intellectuel de gauche contemporain, il va nécessairement de soi que le respect du passé, la défense de particularismes culturels et le sens des limites ne sont que les trois têtes, également monstrueuses, de la même hydre réactionnaire.

Une telle entreprise d'épuration et d'éradication généralisées (« du passé faisons table rase ! ») a cependant une contrepartie philosophique. Elle exige, en effet, qu'on raye d'un trait de plume toute la révolution théorique accomplie par Hegel (et, à sa suite, par Marx et les fondateurs du mouvement ouvrier socialiste) et qu'on revienne, par conséquent, en deçà de l'idée selon laquelle l'accès à l'universalité véritable (ce que Hegel appelait l'« universel concret ») ne résulte jamais de la négation pure et simple des déterminations particulières existantes (par exemple des traditions, des formes de culture, des identités, des langues ou des appartenances antérieures) mais suppose, au contraire, leur « dépassement dialectique » (*Aufhebung*) « qui supprime en *conservant* » [**3**].

C'est pourquoi, dans les pages qui suivent, j'essaierai de revenir de façon aussi claire que possible sur cette question absolument cruciale des rapports philosophiques entre l'universel et le particulier. C'est là une question qui peut, à première vue, sembler inutilement métaphysique. Mais, comme nous le verrons, c'est bien elle qui commande, en dernière instance, la compréhension politique du monde où nous vivons et qui peut, seule, éclairer l'impasse politique absolue dans laquelle la gauche contemporaine – en les écrasant de tout son mépris prétendument « universaliste » – a choisi d'abandonner, sans armes ni bagages, l'immense majorité des travailleurs et des catégories populaires.

[**1**] La proposition de Judith Butler n'a rien d'utopique. Pour la majorité des militants de gauche modernes (et particulièrement pour la jeunesse bourgeoise « branchée »), il est d'ores et déjà acquis que la Gay Pride (tout comme, dans un registre parallèle, la Fête de la Musique ou les *apéros Facebook*) constitue un événement politique autrement plus « subversif » et « inquiétant pour le pouvoir » que les manifestations ouvrières du Premier Mai.

[**2**] C'est ce que Badiou appelle avec enthousiasme « l'égalité dans l'arène de l'illimitation » (*Second manifeste pour la philosophie*, Fayard, 2009, p. 33). Cette posture fièrement transgressive de la gauche moderne a, du reste, été défendue avec une conviction touchante par l'un des plus fervents admirateurs de Badiou : « Je pense qu'on se construit en *transgressant*, que l'on crée toujours en *transgressant*. Moi-même, j'ai créé mon personnage en *transgressant* certaines règles de la pensée unique. Je crois en la *transgression* [...]. L'intérêt de la règle, de la limite, de la norme, c'est justement qu'elles permettent la *transgression*. Car la liberté, c'est de *transgresser* » (Nicolas Sarkozy, Dialogue avec Michel Onfray, *Philosophie magazine*, avril 2007). Le Maître n'aurait pas dit mieux.

[**3**] Il est assez facile de dater ce retournement philosophique des intellectuels de gauche. En juin 1966, Michel Foucault annonçait ainsi avec enthousiasme (dans la revue *Arts*) qu'une « culture non dialectique est en train de se former », tandis que Gilles Deleuze (*Le Nouvel Observateur* du 5 avril 1967) se réjouissait,

quant à lui, du « reflux de la pensée dialectique en faveur du structuralisme ». Comme le note Lucien Sève – qui rapporte ces textes – « ainsi s'esquissait déjà dans une certaine gauche intellectuelle, à la veille même des événements de mai-juin 1968, la programmation de la *mort de Marx* » (*Structuralisme et dialectique*, Éditions sociales 1984, p. 11). Qu'il soit devenu, aujourd'hui, presque impossible de *faire carrière* dans l'université bourgeoise sans prêter allégeance à ces deux penseurs totémiques de la gauche libérale, confirme à quel point l'analyse de Lucien Sève était juste.

[D]

[... *un monde réconcilié avec lui-même*...]

Dans *Culture de masse ou culture populaire* (réédition Climats, 2011), Christopher Lasch nous rappelle que pour la gauche libérale moderne toute politique dite de « démocratisation » doit se fonder sur « un programme éducatif ou un processus social (ou les deux) capable d'arracher les individus à leur contexte familier, et d'affaiblir les liens de parenté, les traditions locales et régionales, et toutes les formes d'enracinement dans un lieu. Aux États-Unis en particulier, la liquidation des racines a été considérée comme la condition essentielle du développement et de la liberté. Les symboles dominants de la vie américaine, la "frontière" et le *melting-pot*, incarnent, entre autres choses, cette croyance selon laquelle seuls les déracinés peuvent accéder à la liberté intellectuelle et politique » (p. 31). « Déracinés de tous les pays, unissez-vous sous l'égide du marché mondial ! » ; tel pourrait donc être, en somme, le nouveau mot d'ordre de la gauche libérale [**1**].

[**1**] C'est, du reste, la thèse « révolutionnaire » défendue par Michel Hardt et Antonio Negri dans *Empire* (Exils, 2000). Pour eux, en effet (comme pour Alain Badiou), c'est le fait même d'avoir rompu avec leur nation d'origine qui conférerait aux migrants du monde entier une conscience politique *nécessairement* supérieure à celle des travailleurs des pays d'accueil. Analyse qui les conduit logiquement (à la suite de Gilles Deleuze et de Félix Guattari) à appuyer avec enthousiasme tous les développements du capitalisme contemporain puisque c'est justement la grandeur historique de ce dernier que d'exiger « une mobilité croissante de la main-d'œuvre et des migrations continuelles à travers les frontières nationales » (*ibid.*, p. 481).

[**E**]

[... *sous le concept, plus noir encore, de « fascisme »*...]

Les termes « conservateur » (celui qui voudrait maintenir les conditions existantes) et « réactionnaire » (celui qui voudrait revenir « en arrière ») ne peuvent évidemment définir des crimes de pensée que si l'on adhère, au préalable, à une théorie du progrès et du sens de l'histoire. Un Rousseau, par exemple, n'aurait jamais pu recourir à une telle terminologie. De même qu'à l'inverse tout militant de gauche (ou d'extrême gauche) moderne sera philosophiquement tenu de considérer le *Discours sur les sciences et les arts* (au cas où il en aurait entendu parler) comme l'exemple même d'une pensée « réactionnaire » (il est d'ailleurs surprenant qu'aucune association de parents d'élèves – ni même d'enseignants pédagogiquement corrects – n'ait encore songé à demander la mise à l'index définitive des œuvres « nauséabondes » de Jean-Jacques Rousseau).

Notons également que le premier philosophe à avoir systématisé l'usage politique négatif de ces concepts de « réaction » et de « conservatisme » – avant même Henri de Saint-Simon et Auguste Comte – n'est autre que Benjamin Constant (cf. *Des réactions politiques*, 1797), autrement dit, le représentant le plus marquant (et le plus brillant) de la gauche *libérale* naissante [**1**]. Ce n'est certainement pas un hasard. Essayez, par exemple, de défendre le principe de la mondialisation capitaliste – ou celui des centrales nucléaires – sans prendre le moindre appui sur une théorie du progrès (c'est-à-dire sur l'idée qu'il s'agirait là d'évolutions « inéluctables » auxquelles les hommes seront contraints de se soumettre tôt ou tard) et sans *stigmatiser* en parallèle toutes ces attitudes « frileuses » et « conservatrices » qui ne seraient fondées que sur la « peur irrationnelle de l'avenir », le « repli nostalgique sur un monde révolu » ou le « rejet xénophobe de l'autre ». Il existe sans doute en France d'*authentiques* conservateurs et de *véritables* réactionnaires (c'est, d'ailleurs, le rôle de *Libération* ou des *Guignols de l'info* que de les clouer chaque jour au pilori moderne). Mais, ce qui est sûr, c'est qu'il n'y a aucune chance d'en rencontrer un seul dans les allées du pouvoir moderne ou parmi les dirigeants des grandes firmes capitalistes transnationales.

[**1**] Comme tous les libéraux, Constant adhérait entièrement à la religion du progrès : « il existe dans la nature humaine – écrivait-il ainsi – une disposition qui lui donne perpétuellement *la force d'immoler le présent à l'avenir* » (*De la perfectibilité de l'espèce humaine*, 1829).

[**F**]

[… *les choses aient pu* aller mieux avant…]

Un politicien de gauche pourra toujours reconnaître que – sous l'effet des politiques impitoyables de ses clones de droite – les conditions de vie des classes populaires se sont dégradées *dans tous les domaines* (encore faudra-t-il, pour cela, qu'il consente à s'appuyer sur d'autres indicateurs que ceux qui lui sont habituellement fournis par la statistique d'État). Pour autant, personne ne l'entendra jamais en conclure – ce qui serait pourtant conforme à la logique la plus élémentaire – que si ces classes populaires vivent aujourd'hui de plus en plus mal, c'est donc que, pour elles, les choses allaient un peu mieux avant (c'est-à-dire quand le capitalisme n'avait pas encore développé ses plus récentes *métastases*). Une conclusion aussi effrayante l'inviterait, en effet, à remettre en question l'idée qu'il y a un sens de l'histoire (qui doit, par exemple, nécessairement conduire du biface en silex aux centrales nucléaires) et que la nostalgie – sentiment réactionnaire et fasciste par excellence – est bien le crime qui contient tous les crimes.

Lorsque la logique et le bon sens se trouvent ainsi frappés d'interdit par les seules contraintes du dogme, tout le monde aura compris que nous avons quitté depuis longtemps le terrain de la *critique sociale* pour celui – d'ailleurs respectable dans son ordre – de la pure et simple *foi religieuse.*

[G]

[... « *plus rien de semblable à la vieille histoire* »...]

« Citoyens, le dix-neuvième siècle est grand, mais le vingtième siècle sera heureux. *Alors plus rien de semblable à la vieille histoire* ; on n'aura plus à craindre, comme aujourd'hui, une conquête, une invasion, une usurpation, une rivalité de nations à main armée, une interruption de civilisation dépendant d'un mariage de rois, une naissance dans les tyrannies héréditaires, un partage de peuples par congrès, un démembrement par écroulement de dynastie, un combat de deux religions se rencontrant de front, comme deux boucs de l'ombre, sur le pont de l'infini ; on n'aura plus à craindre la famine, l'exploitation, la prostitution par détresse, la misère par chômage, et l'échafaud et le glaive, et les batailles, et tous les brigandages du hasard dans la forêt des événements. On pourrait presque dire : il n'y aura plus d'événements. On sera heureux » (Victor Hugo, *Les Misérables*, V^e^ partie). Ce discours d'Enjolras (« Quel horizon on voit du haut de la barricade ») constitue, à coup sûr, l'un des textes les plus emblématiques de l'abondante littérature prophétique de la gauche du XIXe siècle. Encore convient-il de remarquer qu'Enjolras « tenait trop de Saint-Just et pas assez d'Anarcharsis Clootz ». Mais « depuis quelque temps – souligne Hugo – il sortait peu à peu de la *forme étroite du dogme* et se laissait aller aux *élargissements du progrès*, et il en était venu à accepter, comme évolution définitive et magnifique, la transformation de la grande république française en immense république humaine ». Victor Hugo – assurément le plus sublime des écrivains français de gauche – ne pouvait évidemment pas imaginer que cette même idée du progrès (et de la « science faite gouvernement ») donnerait lieu, à son tour, à une religion particulièrement meurtrière et dotée de dogmes tout aussi étroits. Au moins avait-il l'excuse d'écrire ces lignes en 1862 – soit cent cinquante ans avant Jacques Attali [**1**].

[**1**] Le lecteur désireux de connaître les sources soviétiques de la pensée attalienne consultera avec le plus grand intérêt *La Vie au XXIe siècle*, ouvrage rédigé en 1964 par Sergueï Gouchtchev et Mikhaïl Vassiliev et publié aux éditions Buchet-Chastel. Ce chef-d'œuvre de la *futurologie de gauche* décrivait pendant 250 pages – sur fond de célébration permanente de l'industrie nucléaire (« déjà à l'aide de l'énergie atomique, on a obtenu des sortes d'orge à grand rendement ») – les innovations technologiques qui ne manqueraient pas de bouleverser

la vie quotidienne « des hommes de 2007 » – depuis les « autos planantes » jusqu'aux « sovkhoses d'élevage de baleines » en passant par le détournement méthodique du « cours des fleuves souterrains ». Particulièrement révélateur, sous ce rapport, était le chapitre consacré à l'évolution démographique du XXIe siècle – et intitulé « L'âge d'or de l'abondance est devant nous » – (âge dans lequel il y aurait évidemment partout des « réfrigérateurs spéciaux où seront conservés les corps de personnes qui viennent de mourir »). Interrogé, en effet, sur la question de savoir s'il pourrait exister, un jour, « une limite à l'accroissement de la population terrestre », l'académicien Semion Isaakovitch Volkovitch – adversaire implacable de Malthus et défenseur fanatique des pesticides et des engrais – répondait aux auteurs de l'ouvrage, « avec assurance et sans hésitation » : « Non. Il ne *peut pas* y avoir de limite ». C'est précisément ce type de certitude *a priori* qui définit l'essence de toute pensée de gauche ou, si l'on préfère, de la métaphysique progressiste de *l'illimitation.* Et l'on comprend beaucoup mieux, du coup, l'accueil glacial qui devait nécessairement être réservé par la gauche orthodoxe, en 1972, au rapport du Club de Rome sur les limites de la croissance et l'existence d'un mur écologique (un « programme monstrueux », selon les mots alors employés par la direction du parti communiste).

[**H**]

[… *le moment second (voire facultatif) de la croyance au progrès…*]

Dans *Le seul et vrai paradis* (Champs-Flammarion, 2006), Christopher Lasch a bien montré, à la suite de

Hans Blumenberg, pour quelles raisons l'idéologie du progrès – telle qu'elle apparaît au XVIIe siècle – ne peut en aucun cas être comprise comme « une version sécularisée du millénarisme chrétien ». La construction d'« utopies » et de « cités du soleil » – du XVIe au XIXe siècle – appartient d'ailleurs essentiellement à la tradition républicaine et socialiste. On n'en trouverait guère d'équivalent dans la tradition libérale *originelle*.

[**I**]

[... *une philosophie du* plus jamais ça...]

Dans l'Europe moderne naissante, le *traumatisme fondateur* que les contemporains allaient devoir apprendre à surmonter collectivement était celui des terrifiantes guerres civiles de religion (celles « où le fils s'arme contre le père et le frère contre le frère »). Et tout comme le célèbre décret athénien de 403 avait imposé, au lendemain de la guerre du Péloponnèse, l'interdiction d'évoquer en public les événements dramatiques qui venaient d'avoir lieu (on espérait ainsi, *en refoulant jusqu'au souvenir du passé*, bannir toutes les paroles de division susceptibles de réalimenter la guerre civile entre les Grecs), l'édit de pacification d'août 1570 exhortait, à son tour, catholiques et protestants à refouler définitivement « la mémoire de toutes choses passées d'une part et d'autre » [**1**]. Les édits de pacification ultérieurs (1573, 1576, 1577 et 1598) s'efforceront naturellement, et sans plus de succès, de maintenir cette interdiction de revenir sur le passé, c'est-à-dire, en d'autres termes, de *regarder en arrière*. Et, en 1584, le juriste Antoine Loisel entreprendra même de théoriser philosophiquement cette politique d'amnésie volontaire dans un ouvrage régulièrement réédité par la suite et intitulé *De l'amnestie ou oubliance des maux faicts et receus pendant les troubles, et à l'occasion d'iceux*.

C'est d'abord dans ce contexte historique dramatique (le passé comme foyer supposé naturel de toutes les vendettas possibles et de toutes les paroles de division) que l'on peut comprendre le rôle philosophique majeur qui allait être progressivement assigné, à partir du siècle suivant, à la révolution scientifique galiléenne. En proposant l'image d'un savoir objectif, impartial et ne reposant que sur les faits, la *Scienza nueva* offrait, en effet, aux penseurs politiques du temps le modèle idéal d'un discours expert (ou *more geometrico*) censé échapper par nature à ces paroles de division qui menaçaient sans cesse de ressusciter les *crises mimétiques* et la guerre de tous contre tous. Si l'on ajoute que cette nouvelle « philosophie expérimentale de la nature » constitue la véritable matrice historique de l'idée de progrès illimité (comme Pascal l'avait aussitôt fait observer – dans son *Traité du vide* – la Science est le seul domaine intellectuel où les Modernes sont fondés à faire la leçon aux Anciens), on voit donc que toutes les conditions idéologiques et conceptuelles se trouvaient à présent réunies pour définir la solution moderne du problème théologico-politique. Et pour rendre bientôt pensable l'idée d'un « sens de l'histoire » (qu'Adam Smith, Turgot et Condorcet se chargeront de mettre au point), calqué sur le développement des sciences et des techniques, et dont la fonction idéologique première serait de légitimer la rupture progressive du genre humain avec la barbarie supposée de toutes les civilisations antérieures (l'idéologie coloniale – élaborée par la gauche républicaine du XIXe siècle – [**2**] ne constituant, de ce point de vue, que l'un des multiples effets secondaires de cette nouvelle métaphysique de l'histoire).

[**1**] Cf. Nicolas Le Roux, *Les Guerres de Religion 1559-1629*, Belin, 2009, p. 320).

[**2**] Jules Ferry sera l'un des grands maîtres d'œuvre de cette politique fondamentalement *progressiste* (et que les principaux partis de la droite conservatrice contestaient alors pour des raisons symétriques), fondée sur l'idée – empruntée à la philosophie des Lumières – selon laquelle les peuples « avancés » ont à exercer une « mission civilisatrice » envers les peuples *arriérés* ou *sous-développés*. Les discours du FMI (dirigé par Dominique Strauss-Kahn, membre du PS français) ou de l'OMC (dirigé par Pascal Lamy, membre du PS français) sur les bienfaits incroyables que la mondialisation et la libéralisation des échanges ne manqueront pas d'apporter aux pays du Sud gagneraient beaucoup à être relus à la lumière de cet imaginaire colonial de la gauche du XIXe siècle.

[J]

[... *tout va forcément mieux qu'hier...*]

Dans *La génération lyrique. Essai sur la vie et l'œuvre des premiers-nés du baby-boom* (Climats, 2001), François Ricard met admirablement en évidence le lien philosophique qui existe entre l'extraordinaire traumatisme collectif provoqué par la Seconde Guerre mondiale (Auschwitz comme fondement d'un nouveau *plus jamais ça*) et le développement de modes d'éducation familiale et scolaire libéraux, fondés sur le rejet radical de la tradition et du passé. C'est ce nouveau pas en avant dans la radicalisation de la culture libérale-progressiste (culture dont les générations issues du baby-boom seront l'incarnation même) qui explique en grande partie, selon l'auteur, le triomphe absolu – à partir des *sixties* – du capitalisme de consommation et de la *contre-culture* « contestataire » qui en est la traduction naturelle (« les enfants de Marx et du Coca Cola », pour reprendre la formule prophétique de Jean-Luc Godard). L'analyse de François Ricard est d'autant plus fascinante qu'elle se fonde essentiellement sur des données empruntées à la société québécoise et qu'elle s'avère, pourtant, intégralement transposable au vieux continent.

[**K**]

[... *l'imaginaire de la* gauche progressiste...]

Quand l'idéologue strauss-kahnien Olivier Ferrand déclare que « la mondialisation est *un fait qui s'impose à la planète* » (*Libération*, 7 avril 2011) et qu'en conséquence être de gauche c'est d'abord défendre « une politique de compétitivité de la valeur ajoutée », il prend, de toute évidence, le mot de « gauche » au sens qu'il avait avant l'affaire Dreyfus (c'est-à-dire avant le compromis historique avec les partis ouvriers). Quand, dans le même dossier de *Libération*, l'économiste critique Jacques Sapir constate, en revanche, que « la mondialisation ne marche pas, nous avons atteint le point où il nous faut *revenir en arrière* » ou lorsque Arnaud Montebourg, lui-même, commence à envisager sérieusement un « programme de *démondialisation*, c'est-à-dire de *reterritorialisation* de l'économie », ils retrouvent tous les deux, au contraire, cette tradition socialiste et populaire avec laquelle la gauche mitterrandienne (« citoyenne » et « antiraciste ») avait pris soin de rompre dès 1984.

[**L**]

[… *dans la jungle impitoyable du marché capitaliste*…]

Il va de soi que le Robinson des temps modernes – quand bien même il prétendrait « s'être fait tout seul », n'avoir « besoin de personne » et « ne devoir quoi que ce soit à qui que ce soit » – n'en possède pas moins un passé familial (et donc une place précise dans une généalogie donnée) qui doit le hanter d'autant plus que sa philosophie officielle lui interdit précisément de le prendre en charge et de l'assumer. Qu'il y ait donc toujours, derrière chaque *self-made-man* proclamé (et le rebelle de gauche participe, sous ce rapport, de la même mythologie que l'entrepreneur du Medef), un *rosebud* caché qui en éclaire la vérité profonde, c'est là – depuis 1941 – l'éternelle leçon de *Citizen Kane.*

[**M**]

[... *trente ans de domination culturelle* ininterrompue *de la gauche (post)mitterrandienne*...]

On se gardera bien de confondre ici *l'idéologie dominante* (qui correspond par définition aux intérêts de l'élite au pouvoir) et *l'opinion commune* – ou « sensibilité populaire » – qui possède toujours une autonomie plus ou moins grande par rapport à la première.

L'idéologie dominante désigne, avant tout (dans une société de classe), le régime de pensée qui doit gouverner le « débat » intellectuel officiel (avec ses fausses oppositions et ses rôles impartis d'avance) ainsi que ses multiples traductions médiatiques (puisque dans la société du spectacle, c'est d'abord le *journaliste* qui a la charge d'incarner de façon quotidienne cette idéologie dominante). Un tel régime de pensée doit définir à la fois un cadre linguistique contraignant (« croissance » et non « accumulation du capital », « intervention humanitaire » et non « guerre néocoloniale », « tentation populiste » et non « exigence démocratique », etc.) [**1**], une manière manipulatrice de poser tous les problèmes (de façon à rendre d'emblée impossible toute solution contraire aux intérêts des riches et des puissants) et des schèmes de pensée mécaniques dont il est « politiquement incorrect » de s'écarter un tant soit peu. L'existence de ce régime de pensée oblige donc tous ceux qui s'efforcent de contester *réellement* l'ordre établi (et qui, à ce titre, se tiennent généralement aussi loin que possible des circuits médiatiques officiels) à pratiquer en permanence toute une série de détours philosophiques épuisants et de mises au point fastidieuses – tout en veillant parallèlement à maintenir la « correction » idéologique de chaque mot employé (c'est là un exercice intellectuel – éviter le « péché de langue » selon la formule de l'Inquisition du XVIe siècle – que les tenants de la pensée correcte ne peuvent même pas imaginer). Comme on le sait, Spinoza était le maître incontesté de cet art d'écrire sous le regard perpétuel d'une *police de la pensée* (et c'est pourquoi il est resté, dans l'histoire de la philosophie, comme le symbole même de l'*opposant intellectuel*).

On peut donc mesurer tout ce qui sépare l'idéologie dominante de l'opinion commune. Il est clair, par exemple, que si la religion et la morale occupent toujours une place importante dans la sensibilité populaire, elles ne peuvent en avoir aucune, en revanche, dans l'idéologie dominante libérale (un débat entre « experts » de l'OMC, du FMI ou de la Banque mondiale ne fera évidemment jamais appel à ce genre de considérations « métaphysiques » [**2**]). Dans ces conditions, le fait qu'une idée (ou un sentiment) commence à progresser dans l'opinion publique ne signifie pas nécessairement qu'elle corresponde à l'idéologie dominante, et encore moins qu'elle soit devenue la « nouvelle idéologie dominante » (comme les policiers de la pensée sont généralement portés à s'en plaindre chaque fois que leur pouvoir est menacé). Elle peut, tout aussi bien, être l'expression réelle de la colère et de la révolte du peuple. Pour éviter, par conséquent, toute confusion entre la *pensée d'en haut* (notamment celle qui sous-tend l'activité journalistique quotidienne) et la *pensée d'en bas* (celle qui prend naissance dans les conditions de vie réelles des classes populaires), il est donc indispensable de réserver le concept d'idéologie dominante à ces seules formes de pensée politiquement correcte dont tout écart sera immédiatement sanctionné soit par un scandale médiatique soit par une conspiration du silence) [**3**].

[**1**] Ce qu'Orwell décrivait – dans *1984* – sous le nom de « novlangue » avait précisément pour fonction d'imposer un type de langage « politiquement correct » capable de rendre toute pensée critique définitivement impossible.

[**2**] Elles peuvent, en revanche, jouer un rôle plus ou moins important dans la rhétorique officielle des partis de droite, chaque fois que ceux-ci se trouvent contraints – élections obligent – de prendre en compte la sensibilité des classes populaires. Encore faut-il, naturellement, que cette rhétorique électorale soit calculée au millimètre près, de façon à éviter tout « effet boomerang » susceptible de nuire aux intérêts fondamentaux de la classe dominante. C'est ce qui explique, par exemple, qu'au lendemain des dérapages incontrôlés d'un Claude Guéant – au début de

l'année 2011 – on ait pu voir « coup sur coup, Christine Lagarde, Laurence Parisot, Jean-François Copé et le patron de la Confédération générale des petites et moyennes entreprises » (autrement dit, les véritables gardiens du temple libéral) venir discrètement reprocher au nouveau ministre de l'Intérieur d'avoir joué avec le feu et lui rappeler fermement « que ses déclarations sur la diminution de l'immigration ne tenaient pas debout *d'un point de vue économique* » (*Le Canard enchaîné* du 13 avril 2011). Que si, par conséquent, de tels propos improvisés venaient à être pris à la lettre par l'électorat populaire, on risquerait aussitôt de compromettre les bases mêmes d'une économie capitaliste compétitive pour laquelle (comme Marx l'avait déjà établi dans *Le Capital* en étudiant le rôle décisif de « l'armée industrielle de réserve ») le maintien d'une immigration *permanente* (et si possible clandestine) est devenue – avec la mondialisation – une véritable *question de vie ou de mort* [**a**]. Il est vrai que, sur ce sujet pour lui crucial, le Medef sait qu'il pourra toujours compter sur le soutien indéfectible du brave Besancenot et de toutes ces ligues de vertu « antiracistes et citoyennes » dont la lecture de Marx n'a jamais été la tasse de thé.

[**a**] Ce point est désormais si fondamental pour la survie du capitalisme globalisé que, dès le 17 avril 2011, *Le Monde* jugeait nécessaire d'offrir une page entière à Laurence Parisot (qui s'est, d'ailleurs, toujours définie – et à juste titre – comme « rocardienne ») pour lui permettre de lancer son appel à *rester un pays ouvert, qui tire profit du métissage.* Notons que, dans le même entretien, la présidente du Medef tenait tout aussi logiquement à rappeler l'opposition absolue du grand patronat au principe même du système « prime contre dividende ». L'idée qu'il serait au moins aussi juste de récompenser

(même chichement) des *travailleurs* qui produisent la richesse collective que des *actionnaires* qui s'enrichissent en dormant (une idée « populiste », selon le secrétaire général de la CFDT venu apporter son soutien à Laurence Parisot) est visiblement incompatible avec celle d'une société ouverte et métissée.

[**3**] En règle générale, la formule du *scandale médiatique* est celle qui doit sanctionner toutes les atteintes aux dogmes du libéralisme politique et culturel (par exemple, la « petite phrase » – dénichée sur Internet par les spécialistes de la délation moderne – et qui devra aussitôt être présentée partout comme « discriminatoire » ou « stigmatisante » envers telle ou telle catégorie de la population) [**a**]. La *politique du silence*, en revanche, est plutôt réservée à ceux qui représentent une menace pour les dogmes du libéralisme économique (en défendant, par exemple, la décroissance ou en appelant à la relocalisation des activités productives). Pour qui s'intéresse de près à l'unité philosophique du libéralisme, il serait donc très instructif d'étudier les raisons idéologiques précises qui ont conduit la police de la pensée à mettre au point cette stratégie punitive différenciée.

[**a**] Au besoin, la police de la pensée pourra inventer elle-même les conditions du scandale médiatique recherché. Sur la façon, par exemple, dont *Mediapart* a su *construire* l'« affaire Laurent Blanc » – et sur l'effet de meute que ce procès en sorcellerie a aussitôt déclenché dans le monde médiatique –, on lira la mise au point salutaire de Stéphane Beaud et Gérard Noiriel : « Race, classe, football : ne pas hurler avec la meute », *Libération*, 6 mai 2011.

[**N**]

[... *nécessairement rivaux et ennemis*...]

À la source perdue du socialisme français, anthologie de Pierre Leroux établie par Bruno Viard, Desclée de Brouwer, 1997, p. 161. Dans l'un de ses textes de 1845, Pierre Leroux, après avoir rappelé que « la société n'est pas le résultat d'un contrat », présente ainsi les fondements philosophiques du socialisme naissant : « L'individualité absolue a été la croyance de la plupart des philosophes du XVIIIe siècle. C'était un axiome en métaphysique, qu'il n'existait que des individus, et que tous les prétendus êtres collectifs ou universaux, tels que société, patrie, humanité, etc., n'étaient que des abstractions de notre esprit. Ces philosophes étaient dans une grande erreur. Ils ne comprenaient pas ce qui n'est point tangible par les sens ; ils ne comprenaient pas l'invisible. Parce que après qu'un certain temps s'est écoulé, la mère se sépare du fruit qu'elle portait dans ses entrailles, et que la mère et son enfant forment alors deux êtres distincts et séparés, nierez-vous le rapport qui existe entre eux ; nierez-vous ce que la nature vous montre même par le témoignage de vos sens, à savoir que cette mère et cet enfant sont l'un sans l'autre des êtres incomplets, malades, et menacés de mort, et que le besoin mutuel, aussi bien que l'amour, en fait un être composé de deux êtres ? Il en est de même de la société et de l'humanité. Loin d'être indépendant de toute société et de toute *tradition*, l'homme *prend sa vie dans la tradition* et la société. Il ne vit que parce qu'il a foi dans *un certain présent et dans un certain passé* » (*ibid.*, p. 165). Notons que cette critique radicale – par le fondateur du socialisme français – de l'anthropologie libérale (et même, d'une certaine façon, de ses fondements œdipiens) cessera définitivement d'être compréhensible, à partir du moment où la nouvelle classification proposée par Adolphe Vasse aura acquis le statut d'une évidence incontestable. La nouvelle gauche, désormais libérée de l'hypothèque socialiste, pourra alors en revenir progressivement à ses premières amours libérales, c'est-à-dire à ces « robinsonnades » du XVIIIe siècle (le terme est de Marx) qui supportent, aujourd'hui encore, aussi bien sa thématique des « droits de l'homme » que sa conception de l'économie et de la croissance (Renan disait ainsi du citoyen idéal des sociétés modernes qu'il devait « naître enfant trouvé » et « mourir célibataire »).

Avertissement

À l'origine du présent essai, il y a dix questions qui m'ont été adressées, durant l'été 2010, par Stéphane Vibert, professeur au département de sociologie et d'anthropologie de l'université d'Ottawa. Il s'agissait d'une contribution à un ouvrage collectif – qui paraîtra au Canada – consacré au concept orwellien d'« anarchisme tory » (ou « anarchisme conservateur ») et destiné à en éprouver la pertinence politique à l'ère du capitalisme global. *Le complexe d'Orphée* constitue donc la version entièrement remaniée et considérablement amplifiée de cet entretien initial.

Comme dans mes ouvrages précédents, chacun des dix chapitres est suivi par un buissonnement de notes et de « scolies » de nature à décourager tout lecteur normal. C'est le signe que je n'ai toujours pas trouvé d'autre moyen d'échapper aux limites philosophiques d'une écriture purement linéaire et de produire cet « effet de fresque » (ou cette construction en spirale) qui devrait permettre – dans l'idéal – de mieux saisir la *dialectique effective de la chose*. L'écriture de ces « scolies » a néanmoins été conçue pour qu'elles puissent être lues de façon indépendante, c'est-à-dire après chacun des chapitres auxquels elles renvoient. Il est donc tout à fait inutile que le lecteur s'astreigne à un va-et-vient fastidieux où il perdrait bien vite sa patience et son temps. Si l'écriture ne l'est pas, la lecture, elle, peut rester linéaire.

Je remercie Stéphane Vibert – ainsi que ses collaborateurs de l'université d'Ottawa – de m'avoir autorisé à reprendre, tel quel, son questionnaire originel.

QUESTION 1

On a parfois contesté le fait qu'Orwell puisse être appelé « anarchiste tory ». Pour J.-J. Rosat par exemple (*Le Magazine littéraire*, n° 492 de 2009 sur Orwell), Orwell, hormis durant son adolescence peut-être, n'a été ni anarchiste (tenu pour irresponsable et naïvement pacifiste) ni tory (Orwell a toujours répété son appartenance à la gauche). Vous-même, en reconnaissant que cette étiquette correspond à une « boutade », avez néanmoins popularisé et accrédité le terme en vous en servant comme titre d'ouvrage. Dans quelle mesure donc faut-il défendre cette identification dans le cas d'Orwell et, au-delà de lui, dans la compréhension de l'histoire des idées ?

Si l'on s'en tient à la lettre des textes, Jean-Jacques Rosat a incontestablement raison. À partir de 1937, et jusque dans ses derniers écrits, Orwell a toujours placé l'ensemble de ses combats pour une société décente sous le signe exclusif du socialisme. L'expression « anarchisme tory » est donc bel et bien une boutade – c'est-à-dire une formule délibérément *provocatrice*, une pierre joyeusement lancée dans le jardin intellectuel de la gauche bien-pensante de l'époque (on songe à Marx déclarant à plusieurs reprises, au soir de sa vie, qu'il n'était pas marxiste). Pour autant, la remarque de Simon Leys – selon laquelle cette boutade constituerait la meilleure définition du « *tempérament* politique » de George Orwell – conserve, à mes yeux, toute sa légitimité. Elle a, en effet, l'avantage décisif d'attirer notre attention sur certains points qu'une approche trop universitaire de la question risquerait de laisser dans l'ombre.

Tout d'abord, ce jugement nous rappelle opportunément, à travers la distinction qu'il opère entre un

« tempérament » et une pensée construite et assumée [**A**], que la *sensibilité* (qu'elle soit individuelle ou collective) joue un rôle inéliminable dans la formation des idées les plus abstraites. Or c'est précisément là un point auquel Orwell accordait la plus grande importance. Chaque fois, par exemple, qu'il devait se prononcer sur la valeur d'une construction intellectuelle, son premier réflexe était généralement d'en vérifier aussitôt les fondations morales et psychologiques. C'est ainsi que son analyse de l'*idéologie* (de ce qu'on appellerait aujourd'hui le mode de pensée « politiquement correct ») serait singulièrement appauvrie si on négligeait de prendre en compte le rôle fondamental qu'il accordait à des notions telles que le « désir de pouvoir » des intellectuels modernes, leur « manque de décence personnelle » et de sentiment esthétique ou encore leur fascination « infantile » pour la violence et la force brutale [1].

Ensuite, et c'est l'essentiel, le jugement de Simon Leys offre certainement le meilleur angle d'attaque possible pour saisir la profonde originalité du socialisme orwellien. On a assez peu souligné, de ce point de vue, un phénomène intrigant : le premier texte dans lequel Orwell exprime ouvertement son adhésion philosophique au projet socialiste (l'extraordinaire seconde partie du *Quai de Wigan*, publiée

1. Sur le lien indissoluble entre amour du pouvoir et fascination pour le crime et la délinquance on lira *Raffles and Mrs Blandish* (un essai publié en 1944). Orwell y développe, à travers l'analyse du roman policier anglo-saxon, une théorie passionnante – et quasiment nietzschéenne – des fondements psychologiques de la « culture de l'excuse » et de la fascination corrélative des intellectuels de gauche pour le monde du crime

en 1937) ne témoigne guère, en effet, du zèle habituel des néophytes. On y trouve, au contraire, une charge particulièrement dévastatrice contre la représentation officielle du socialisme qui dominait déjà la gauche de son temps – sans compter une satire (malheureusement très drôle) du type d'individus que cette gauche commençait à attirer (« en général un total abstinent ayant bien souvent des penchants végétariens, un passé de protestantisme non conformiste derrière lui et surtout *une position sociale qu'il n'a nullement l'intention de perdre*[1] »). Un peu à la manière, en somme, dont saint Paul ne s'était converti au christianisme que pour contester aussitôt la domination de l'Église de Jérusalem, Orwell consacrait ainsi l'essentiel de son essai à exposer les raisons pour lesquelles « de manière paradoxale, il est nécessaire, pour défendre le socialisme, de *commencer par l'attaquer* ».

Cette stratégie iconoclaste trouve sa justification dans une situation politique à première vue étonnante mais à laquelle, depuis, nous avons eu largement le temps de nous habituer. « En ce moment – écrit ainsi Orwell – la seule attitude possible pour un honnête homme (*for any decent person*), que son tempérament le porte plutôt vers les tories ou plutôt vers les anarchistes (*however much of a Tory or an anarchist by temperament*), c'est d'œuvrer pour l'avènement du

---

et de la délinquance. Une critique prémonitoire, en somme, de l'univers philosophique de Michel Foucault.

1. Sauf indication contraire, toutes les citations d'Orwell qui figurent dans ce chapitre sont empruntées au *Quai de Wigan* (10-18, 1982).

socialisme » (on sait que pour Orwell le socialisme désignait d'abord une société où la domination de classe ayant été abolie, les *conditions* d'une vie décente et libre seraient enfin offertes à tous). Or – poursuit-il – « ce qui me frappe, c'est que le socialisme perd du terrain là précisément où il devrait en gagner. Avec tous les atouts dont elle dispose – car tout ventre vide est un argument en sa faveur – l'idée du socialisme est moins largement acceptée qu'il y a une dizaine d'années. L'individu normalement doué de raison (*the average thinking person*) ne se contente plus de ne pas être socialiste, il est aujourd'hui activement opposé à cette doctrine. Et cela tient sans doute, avant tout, à des méthodes de propagande aberrantes. Cela signifie que le socialisme, *tel qu'on nous le présente aujourd'hui*, comporte en lui quelque chose d'intrinsèquement déplaisant, quelque chose qui détourne de lui *ceux qui devraient s'unir pour assurer son avènement* ».

On connaît l'interprétation finale que donne Orwell de cette contradiction. Si, dans l'Europe en crise des années 30, le programme socialiste échoue déjà à mobiliser une grande partie de ceux auxquels il s'adressait à l'origine, c'est parce que – sous l'effet de son détournement par les *représentants intellectuels des nouvelles classes moyennes* – il a fini par s'identifier au seul « mythe du progrès » [1], c'est-à-dire à la conviction absurde que le bonheur d'une société pourrait se mesurer, en dernière

1. En général, l'argument le plus fort qu'utilise la gauche orthodoxe pour essayer de convaincre les classes populaires « consiste à dire que la mécanisation du monde actuel n'est rien comparée à ce que l'on verra quand le socialisme aura triomphé. *Là où il y a aujourd'hui un avion, il y en aura cinquante* ».

instance, à la densité de son réseau autoroutier ou à la quantité de grues et d'excavatrices qui défigurent ses paysages [**B**]. « Le malheur – écrit-il par exemple – c'est qu'aujourd'hui les mots de "progrès" et de "socialisme" sont liés de manière indissoluble dans l'esprit de la plupart des gens [...]. Le socialiste n'a à la bouche que les mots de mécanisation, rationalisation, modernisation – ou du moins croit de son devoir de s'en faire le fervent apôtre. » C'est avant tout ce refus de communier dans le culte scientiste de la modernité – culte qu'il assimilait à une « nouvelle religion » – qui invite à parler d'une sensibilité conservatrice chez George Orwell. Il ne faut cependant pas se méprendre sur le sens de sa critique. Loin de reposer sur un quelconque mépris de la technique (comme le montrera sa théorie de l'art, il n'y a aucun « primitivisme » chez Orwell), elle se fonde, au contraire, sur une conscience extrêmement précise des *conditions morales et psychologiques* de la liberté humaine.

Ce qu'il reproche, en effet, à la religion du progrès, ce n'est pas seulement son recours au concept douteux de « nécessité historique » (à la croyance, en d'autres termes, que le cours de l'Histoire est défini d'avance et qu'il n'offre aucune prise réelle au libre choix des hommes). C'est d'abord la menace qu'elle représente pour l'autonomie des individus, c'est-à-dire pour leur capacité de penser et d'agir par eux-mêmes – capacité qu'Orwell ne sépare jamais du *sens de l'effort*. Nous tenons là une des clés majeures de sa philosophie. « Dès qu'on dépasse le stade de l'idiot du village – observe-t-il ainsi – on découvre que la vie doit être vécue dans une très large mesure en termes d'efforts ». Or cette notion d'*effort* – clé ultime de tout perfectionnement individuel et de toute estime de soi – perdrait évidemment tout son sens dans un monde « hédoniste » où le progrès technologique aurait rendu la vie des individus désespérément facile [1]. Pour quelles raisons, en effet, « la force physique devrait-elle se maintenir dans un monde rendant inutile tout effort physique ? Et quant à la loyauté et à la générosité, dans un monde où *rien n'irait de travers*, de telles qualités seraient non seulement sans objet mais aussi, vraisemblablement, inimaginables ». C'est pourquoi – conclut Orwell – « l'aboutissement logique du progrès mécanique est de réduire l'être humain à quelque chose qui tiendrait du *cerveau enfermé dans un bocal* ». Cerveau encastré dans un réseau de dépendances et de prothèses technologiques devenues indispensables (on songe à nos modernes cybernautes) mais qui continuerait cependant à se vivre – sous l'effet hypnotique et euphorisant de son aliénation – comme le prototype merveilleux d'« une race d'êtres éclairés, uniquement occupés à paresser au soleil et à se féliciter d'être si supérieurs à leurs ancêtres » (c'est, bien sûr, le « socialisme » désincarné de Wells qui est ici visé, mais la remarque pourrait s'appliquer à n'importe quel lecteur de *Libération*).

Il est certes possible qu'Orwell ait parfois poussé un peu trop loin cette indispensable réhabilitation de l'esprit d'indépendance (il y a, de toute évidence, chez

1. « Le progrès mécanique tend à laisser ainsi insatisfait le besoin d'effort et de création présent en l'homme. *Il rend inutile, voire impossible, l'activité de l'œil et de la main.* »

lui un côté « bricoleur » – voire boy-scout – qui n'est pas entièrement universalisable). L'important est de comprendre que ce regard critique qu'il portait sur l'évolution de la société moderne (dont la « pente naturelle consiste à rendre impossible toute vie humaine authentique ») ne devait rien à la nostalgie paralysante d'un passé mythifié [1]. Il était, au contraire, la conséquence logique de cette volonté d'autonomie – à la fois individuelle et collective – qui représentait, à ses yeux, l'âme et la vérité du projet socialiste [2]. En rabaissant progressivement l'ancien idéal d'émancipation des travailleurs (et, à travers eux, de l'humanité tout entière) au niveau d'un simple « credo urbain » et moderniste (« une théorie entièrement limitée à la classe moyenne » et même – précisait Orwell – à « la partie la plus *déracinée* de cette classe »), les esprits les plus « avancés » de la nouvelle gauche progressiste ne tiraient donc pas seulement un trait définitif sur les vertus originelles du socialisme ouvrier. Ils s'exposaient tout autant à provoquer l'incompréhension légitime [3] de « quiconque garde un

1. Il suffit, pour s'en convaincre, de lire son essai *Such, such were the joys*, tableau particulièrement sombre de ses années d'enfance au collège de St Cyprian. Nombre de critiques lui ont d'ailleurs reproché, à cette occasion, d'avoir présenté une image beaucoup trop sombre de son propre passé.

2. Sur la différence entre la simple nostalgie et le véritable sens du passé – condition de tout esprit révolutionnaire – on se reportera aux analyses magistrales de Christopher Lasch dans *Le seul et vrai paradis* (Champs-Flammarion, 2006, p. 101 à 143).

3. « L'homme de la rue [*the ordinary man*] ne serait pas effarouché par une dictature du prolétariat, *pour peu qu'on la lui présente en y mettant les formes.* Mais offrez-lui une dictature des intellectuels pédants [*prigs*] et il sera prêt à prendre les armes. »

certain attachement pour la tradition ou un embryon de sens esthétique » et à dresser ainsi contre leur fureur modernisatrice le bon sens et le « conservatisme tempéramental » (*temperamental conservatism*) de la plupart des « gens ordinaires » [**C**].

Si l'on s'en tient à ces quelques analyses fondatrices – auxquelles Orwell restera fidèle tout au long de sa vie – il est clair que l'« anarchisme tory » ne saurait constituer un système idéologique précis qui pourrait tranquillement trouver sa place, en tant que tel, dans la longue histoire universitaire des idées. En revanche (et Simon Leys ne voulait évidemment rien dire d'autre), une telle expression correspond indéniablement à une forme particulière de *tempérament* politique, essentiellement répandue dans les classes populaires et qui – une fois reconnue dans sa cohérence réelle et retraduite philosophiquement – devait constituer, pour Orwell, le socle théorique le plus approprié d'un « parti socialiste réellement efficace ». Autrement dit, d'un parti socialiste enfin libéré du joug intellectuel des nouvelles classes moyennes urbaines, et redevenu capable, pour cette raison précise, d'unir dans un *front commun* tous ceux – y compris parmi ces nouvelles classes moyennes – qui ont un intérêt objectif à en finir avec la négation capitaliste de la nature et de la vie humaine, ne serait-ce que parce qu'ils « courbent l'échine devant un patron ou frissonnent à l'idée du prochain loyer à payer ».

Scolies I

[**A**]

[… *une pensée construite et assumée*…]

La distinction (certes, assez peu universitaire) entre un discours théorique et un tempérament personnel permet de résoudre bien des problèmes. On peut ainsi militer dans une organisation « progressiste » – ou afficher partout des idées« avancées » ou d'une correction politique exemplaire – et avoir simultanément un *tempérament fasciste*, voire l'étoffe d'un *délateur* ou d'un policier de la pensée (si l'expression de « pétainisme transcendantal » a le moindre sens, ce ne peut être que pour désigner cette perversion transhistorique de l'intellectuel politiquement – ou théologiquement – correct). On éclairera alors d'un jour nouveau certains traits particulièrement déplaisants de cet étrange univers « associatif » et « citoyen » qui, de nos jours, a visiblement pris le relais des anciennes ligues de vertu de l'Angleterre victorienne.

[**B**]

[... *la quantité de grues et d'excavatrices qui défigurent ses paysages*...]

À la mort de Georges Frêche, les médias officiels ont unanimement regretté que ses fréquents « dérapages verbaux » aient fini par masquer ses immenses talents de « grand bâtisseur ». Quand on sait que l'urbanisme montpelliérain représente certainement l'un des exemples les plus caricaturaux de ce *morbus aedificandi* (le « besoin pathologique de bâtir ») dont se moquaient déjà les meilleurs esprits du XIIIe siècle, on aurait presque tendance à inverser les termes de l'épitaphe et à considérer ses dérapages indécents comme un moindre mal (surtout lorsqu'on connaît les dessous spéculatifs, mafieux et politiciens de la *métaphysique du béton*) [**1**].

[**1**] Il y a quelques décennies encore, les aménagements entrepris dans la plupart des villes étaient, en principe, destinés à les embellir ou à améliorer la qualité de vie de leurs habitants. Sous le capitalisme globalisé (c'est-à-dire, lorsque les anciennes cités léguées par l'Histoire doivent progressivement céder la place à de simples « pôles urbains » reconfigurés selon les exigences de la compétition économique mondiale), travaux et chantiers de toutes sortes y deviennent, au contraire, une véritable *fin en soi* (à laquelle la vie quotidienne des habitants doit être subordonnée en permanence) ; et les « villes » – pour conserver ce terme désormais inapproprié – le simple prétexte officiel à l'existence de ces transformations perpétuelles. D'un

point de vue libéral, en effet, une *communauté d'agglomération* ne saurait avoir d'autre raison d'être que de travailler indéfiniment à sa propre « expansion » (toujours plus d'habitants, toujours plus de surfaces bétonnées, toujours plus de terres cultivables saccagées) [**a**]. C'est pourquoi les élites municipales modernes sont condamnées à imaginer sans cesse (de l'exploitation touristique intensive du « patrimoine » [**b**] à la spéculation immobilière la plus effrénée) de nouvelles formes de stratégies « attractives » susceptibles d'encourager l'accumulation locale du capital et, par voie de conséquence, le développement méthodique des inégalités sociales [**c**]. Tel est le principe, plus actif que jamais, de ce que j'ai appelé naguère la « destruction des villes en temps de paix ».

[**a**] Joël Batteux, maire « socialiste » de Saint-Nazaire, décrit ainsi le programme que toutes les municipalités libérales ont désormais la charge d'imposer aux classes populaires : « Croissance démographique, évolution des modes de vie, essor économique. Nous avons besoin de proposer pour l'avenir une vision durable de notre *développement urbain*. Et la *mobilité* au sein de notre territoire y joue un rôle clé » (cité dans *La Décroissance* d'avril 2011).

[**b**] Et là où le patrimoine n'existe pas, il est toujours possible de le créer artificiellement. C'est ainsi que Mme Hélène Mandroux – maire de Montpellier formée à l'école de Georges Frêche – a décidé d'organiser, en 2010, un concours (ouvert à toutes les bonnes volontés) destiné à *inventer* la recette d'un plat qui s'appellerait la « clapassade » et qui pourrait, ensuite, être vendu aux touristes du monde entier comme le « plat traditionnel local ».

[**c**] Ce que les économistes et les médias officiels célèbrent quotidiennement sous le nom de « croissance » ne désigne rien d'autre, en réalité, que cette façon idéale d'organiser la production indéfinie des marchandises (que ce soit au niveau local ou au niveau mondial) qui

permettrait – dans l'absolu – de détourner toute la richesse créée vers un pôle de la société (richesse qu'on laisserait, au besoin, se « reproduire » tranquillement dans les paradis *offshore*) et toute la précarité – voire la misère – à l'autre pôle. À ceci près que, dans une société de consommation développée, il ne peut s'agir là que d'un objectif purement théorique dont les différents gouvernements doivent seulement chercher à s'approcher le plus possible. Dans les faits, une bonne croissance des inégalités et du chômage constituerait déjà un résultat très apprécié par les dirigeants du FMI. C'est la raison pour laquelle le seul véritable débat qui oppose encore, depuis trente ans, la « droite » et la « gauche » libérales, ne porte plus, pour l'essentiel, que sur la définition des moyens supposés les plus efficaces pour relancer (ou dynamiser) cette croissance miraculeuse. Doit-on, comme le veut la droite la plus inculte (ou la plus cupide) s'appuyer de façon idéologiquement rigide sur une économie intégralement privatisée (selon la vision à court terme des dirigeants du Medef), ou faut-il, au contraire (comme le veut la gauche, généralement plus soucieuse des *intérêts à long terme* du système capitaliste), introduire un minimum de régulation étatique et d'injection de capitaux publics (quitte à demander parfois aux maîtres du monde d'y aller de leur *argent de poche*) ? Ce qui est certain, c'est qu'après trente ans d'*alternance unique*, chacun a désormais suffisamment d'éléments en main pour juger des seuls résultats possibles de ces deux politiques complémentaires.

[C]

[... *la plupart des « gens ordinaires »*...]

Le concept de « gens ordinaires » (*common men, ordinary decent people, ordinary men, average men*) désigne, chez Orwell, tous ceux (quelle que soit leur famille politique d'origine) qui n'aspirent qu'à vivre décemment d'une activité ayant une signification humaine – et qui, par conséquent, ne cherchent habituellement ni à s'enrichir, ni à exercer du pouvoir, ni à vivre au détriment de leurs semblables [**1**]. Ce concept pourra paraître assez vague (du moins si l'on s'en tient à des critères purement universitaires), mais il offre néanmoins un double avantage politique. D'une part, il invite à élargir la base sociale de la révolution socialiste (le « peuple » ne se réduit évidemment pas aux ouvriers d'usine). D'autre part, il nous protège contre la tendance à mythifier les classes populaires (le prolétaire au visage fermé et aux muscles saillants de la statuaire maoïste ou le « jeune des cités » – paré de son uniforme réglementaire et muni de son accent officiel [**2**] – qui alimente à peu de frais la bonne conscience médiatique des artistes « citoyens »). Il devrait, en effet, être évident qu'une propagande socialiste n'a de sens que si elle s'adresse *d'abord* à ces « gens de peu » (selon la belle expression de Pierre Sansot) dont la préoccupation première n'est certainement pas l'interprétation du *Capital*, mais la vie quotidienne – avec ses joies, ses peines et ses contradictions toujours recommencées. Et cela inclut donc aussi bien la femme de ménage qui joue au loto tous les vendredis, que l'ouvrier plongé dans sa lecture quotidienne de *L'Équipe*, l'employé amateur de pêche à la ligne ou la petite veuve qui promène son teckel [**3**]. Si, par conséquent, un mouvement qui se veut anticapitaliste se révélait incapable (ou, pire, jugeait « indigne » de ses prétentions intellectuelles) d'ajuster sa propagande et ses formes d'action à l'expérience vécue et à la sensibilité de ces « gens ordinaires » (s'il persistait, en d'autres termes, à ne s'adresser qu'aux minorités militantes déjà professionnellement « indignées » et rodées à toutes les subtilités dialectiques de la lutte pour le pouvoir), il vaudrait mieux renoncer tout de suite à l'idée d'une révolution socialiste. C'est un point qu'Orwell avait compris d'emblée (comme, après lui, Ken Loach ou Pasolini) et qui explique qu'il se soit toujours senti très mal à l'aise dans les milieux dits « intellectuels » ou dans l'univers tristement sérieux du militantisme médiatico-sacrificiel [**4**]. Sur le plan littéraire, l'une des plus émouvantes célébrations de l'« homme ordinaire » (à travers la vie exemplaire d'Emil Zatopek) est sans doute le roman de Jean Echenoz, *Courir* (Éditions de Minuit, 2008).

[**1**] On pourrait donc – en reprenant le vieux mot d'ordre anarchiste d'Albert Thierry (1881-1915) – définir l'essence morale et politique de la « vie ordinaire » par le *refus de parvenir*, c'est-à-dire par une indifférence naturelle – ou un mépris réfléchi – envers tout ce qui relève de la course au pouvoir, à la richesse ou à la « célébrité » (course qui implique inévitablement ce que Mme de Staël appelait « le deuil éclatant du bonheur »). Cette représentation positive de la vie ordinaire (ou *populaire*) permet, d'ailleurs, d'en exclure logiquement les élites (qu'elles soient économiques, politiques ou « culturelles ») puisque celles-ci, par définition, constituent l'ensemble des *parvenu(e)s* d'une société donnée. Notons également qu'à l'époque où Orwell développait cette théorie de l'homme ordinaire, la notion de *common man* jouait un rôle tout aussi important dans la philosophie démocratique radicale de John

Dewey (Cf. *The Philosopher of Common Man ; Essays in Honor of John Dewey*, New York, Greenwood Press, 1968).

[**2**] Qui n'est d'ailleurs que l'accent – en grande partie artificiel – que certains programmes de télévision (et, en premier lieu, les *Guignols de l'info*) avaient entrepris de populariser, il y a environ une vingtaine d'années, auprès des jeunes de la région parisienne (on se doute bien, en effet, qu'il ne pouvait exister, à l'origine, aucun dénominateur linguistique commun entre les différentes communautés de Seine-Saint-Denis – qu'il s'agisse des Maliens, des Turcs ou des Vietnamiens). Du reste, dans toutes les villes françaises où l'identité populaire est restée très forte (à l'image, par exemple, de Marseille ou de Toulouse), les jeunes « issus de l'immigration » s'expriment spontanément avec l'accent local et mettent même souvent leur point d'honneur à refuser le « parler des cités » imposé par la culture parisienne dominante (il suffit d'écouter les rappeurs sudistes) [**a**]. Cette analyse, il est vrai, s'applique de moins en moins aux lycéens des classes moyennes, c'est-à-dire – pour reprendre une formule de Christopher Lasch – à ces « jeunes Blancs aliénés qui s'efforcent d'imiter l'accent du ghetto » (et encore, aux États-Unis, existe-t-il un véritable « accent du ghetto »).

[**a**] Je renvoie ici à l'analyse philosophiquement impeccable qu'en ont donnée les Fabulous Trobadors dans *L'accent* (album *On The Linha Imaginot*, 1998).

[**3**] Soit, en un mot, tout ce que la bourgeoisie de gauche adore ridiculiser (ou diaboliser) sous le nom de *Beaufs* ou de *Dupont-Lajoie* (on reconnaît ici la cible quotidienne des esprits éclairés de *Libération*, des *Inrockuptibles* ou du *Grand Journal* de Canal Plus). Pour une vision des Français « ordinaires » un peu moins caricaturale (ou, en d'autres termes, un peu moins marquée par les préjugés de classe de la bourgeoisie parisienne), on

pourra, par exemple, se reporter au récent livre d'Éric Dupin, *Voyages en France* (Seuil, 2011).

[**4**] Il y a quelques décennies encore, le militant type était, avant tout, le porte-parole d'un *territoire* particulier (un quartier, un village, une entreprise solidement enracinée dans la vie locale). Quelles que soient ses ambitions personnelles (à supposer qu'il en ait eu), il lui fallait donc tenir compte en permanence de la situation et de l'avis des collègues ou des voisins dont il partageait, par définition, la vie quotidienne. En substituant progressivement à ces logiques « territoriales » celles de l'organisation en réseau (fondée sur la mobilité perpétuelle des individus atomisés), le capitalisme moderne ne pouvait, à l'inverse, que favoriser l'émergence parallèle d'un nouveau type de « militantisme » (dont Twitter ou Facebook offrent, de nos jours le paradigme privilégié) et dans lequel chacun – désormais libéré de toute solidarité communautaire – peut enfin *s'autoriser entièrement de lui-même* (tout en continuant, naturellement, à parler au nom des autres). Lorsque l'activité militante en vient ainsi à se couler dans la *forme réseau*, plus rien ne peut donc garantir que le collectif (ou l'association) conservera ce minimum de rapport avec la réalité quotidienne et les préoccupations des classes populaires, qui était encore celui des organisations politiques et syndicales traditionnelles. Les possibilités de délire idéologique – déjà suffisamment présentes dans l'ancien militantisme – s'en trouvent évidemment décuplées (et cela d'autant plus que les médias officiels sauront tendre une oreille complaisante aux plus manipulables de ces associations). Sur toutes ces questions, on lira avec profit le remarquable ouvrage de Julian Mischi, *Servir la classe ouvrière. Sociabilités militantes au PCF* (Presses universitaires de Rennes, 2010).

Question 2

Diriez-vous qu'il existe une tradition que l'on pourrait associer à l'« anarchisme tory » ? Si oui, faudrait-il la faire commencer avec Orwell ou pourrait-on lui trouver des prédécesseurs ? Parmi les contemporains, y a-t-il d'autres penseurs que l'on pourrait associer à l'« anarchisme tory », même s'ils ne revendiquent pas pour eux cette appellation ? Christopher Lasch par exemple ? Ou encore Cornelius Castoriadis ?

Si par « anarchisme tory » nous entendons seulement une manière spécifique (à la fois morale, politique et esthétique) de *réagir affectivement* aux tendances de fond de la modernité libérale, il est évident qu'il n'existe aucun mouvement académique que l'on puisse associer à ce nom. Si l'on désire, malgré tout, conserver l'idée d'une « tradition » anarchiste tory, ce ne pourra donc être, tout au plus, que pour regrouper, de façon purement impressionniste, un certain nombre d'œuvres (aussi bien *artistiques* qu'intellectuelles – je pense, par exemple, au cinéma de Jacques Tati, de John Ford, de Robert Altman ou même à celui de Clint Eastwood) qui, au-delà de leurs différences manifestes, témoignent incontestablement d'une *sensibilité* comparable. Bien entendu, pour qu'une telle « tradition » garde un minimum de cohérence philosophique, on devra éviter de diluer à l'infini le concept d'« anarchisme tory ». Il est clair, par exemple, que le sentiment légitime qu'il existe, dans l'héritage plurimillénaire des sociétés humaines, un certain nombre d'acquis essentiels à préserver (sentiment qui s'oppose, par définition, à toutes les mythologies meurtrières de la table rase et de l'an 01) n'a, en tant que tel, rien de particulièrement « anarchiste ». Pour que nous puissions parler à bon droit d'« anarchisme tory », il est donc nécessaire que ce type de sentiment puisse s'articuler avec un sens aigu de l'autonomie individuelle (ou collective) et avec une méfiance *a priori* envers toutes les relations de pouvoir (à commencer, si possible, par celle que l'on serait tenté d'exercer soi-même). De ce point de vue, Albert Camus est certainement un auteur emblématique. Il avait parfaitement compris, en effet, que toutes les « rébellions » dont le point de départ était un « non » purement abstrait – à l'image de celle des nihilistes russes décrits par Tourgueniev et Dostoïevski – ne pouvaient jamais conduire qu'à une *politique de la haine et du ressentiment* (ce qu'Orwell appelait, pour sa part, le « monde de la haine et des slogans ») et donc à une fausse émancipation ou à un nouveau despotisme. Pour lui, une révolte n'était authentique et libératrice que si où elle prenait clairement appui sur un « oui » préalable, c'est-à-dire sur la reconnaissance de ces limites puisées dans la tradition morale commune – et au-delà desquelles surgit toujours l'inacceptable [1]. C'est d'abord cette forme d'équilibre intuitif entre le « solitaire » et le « solidaire » qui constitue la marque la moins discutable d'un « anarchisme tory ».

1. Sur cette question, on se reportera à la remarquable anthologie réalisée sous la direction de Lou Marin, *Albert Camus et les libertaires. 1948-1960* (Éditions Égrégores, 2008).

Si l'on s'accorde sur ces quelques principes, il devient alors possible de dessiner les contours d'une « tradition anarchiste tory » qui engloberait effectivement tous ceux qui ont senti, d'une manière ou d'une autre, qu'aucune critique *cohérente* de la civilisation capitaliste moderne ne pouvait se fonder sur la vieille illusion progressiste selon laquelle *toutes* les valeurs morales et culturelles léguées par les générations antérieures devraient – au nom du « sens de l'histoire » ou de l'« évolution naturelle des mœurs » – être transgressées par principe. Une telle tradition comprendrait à coup sûr (et sans même s'attarder sur certains aspects du républicanisme classique ou sur le mouvement luddite) la plupart des représentants du socialisme et de l'anarchisme originels – de Pierre Leroux à Proudhon [1], en passant par le jeune Engels (avant qu'il ne soit contaminé par la téléologie progressiste de Marx) [2]. Et elle devrait inclure, avec plus de raison encore, le socialisme « médiéval » d'un William Morris ou l'anticapitalisme catholique d'un Chesterton – deux auteurs qu'Orwell cite assez peu, mais dont l'influence sur son œuvre me semble évidente

1. Il est symptomatique que le premier texte politique écrit par Proudhon – en 1839 – soit précisément une *Célébration du dimanche*. De nos jours, n'importe quel idéologue moderniste, de Jacques Attali à Michel Rocard, y verrait sans aucun doute un attentat inacceptable à la liberté du travail, inspiré par un conservatisme religieux particulièrement obtus.

2. Dans son *Esquisse d'une critique de l'économie politique* (rédigée en 1843, donc un peu avant sa rencontre avec Marx), Engels n'hésitait pas à écrire que « derrière la fausse humanité des Modernes, se dissimule une barbarie ignorée de leurs prédécesseurs » (le texte a été réédité en 1998 aux éditions Allia).

(n'a-t-on pas dit de lui qu'il était un « Chesterton de gauche » ?).

Quant aux contemporains, le problème se présente sous un jour un peu différent, pour deux raisons majeures. D'une part, en effet, l'existence même de l'œuvre d'Orwell (tout comme celles de Walter Benjamin et de l'école de Francfort, de Jacques Ellul, de Guy Debord, de Jaime Semprún, voire, dans un autre registre, de l'inclassable Philippe Muray) a forcément contribué à modifier de façon décisive notre regard sur la religion du progrès. D'autre part, le développement exponentiel de la logique libérale rend chaque jour un peu plus difficile à soutenir l'idée furieuse selon laquelle le capitalisme serait, par essence, un système puritain, traditionaliste et conservateur (idée que Marx avait, d'ailleurs, été l'un des premiers à ridiculiser et que, de nos jours, seul un lecteur des *Inrockuptibles* pourrait encore prendre au sérieux). C'est donc bien en toute connaissance de cause que des auteurs comme Christopher Lasch ou Cornelius Castoriadis (tous deux grands lecteurs d'Orwell) ont pu commencer à défendre de façon explicite le moment « conservateur » de toute théorie radicale – qu'il s'agisse de *restaurer* des équilibres écologiques compromis par la « croissance » ou de *préserver* les conditions morales, culturelles et anthropologiques d'un monde décent. C'est, du reste, l'incapacité pathétique d'assumer cette dimension conservatrice de la critique anticapitaliste (incapacité qui tient, évidemment, à son complexe d'Orphée constitutif) qui explique, pour une large part, le profond désarroi idéologique (pour ne pas dire le coma intellectuel dépassé) dans lequel *l'ensemble de la gauche moderne* est aujourd'hui plongée.

Si, malgré tout, je ne devais citer qu'un seul penseur, pour clore ce bref exercice académique de *name dropping*, ce serait, à coup sûr, celui de Pier Paolo Pasolini. Lorsqu'on relit ses *Lettres luthériennes* ou ses *Écrits corsaires*, on en viendrait presque à penser que le terme d'« anarchiste tory » a été créé spécifiquement pour lui. Il apparaît clairement, en tout cas, comme l'intellectuel contemporain dont la sensibilité politique (et la colère généreuse) était la plus proche de celle d'Orwell. Et, comme on le sait, certains – au sein de l'étrange classe dirigeante italienne – n'ont pas manqué d'en tirer les plus noires conséquences [1].

1. Il ne se trouve plus une seule personne sérieuse, en Italie, pour croire encore, en 2011, à la version officielle de l'assassinat de Pasolini. On pourrait reprendre ici, et sans la moindre modification, le jugement déjà porté par Guy Debord sur l'affaire Aldo Moro : « La version des autorités italiennes, aggravée plutôt qu'améliorée par cent retouches successives, et que tous les commentateurs se sont fait un devoir d'admettre en public, n'a pas été un seul instant croyable. Son intention n'était pas d'être crue, mais d'être la seule en vitrine ; et après, d'être oubliée, exactement comme un mauvais livre » (Préface à la 4e édition italienne de la *Société du spectacle*, *Œuvres,* p. 1466).

Question 3

Vous avez affirmé que la *common decency* « ne représentait pour Orwell que le point de départ nécessaire d'une politique socialiste » et non une « fin en soi », qui conduirait aisément à des formes du communautarisme ou du nationalisme. Comment appréhender la notion de *common decency* en relation aux deux grands questionnements qu'elle ouvre, à savoir le lien entre morale et politique, d'une part, et, d'autre part, les rapports entre le peuple et les élites ?

« Mon point de départ – écrivait Orwell en 1946 – est toujours le *sentiment* d'une injustice. » En retrouvant ainsi le fondement moral et intuitif du socialisme originel (cette « décence commune » qui nous avertit – dit encore Orwell – qu'« il y a des choses qui ne se font pas »), il désertait d'emblée le terrain idéologique occupé en commun par les libéraux et les défenseurs d'un socialisme « scientifique ». Les premiers, parce que pour eux la morale relève uniquement du jugement privé – les individus ne pouvant dès lors débattre et s'accorder qu'en référence aux normes strictement procédurales du droit (il suffit d'observer le déroulement d'un procès aux États-Unis). Les seconds, parce qu'ils la tiennent, dans le meilleur des cas, pour l'expression d'une sentimentalité petite-bourgeoise, destinée à s'effacer au plus vite devant la seule compréhension savante du « sens de l'histoire » et de ses lois « qui se manifestent et se réalisent avec une *nécessité de fer* » (Marx).

Pour autant, l'idée que la révolte socialiste trouve son véritable point de départ dans une exigence *morale* de dignité et de justice, et non dans la froide observation académique des faits, demande à être précisée. Pour commencer, il est nécessaire de distinguer la *common decency* – qui « appartient à la sphère des sentiments les plus profonds et les plus essentiels de l'homme [1] » – et ce que j'ai appelé par ailleurs une *idéologie morale* (ou, si l'on préfère, une *idéologie du Bien*). Sous ce dernier terme, je désigne un type particulier de catéchisme dont les commandements aliénants, d'une part n'ont de sens qu'à l'intérieur d'une métaphysique donnée (qu'elle soit d'origine religieuse, politique ou autre) et, de l'autre, conduisent les fidèles à adopter des comportements mécaniques dont ils n'imaginent même plus

1. J'emprunte cette formule à l'excellente étude de Bruce Bégout, *De la décence ordinaire* (Allia, 2008, p. 26). Profitons-en pour rappeler ici que l'idée d'une décence ordinaire (ou commune) s'oppose, chez Orwell, aussi bien à l'indifférentisme moral des libéraux (qu'ils soient de gauche ou de droite) qu'à l'idéal de vertu héroïque des républicains « néoromains » (pour reprendre la terminologie de Skinner). Concernant cet idéal républicain, Michel Terestchenko souligne ainsi, avec raison, à quel point il peut être « dangereux de s'en tenir à une conception héroïque de la résistance au mal. En constituant des espèces d'icônes parfaites, inaccessibles, on est conduit non seulement à ignorer le sens profond de certains gestes ordinaires qui témoignent pourtant d'un refus de la dépravation morale, mais également à penser que notre humanité se révèle d'avantage dans la disposition à faire le mal que dans la capacité à faire le bien. La première serait le lot commun, la seconde l'exception. Or cela n'est pas vrai. La "banalisation" du bien est une heuristique bien plus féconde que son héroïsation » (*Revue du MAUSS*, premier semestre 2007, p. 331). C'est exactement le point de vue que défendait Orwell en avançant le concept de *common decency.*

qu'ils puissent susciter le moindre débat intérieur [**A**]. Ceux dont l'idéologie morale tient lieu d'honnêteté pourront ainsi décréter *en toute bonne conscience* que « l'homosexualité est un péché », que « la femme adultère doit être lapidée » ou encore (pour prendre un exemple plus moderne) que « quiconque tient des propos politiquement incorrects, en public comme en privé, doit être immédiatement dénoncé aux autorités compétentes ».

Ce qu'Orwell appelait la « décence commune » se situe évidemment à des années-lumière de ces constructions *moralisatrices* et puritaines – et plus encore, du type de perversion psychologique qui les sous-tend habituellement (le personnage de Tartuffe – modèle indépassable du dévot idéologiquement correct – constitue, sans doute, la meilleure description possible d'une telle perversion). En nous engageant, par exemple, à agir de manière loyale et à faire preuve de désintéressement, ou encore à refuser de tirer profit de la faiblesse des uns ou de s'incliner devant la puissance des autres, la *common decency* prend clairement appui, au contraire, sur ces *vertus de base* que l'humanité a toujours reconnues et valorisées, et qui ont acquis, à ce titre, un statut transversal par rapport à toute construction idéologique possible. C'est précisément cette « transversalité » (autre nom, en somme, de leur caractère universel) qui m'a conduit à proposer un rapprochement philosophique entre ces vertus humaines de base et les invariants anthropologiques que Marcel

Mauss, le premier, avait mis en évidence dans son *Essai sur le don*[1].

À partir de l'idée selon laquelle la triple obligation de « donner, recevoir et rendre » constitue le socle originaire (le « roc » – écrivait Mauss) de toutes les relations humaines, il est, en effet, très facile de retrouver par le biais de l'anthropologie la plupart des dispositions morales que George Orwell avait célébrées sous le nom de *common decency*. On aura ainsi les vertus qui tournent autour de *l'obligation de donner* (toutes celles, en somme, qui gouvernent les différents modes de la générosité), les vertus qui tournent autour de *l'obligation de rendre* (toutes celles qui gouvernent les différents modes de la gratitude et de la reconnaissance) et, enfin, les vertus qui tournent autour de *l'obligation de recevoir* (toutes celles qui nous rendent capables d'accueillir un don comme un don, et non comme un dû ou un droit). Et, au fondement de ce système d'obligations indissolublement éthiques et anthropologiques[2] – celle qui en constitue la pierre

1. « Cette morale est éternelle ; elle est commune aux sociétés les plus évoluées, à celles du proche futur, et aux sociétés les moins élevées que nous puissions imaginer. Nous touchons le roc. Nous ne parlons même plus en termes de droit, nous parlons d'hommes et de groupes d'hommes parce que ce sont eux, c'est la société, ce sont des sentiments d'hommes en esprit, en chair et en os, qui agissent de tout temps et ont agi partout » (Mauss, *Essai sur le don* in *Sociologie et anthropologie*, PUF, 1985, p. 264).

2. Dans les sociétés dites « primitives », c'est, en général, le concept d'honneur qui permet de penser l'unité de ces deux dimensions. Cela ne signifie d'ailleurs pas que ces sociétés ignoreraient entièrement la dimension « éthique » au sens moderne du mot (autrement dit, le débat de la conscience avec elle-

angulaire et qui représente, à ce titre, *la vertu humaine par excellence* : la capacité psychologique et morale de se fixer des limites, et donc de tenir à distance ce que Marx appelait « les passions les plus vives, les plus mesquines et les plus haïssables du cœur humain, *toutes les furies de l'intérêt privé*[1] ».

Or, c'est précisément l'originalité historique du capitalisme que d'avoir transformé ces « furies de l'intérêt privé » en moteur officiel de son propre développement. Au cœur d'un tel projet (qui n'a aucun équivalent dans l'histoire des civilisations), on retrouve la conviction pessimiste des premiers libéraux selon laquelle toute volonté de fonder la vie commune sur des normes morales ou philosophiques partagées ne pourrait que précipiter à nouveau l'humanité dans des guerres de religion meurtrières et sans issue (on ne doit évidemment jamais oublier que le relativisme culturel – l'idée que « chacun a sa propre morale » – constitue la clé de voûte de la métaphysique libérale et de tous ses développements « postmodernes »). C'est donc bien, à l'origine, dans l'intérêt même de la paix civile et des libertés individuelles qu'il convenait d'imposer à tous les individus

même ou les querelles d'interprétation quant à la conduite que la communauté devrait suivre). On en trouvera des illustrations magnifiques (à propos, notamment, des Indiens Yanomanis) dans l'ouvrage de Christian Geffray, *Trésor. Anthropologie analytique de la valeur* (Arcanes, 2001).

1. *Le Capital, Préface à la première édition allemande*. Comme on le voit, Marx ne parvenait pas toujours à maîtriser le retour du refoulé moral.

le principe d'une *société idéologiquement neutre* (ou, si l'on préfère, intégralement « sécularisée ») dans laquelle toute référence à des valeurs morales *communes* aurait été progressivement éliminée de ses institutions fondamentales (qu'il s'agisse des règles procédurales du droit ou de celles du marché autorégulateur). Dans ce nouveau contexte, la morale devenait donc une simple affaire privée – au même titre que la croyance religieuse – et *l'intérêt bien compris*, le dernier langage commun possible de la « société ouverte ».

C'est, avant tout, cette amoralité constitutive – et revendiquée comme telle – de la politique libérale (amoralité que les industriels de Londres et de Manchester s'étaient empressés de mettre en pratique – persuadés, selon la formule de Tocqueville, qu'on pourrait ainsi « extraire de l'égoïsme individuel le bonheur de tous ») qui explique que les premières protestations ouvrières soient d'abord nées d'une simple exigence *morale* de dignité et de justice et qu'elles aient été originellement portées, selon le mot d'Orwell, par une « colère généreuse ». Celle que devait immanquablement susciter le développement d'un nouveau système économique et social qui, au nom de la liberté d'entreprendre et de la lutte contre toutes les réglementations « bureaucratiques », liquidait sans le moindre scrupule tous les principes de la morale commune (« Nous savons que cet isolement de l'individu, cet *égoïsme borné*, sont partout le principe fondamental de la société actuelle », écrivait Engels, en 1845). Pour autant, il est clair que ces sentiments de colère et d'injustice ne pouvaient conduire par eux-mêmes (du moins dans la plupart des cas) qu'à des révoltes ponctuelles ou à des formes d'organisation – comme, par exemple, les caisses d'entraide mutuelle – qui étaient encore essentiellement locales et défensives (on restait donc assez proche de ce que l'historien marxiste anglais E.P. Thompson a pu appeler – dans le contexte voisin des « guerres du blé » de la fin du XVIIIe siècle – l'« économie morale de la foule »). Pour développer dans un sens socialiste cette « économie morale spontanée » (ce qui supposait déjà une compréhension minimale de la dynamique capitaliste), il était évidemment indispensable de ressaisir cette dernière à un niveau supérieur et sur des bases philosophiques susceptibles à la fois d'en *universaliser* les principes et de les radicaliser [1]. De ce point de vue, le projet socialiste (ou, si l'on préfère l'autre terme utilisé par Orwell, celui

1. Lucien Sève a formulé d'une manière particulièrement claire cette dialectique continuelle de l'expérience ouvrière et de la théorisation socialiste : « Que la *conscience spontanée* du travailleur – écrit-il – soit encore bien éloignée d'impliquer par elle-même le savoir vrai de l'exploitation capitaliste, c'est à la fois un fait d'expérience et une idée sur laquelle Marx n'a cessé d'insister [...]. Mais cela ne veut absolument pas dire qu'il n'y ait pas pour autant d'*expérience immédiate* d'une exploitation objective dont les effets humains, pour n'être pas spontanément *compris*, n'en sont pas moins *vécus* » (*Structuralisme et dialectique*, *op. cit.*, p. 57). L'analyse de Lucien Sève permet de comprendre, au passage, le rôle politique décisif qu'a joué la notion althussérienne de « coupure épistémologique » pour délégitimer l'expérience vécue des classes populaires et asseoir ainsi, au nom de la « science » (et de la maîtrise des statistiques officielles), le pouvoir universitaire des nouvelles classes moyennes. Il serait facile de démontrer que l'imaginaire de la sociologie d'État contemporaine repose entièrement sur ce triste héritage althussérien.

d'une société décente) apparaît bien comme une continuation de la morale populaire par d'autres moyens. Ceux, précisément, que la politique met à la disposition de l'action humaine [1].

La nécessité de reprendre sur un plan politique les principes de la décence ordinaire (et non, comme le souhaitait Marx, de les remplacer par un « socialisme scientifique ») tient donc d'abord aux limites et aux ambiguïtés inévitables de toute révolte purement morale. Car, si les vertus qui caractérisent la *common decency* ont bien une valeur universelle (Orwell ne s'est assurément pas trompé sur ce point), ce n'est seulement, nous l'avons vu, qu'en tant que vertus « transversales » – c'est-à-dire, pour parler en philosophe, en tant que conditions transcendantales de la logique du don. Par elle-même, la triple obligation immémoriale de « donner, recevoir et rendre » – socle anthropologique de toutes les constructions éthiques ultérieures – ne saurait en effet spécifier aucun contenu empirique *particulier* (sous la seule réserve,

1. Nous pouvons nous faire une idée de certains aspects du travail de traduction philosophique qu'exige le passage de la sensibilité au concept en lisant ces lignes d'Orwell : « On aurait sans doute du mal à trouver un être doué de pensée et de sensibilité qui ne se soit pas dit un jour ou l'autre, à la vue d'une chaise en tube, que la machine est l'ennemie de la vie. Mais, en règle générale, il s'agit là d'un sentiment plus instinctif que raisonné. Les gens se rendent confusément compte que le "progrès" est un leurre, mais ils aboutissent à cette conclusion par une sorte de sténographie mentale (*a kind of mental shorthand*). Mon rôle est ici de restituer les transitions logiques escamotées » (*Le Quai de Wigan*).

bien sûr, que ce contenu soit compatible avec les formes mêmes de cette triple obligation, ce qui exclut déjà tous les types de conduite fondés sur le seul égoïsme, tels que la cupidité, l'ingratitude, la lâcheté ou la félonie). Dans la pratique, la nature concrète des devoirs commandés par l'« esprit du don » (ce que l'ami doit à l'ami, le jeune à l'ancien, l'homme à la femme, le samouraï à son shogun ou la tribu à ses dieux) dépend donc toujours des montages symboliques propres à chaque civilisation. Toutes les cultures connues, pour ne prendre qu'un seul exemple, mettent ainsi en avant l'obligation de se montrer généreux et loyal – y compris l'étonnante culture pirate [**B**], pourtant la plus proche de l'esprit prédateur du capitalisme. Et nous n'en connaissons aucune (à l'exception, encore une fois, de la civilisation libérale contemporaine) qui encourage *officiellement* la cupidité [1], la trahison ou le cynisme [**C**]. Pour autant, cette obligation commune à toutes les sociétés traditionnelles ne précise jamais, en tant que telle, envers qui cette générosité et cette loyauté ont à s'exercer, ni dans quelles circonstances, ni sous quelles formes. Et la réponse ne sera évidemment pas la même selon que l'on aura affaire à une tribu inuit, une communauté nomade d'Afrique du Nord, à l'Angleterre de Dickens, ou à une société qui pratique

1. *Greed is good* (« la cupidité est bonne »). Telle était la maxime que Milton Friedman – le gourou de tous les libéraux modernes – exhortait ses disciples à mettre en pratique (il s'agit, à l'origine, d'une réplique de Gordon Gekko – l'homme d'affaires sans scrupule incarné par Michael Douglas dans le film *Wall Street* d'Oliver Stone).

les sacrifices humains (c'est là le noyau rationnel du relativisme)[1]. Cela signifie que l'obligation de se montrer généreux, loyal ou reconnaissant, si elle est effectivement partagée par tous les peuples du monde, peut s'accommoder, dans les faits, aussi bien de rapports amicaux et égalitaires, que de rapports agonistiques (par exemple dans le « potlatch » ou la vendetta) ou encore organisés par une hiérarchie de type féodal, voire par un système de castes.

Dans la mesure où ce qu'Orwell appelait la *common decency* ne représente, au fond, que la réappropriation moderne de l'esprit traditionnel du don – sous la forme de règles intériorisées par la « conscience morale » individuelle – on comprend donc qu'elle ne puisse porter *à elle seule* tout le poids du projet socialiste. Celui-ci, en effet, repose d'abord sur l'idée d'*égalité sociale* (c'est, du moins, précise Orwell, ce « qu'auraient admis Marx, ou Lénine, ou Keir Hardie, ou William Morris, ou n'importe quel socialiste représentatif avant 1930 environ »)[2]. Idée d'égalité qui

1. On lira ainsi les pages savoureuses qu'Orwell consacre, dans *Hommage à la Catalogne*, aux différences manières d'interpréter l'obligation traditionnelle de ponctualité, selon qu'elles relèvent de la *common decency* anglaise ou de son homologue espagnole.

2. *James Burnham and the Managerial Revolution*, 1946. De fait, on chercherait en vain, dans tous les programmes de la gauche contemporaine, la moindre allusion à l'idéal d'une « société sans classes » (tout comme, d'ailleurs, au concept de bourgeoisie ou de classe dominante). Alors même que *jamais*, dans l'histoire de l'humanité, les inégalités de classe n'ont atteint une telle ampleur (et un tel degré d'indécence) qu'aujourd'hui.

doit être comprise, il est devenu nécessaire de le rappeler, non comme le « droit de tous sur tout » (ce *jus omnium ad omnia* qui conduit à percevoir toute différence comme une « discrimination » – c'est-à-dire comme l'expression d'une hiérarchie cachée). Mais, de façon autrement plus radicale, comme l'abolition de toutes les structures qui rendent possible la domination de classe – et donc l'exploitation du travail d'autrui –, en autorisant la concentration aux mains de minorités privilégiées des moyens nécessaires à l'existence, voire à la survie, du plus grand nombre (c'est précisément cette dissolution organisée des bases de l'autonomie matérielle et morale des individus et des communautés locales – par exemple lors de l'épisode historique des *enclosures* – [**D**] qui a fini par engendrer la « condition prolétarienne » et le salariat moderne). Or un tel projet d'égalité sociale est tout à fait étranger à la plupart des sociétés « précapitalistes ». Dans ces dernières, en effet, les systèmes d'obligations réciproques que la logique du don conduit à définir – à l'image de ceux, par exemple, qui lient traditionnellement le suzerain et son vassal ou l'homme et la femme – sont, le plus souvent, asymétriques et inégalitaires (si l'on veut bien mettre à part un certain nombre de sociétés dites « primitives » dont le mode de vie était déjà, en grande partie, égalitaire) [1].

1. Toutes les figures de l'obligation asymétrique ne sont pas pour autant condamnables. Pour ne prendre qu'un exemple, la civilité (ou politesse) est fondée sur un principe d'effacement de soi en faveur d'autrui (« après vous, je vous en prie »). Mais chacun voit bien que l'application quotidienne de ce principe asymétrique (en tout point contraire à l'esprit procédurier du droit) n'implique aucun renoncement à sa propre dignité, ni même à l'idée d'égalité comprise au sens socialiste du terme

Pour que les premiers théoriciens socialistes puissent ainsi placer l'idéal d'une *société sans classes* (et, par conséquent, celui d'une vie individuelle et collective autonome) à l'horizon de tous leurs combats, il était donc bien nécessaire qu'ils en aient emprunté les principes, consciemment ou non, à d'autres sources historiques et culturelles que le seul esprit du don – qu'il s'agisse ainsi de la mémoire collective des luttes populaires antérieures (comme, par exemple, celles des républicains de 1793 et des niveleurs anglais) ou de l'écho indirect d'un certain nombre de débats philosophiques et religieux. Même si on ne doit pas oublier que le souvenir des pratiques d'entraide propres aux communautés villageoises traditionnelles – dont le prolétariat industriel naissant était généralement issu – a certainement joué un rôle important dans la constitution de l'imaginaire socialiste (tout comme celui des habitudes de solidarité propres à l'ancien système corporatif des métiers).

S'il est donc clair que le sentiment populaire qu'« il y a des choses qui ne se font pas » – ou qui *déshonorent* leur auteur – suffit amplement à percevoir l'immoralité d'un monde établi sur le calcul égoïste et la transgression permanente de toutes les limites, il est non moins

(encore faut-il, bien entendu, ne pas confondre ici la véritable civilité avec cette comédie sociale – l'univers glacial et hypocrite des « convenances bourgeoises » – qui caractérise les classes dominantes et ne relève que d'une simple stratégie de la distinction). Orwell a donc entièrement raison d'inclure la politesse dans la liste de ces qualités positives (à côté – dit-il – « de l'affection, de l'amitié et de la bienveillance ») qui permettent aux individus de neutraliser « la lutte pour le pouvoir ».

clair que ce sentiment ne saurait fonder, à lui seul, beaucoup plus qu'un idéal politique négatif (à l'image de ce « désir de n'être pas opprimé » qui animait, selon Machiavel, le petit peuple des cités italiennes). Et c'est bien pourquoi – Orwell a toujours insisté sur ce point – il est absolument indispensable de lui assurer un *développement politique* en lui conférant ces fondements philosophiques spécifiques qui, seuls, pourront permettre d'en *universaliser* le principe et de jeter ainsi les bases concrètes d'une société décente [**E**].

Cette nécessité de développer politiquement le noyau originaire de la décence commune apparaît d'autant plus impérieuse, dans le cas du projet socialiste, que l'idéal d'une société sans classes comporte, par définition, une dimension *universelle*. Si l'émancipation des travailleurs doit coïncider avec celle du genre humain, il est en effet indispensable d'en étendre les principes à la terre entière. Un tel objectif suppose cependant que le mouvement socialiste soit devenu capable d'inscrire chaque programme d'émancipation locale sous l'égide d'un certain nombre de valeurs universelles, c'est-à-dire de valeurs susceptibles de parler à tous les êtres humains – quelle que soit la diversité des cultures particulières dans laquelle chaque peuple se trouve au départ enraciné. Or il s'agit là d'une tâche extraordinairement complexe, dont le mouvement ouvrier européen – pour des raisons qui tiennent, en partie, à la prégnance culturelle de la philosophie des Lumières – a souvent eu tendance à sous-estimer les implications et les enjeux réels [1].

1. On en a un exemple particulièrement tragique dans l'histoire de la Nouvelle-Calédonie. En 1878 la plupart des *commu-*

La construction d'une véritable « association internationale des travailleurs » (indispensable si l'on veut lutter mondialement contre la mondialisation) serait, en effet, condamnée à demeurer un projet utopique (ou, pire, fondé sur l'hégémonie d'une civilisation particulière) si elle ne s'accompagnait pas d'une démarche parallèle de « traduction » philosophique (au sens où l'entend François Jullien) [1] destinée à dégager les fondements universels d'un monde réellement *commun*. Démarche qui exige, à l'évidence, bien d'autres ressources que la simple bonne volonté morale des travailleurs d'un pays donné. Car pour pouvoir traduire (ou transposer) l'idéal d'émancipation socialiste – né dans les conditions particulières de l'Europe occidentale du XIXe siècle – dans un langage politique qui puisse effectivement parler à tous, il est non seulement nécessaire de savoir reconnaître la spécificité de chaque civilisation particulière (y compris, cela va de soi, dans ses aspects religieux), mais aussi et surtout d'être en mesure de construire, à partir de cette spécificité, les médiations philosophiques et politiques qui permettront aux classes populaires de chaque nation de s'élever du particulier à l'universel

nards déportés au bagne de Dacos participèrent, sans le moindre état d'âme, à l'écrasement de la grande insurrection kanake d'Ataï. Parmi ces milliers de déportés, Louise Michel fut l'une des rares révolutionnaires à sauver l'honneur (et la cohérence philosophique) du socialisme français en soutenant de toutes ses forces cette révolte des indigènes dont elle avait appris à respecter et aimer la culture (elle publiera même, en 1885, un ouvrage sur les légendes kanakes).

1. Cf. François Jullien, *De l'universel, de l'uniforme, du commun et du dialogue entre les cultures*, Fayard, 2008.

sans avoir à renoncer aux fondements essentiels de leur culture et de leur identité.

En l'absence de telles médiations dialectiques (ce qui revient à dire, en l'absence d'une véritable conscience *internationaliste*), le combat pour une société socialiste décente resterait désespérément tributaire des limites propres à son continent d'origine – à l'image, en somme, de la vision occidentale (ou libérale) des « droits de l'homme » et de la bonne conscience « humanitaire » qui l'accompagne habituellement [**F**] – et il ne pourrait donc pas être compris et repris à leur compte par les différents peuples de la planète (ou alors seulement par les fractions déjà « occidentalisées » – donc les plus aliénées – de leurs classes moyennes). Il va sans dire qu'une entreprise aussi vaste ne saurait être l'affaire d'une seule nation. Elle ne peut, au contraire, trouver ses véritables conditions pratiques que dans le développement d'actions communes des travailleurs du monde entier contre ce qui est devenu l'ennemi commun de tous les peuples : cette gigantesque machine à broyer l'humanité que constitue le capitalisme sans frontières – machine dont les élites déracinées, incultes et perpétuellement mobiles (du FMI à la Banque mondiale) s'emploient, depuis maintenant des décennies, à dissoudre la prodigieuse diversité des civilisations existantes dans l'abstraction glacée du marché global, de son droit « international » uniformisateur et de sa « culture de masse » hypnotique et aliénante.

Il ne s'agit donc pas de défendre ici une conception purement éthique et abstraite du socialisme (on verra même plus loin que c'est précisément la reconnaissance des limites politiques de la conscience morale qui fonde l'interprétation orwellienne du fascisme comme *forme pervertie du socialisme*). Si la décence ordinaire constitue le seul point de départ légitime de la sensibilité socialiste (Orwell était parfaitement allergique à l'idée d'un « socialisme des intellectuels »), cela ne signifie nullement que ce point de départ contienne déjà en lui l'intégralité à venir du programme socialiste. Ce n'est, encore une fois, que dans leur forme universalisée (autrement dit, progressivement développée dans un sens à la fois égalitaire et internationaliste) que les principes de la morale populaire concrète (ce que Hegel appelait la *Sittlichkeit*) peuvent devenir le dénominateur éthique commun d'une humanité socialiste plurielle. Il reste que cette idée d'un point de départ moral du combat révolutionnaire suffit à distinguer définitivement l'idée socialiste d'un *monde commun* (dont les valeurs universelles s'enracineraient dialectiquement dans la diversité concrète des civilisations) de l'*uniformisation* libérale du monde (qui suppose, au contraire, l'éradication systématique de toutes les identités collectives qui font obstacle au règne bicéphale du marché et du droit).

Ce travail d'universalisation dialectique de la *common decency* serait-il accompli que, de toute façon, l'idée d'un socialisme purement éthique se heurterait à un dernier obstacle. L'édification d'une société décente (que ce soit au niveau local ou planétaire) implique nécessairement, en effet, la mise en œuvre d'un certain nombre de connaissances techniques qu'il est impossible de déduire, en tant que telles, de la seule *common decency* – fût-elle universalisée et politiquement développée. Il est clair, par exemple, qu'une politique écologique socialiste (et cela vaudrait tout autant pour une politique socialiste de la « monnaie » ou de la santé publique) [**G**] mobilisera toujours des savoirs précis. Le cynisme d'une firme comme Monsanto – qui entend contrôler à son seul profit les ressources alimentaires de l'humanité – heurte sans aucun doute le sens moral de la plupart des gens ordinaires (pour autant, du moins, qu'ils aient été correctement informés du problème). Mais ce sens moral n'aura évidemment qu'une autorité limitée s'il s'agit de définir concrètement l'ensemble des mesures pratiques qui devront être prises pour reconstituer, dans les meilleures conditions possibles, une agriculture respectueuse de la microbiologie des sols, de la santé des individus ou tout simplement de la saveur des aliments. Or une politique de ce genre (qui implique une remise en question radicale de l'urbanisation capitaliste – avec ses mégapoles surpeuplées, ses mouvements migratoires incessants et la destruction parallèle des sites naturels et des terres cultivables [1]) n'a de sens que si elle prend appui – à

1. Certains pays asiatiques, comme la Corée du Sud, ont déjà poussé si loin leur programme d'urbanisation capitaliste qu'ils en sont désormais réduits à sous-louer, ou acheter, des régions entières du continent africain afin d'y installer une version délocalisée de leur propre « agriculture » (au cours des dix dernières années, ce sont ainsi *50 millions d'hectares de terre arables* qui ont été enlevés aux pays pauvres par les riches des pays riches). On voit bien, cependant, qu'une telle « solution » ne saurait logiquement être étendue à l'infini. Entre la rentabilité économique du béton (trop souvent déguisée en « droit au

côté des indispensables savoirs paysans traditionnels – sur toute une série de connaissances scientifiques et techniques concrètes (par exemple sur la question des engrais naturels, des relations entre l'élevage et l'agriculture, ou encore sur la possibilité d'adapter tel type de culture à tel sol particulier) que la conscience morale ordinaire, même armée du bon sens, pourrait difficilement redécouvrir par elle-même. C'est, du reste, cette impossibilité manifeste d'éliminer intégralement les dimensions « techniques » du projet socialiste qui pose à toute société décente l'un des problèmes les plus complexes qu'elle aura à résoudre : celui de la formation et de l'indépendance des experts (sans même parler ici de la question de leur honnêteté intellectuelle ; on songe au fabuleux destin d'un personnage aussi caricatural que Claude Allègre [1]) et, par conséquent, celui des modalités d'un contrôle raisonnable de leur activité par l'ensemble des citoyens. C'est évidemment à cet endroit précis que la réflexion morale et politique peut – et doit – reprendre tous ses droits.

---

logement ») et la nécessité d'une alimentation non toxique, il faudra tôt ou tard que l'humanité choisisse.

1. On pourra se faire une idée des méthodes de travail d'un Claude Allègre (ou, d'une manière plus générale, de la façon dont les grands lobbies industriels organisent cyniquement la désinformation « climato-sceptique ») en lisant les essais de Sylvestre Huet, *L'imposteur, c'est lui* (Stock, 2010), de Stéphane Foucart, *Le Populisme climatique* (Denoël, 2010) et de Florence Leray, *Le négationnisme du réchauffement climatique en question !* (Golias, 2011).

Parler, comme le fait Orwell, d'un fondement moral du socialisme (ce qui – précisait-il – « suscite immanquablement le ricanement sarcastique de quiconque a des prétentions intellectuelles ») n'a donc jamais voulu dire que la bonne volonté des gens ordinaires pouvait suffire, à elle seule, à régler tous les problèmes d'une société décente. C'était seulement rappeler, d'une part, que les fins que le socialisme se propose de réaliser trouvent toujours leur motivation première dans l'expérience morale de ces gens ordinaires (et non dans un savoir de type universitaire – fût-il celui du « matérialisme historique ») [**H**]. Et, de l'autre, que ces fins étant posées, elles ne sauraient en aucun cas légitimer – au nom d'un quelconque « réalisme politique » – l'usage de moyens notoirement immoraux tels que « les bombardements massifs de population civiles, la prise d'otages, le recours à la torture pour arracher des aveux, les séquestrations, les exécutions sommaires, les matraquages, les noyades d'opposants dans des fosses à purin, la falsification systématique des dossiers et des statistiques, la trahison, la corruption et la collaboration avec l'occupant [1] ». Ce sont là, je l'accorde, des propositions philosophiques tout à fait modestes. Mais elles auront néanmoins suffi à déchaîner contre Orwell la fureur sacrée (et les calomnies) de tous les idéologues de la gauche bien-pensante du XXe siècle.

Quant à la question des rapports que les différentes classes sociales entretiennent avec la *common decency*,

1. Orwell, *Raffles and Mrs Blandish.*

il me semble que, là encore, Orwell a dit l'essentiel. Car si, en droit, tout être humain est effectivement capable de se comporter de façon décente, il demeure indéniable que, dans les faits, l'aptitude concrète à la décence apparaît, avant tout, comme le privilège des gens ordinaires. Cette conviction populiste (au sens originel et positif du mot) n'a rien à voir avec une quelconque « idéalisation » des classes populaires[1]. Que ce soit à Wigan ou sur le front espagnol, Orwell avait eu l'occasion d'observer de très près le monde des travailleurs (de beaucoup plus près, en tout cas, que la plupart des critiques universitaires qui ironisent

1. Il est très mal vu, dans le monde des médias officiels (qu'ils soient de gauche ou de droite), de célébrer la décence des gens ordinaires ou la capacité du peuple à se gouverner directement lui-même. Il s'agirait là, au mieux, d'une illusion « rousseauiste » (chacun « sait bien », en effet, que l'homme est mauvais par nature et donc toujours prêt à nuire à ses semblables) et, au pire, d'idées *populistes*, « dont on ne sait que trop où elles peuvent mener ». Il est néanmoins curieux que le zélé personnel médiatique ne songe jamais à appliquer son anthropologie négative aux élites elles-mêmes. Il tient toujours pour acquis, en effet, que ceux qui nous gouvernent – ou dirigent les grandes institutions internationales (du FMI à la Banque mondiale en passant par l'ONU) – sont, quant à eux, des individus admirables qui s'efforcent, en toute circonstance, d'accomplir leur devoir du mieux possible. La maxime du « tous pourris » serait donc, en résumé, immonde lorsqu'elle est appliquée aux classes dominantes mais tout à fait plausible, en revanche, dès qu'elle concerne les gens ordinaires. Et de fait, il n'existe aucun mot, dans le vocabulaire politique officiel, pour désigner ce qui serait l'attitude symétrique du « populisme », à savoir la tendance à idéaliser le monde des élites et à protéger en permanence leur réputation (ce qui constitue un bon résumé, je crois, du métier de journaliste moderne, qu'il s'exerce sur TF1 ou sur Canal Plus). Sauf, peut-être, le verbe *ramper*.

sur son prétendu « rousseauisme »). Elle repose, en réalité, sur le fait que les dispositions sociales à la décence (c'est-à-dire au dépassement de l'égoïsme individuel) prennent toujours naissance dans ces pratiques collectives et ces systèmes de solidarité (par exemple les formes d'entraide qui s'exercent habituellement à l'intérieur de la famille, entre voisins ou entre camarades de travail) qui, jusqu'à ce jour, organisaient encore une part décisive de la vie des quartiers populaires ou des villages [**I**]. On comprend, du même coup, pour quelles raisons les progrès du capitalisme libéral (et notamment de son mode d'urbanisation tentaculaire, fondé sur la mobilité perpétuelle des individus et la transformation de ces anciens quartiers populaires en mosaïque de vies solitaires), en détruisant systématiquement le socle matériel et symbolique de ces solidarités traditionnelles (ainsi que les relations de *confiance* qui s'édifiaient sur elles), ne peuvent que saper, chaque jour un peu plus, les conditions les plus essentielles de la décence ordinaire et de la vie en commun. Ce n'est donc pas tant par leur prétendue « nature » que les classes populaires sont encore relativement protégées de l'égoïsme libéral (il suffit de lire ses textes sur la Birmanie coloniale ou sur les bas-fonds de Londres pour vérifier qu'il n'y a jamais eu chez Orwell la moindre fascination pour la théorie du « bon sauvage »). C'est bien plutôt par l'existence et le maintien d'un certain type de *tissu social* (« la famille, le pub, le football et la politique locale », note-t-il ainsi, en bon précurseur de Ken Loach) capable de tenir quotidiennement à distance les formes les plus envahissantes de l'individualisme possessif. C'est bien pourquoi la destruction programmée des quartiers populaires (que les urbanistes officiels appellent fièrement « rénovation »), la généralisation du chômage et de la précarité (qui rendent forcément plus difficiles, ne serait-ce que d'un point de vue matériel, les pratiques du don et du contre-don) et le contrôle du temps de cerveau disponible par l'industrie du divertissement (toujours centrée autour du mythe de la réussite individuelle) ne peuvent qu'accroître mécaniquement la *lumpenisation* [J] des fractions les moins conscientes (ou les plus fragilisées socialement) des classes populaires, contribuant ainsi à cette lente érosion de la *common decency* qui apparaît effectivement comme l'une des tendances les plus inquiétantes de la société libérale contemporaine [1].

Cela étant, et malgré les espoirs politiques absurdes que les « sociologues » de l'extrême gauche *libérale* affectent de fonder sur cette *lumpenisation* des plus pauvres (il suffit de jeter un œil sur le tombereau d'âneries universitaires déversé au lendemain des émeutes de 2005) [**K**], tout porte encore à penser que les capacités de résistance intellectuelle et morale des classes populaires restent infiniment plus fortes qu'on ne le croit habituellement, et que la plupart des gens ordinaires (y compris dans les quartiers dits « sensibles ») sont – du

1. Sur la façon dont le chômage et la précarité, en décomposant le tissu social et la vie locale, désorganisent peu à peu la personnalité même des sujets (leur rapport au temps, à l'espace, à autrui, etc.), on lira la remarquable étude de Jean Peneff et Mustapha El Miri (« Les pauvres à l'abandon », *Le Sarcophage n° 23*, 12 mars 2011).

moins pour l'instant – globalement « restés fidèles à leur code moral » (Orwell, Lettre à Humphry House du 11 avril 1940). De toute évidence, le capitalisme n'a pas encore réussi à transformer intégralement le peuple en « multitude » (au grand dam, je suppose, d'un Toni Negri).

Pour ce qui est des élites, en revanche, l'analyse est forcément très différente. Comme l'écrit Bruce Bégout, « il existe manifestement dans le mode de vie des couches supérieures de la population des facteurs qui inhibent le développement de la décence ordinaire [1] ». Le premier de ces facteurs tient à la nature même du système capitaliste et à son *amoralisme de principe* (le cas des anciennes aristocraties est, sans doute, un peu différent dans la mesure où leur pouvoir était partiellement contrebalancé – du moins en théorie – par l'idée que « noblesse oblige »). Il est clair, pour ne prendre qu'un seul exemple, que ceux qui évoluent dans le monde de la finance – c'est-à-dire dans le secteur de l'économie moderne où la logique libérale s'exerce à l'état pur – ne peuvent en aucun cas s'offrir le luxe de la moindre honnêteté personnelle (quels que soient les efforts de leurs communicants et des économistes pour masquer cette vérité tristement banale). Comme le constate ainsi Paul Jorion [2], « les décideurs aiment caractériser le critère d'appartenance à leur club en termes de compétence ; mon expérience de dix-huit ans m'a convaincu que ce

1. Bruce Bégout, *De la décence ordinaire*, *op. cit.*, p. 21.
2. Paul Jorion, « Comment on devient l'anthropologue de la crise », *Le Débat* (septembre-octobre 2010).

critère était en réalité d'un autre ordre : la *tolérance personnelle à la fraude* » [**L**]. On retrouverait sans peine une situation analogue dans tous les secteurs du marché où la domination capitaliste s'exerce déjà sous une forme mondialisée.

Quant au second facteur inhibant, il est beaucoup plus général (et beaucoup plus ancien aussi) et tient, comme Pascal l'avait perçu, à la condition même des Grands (quelle que soit la forme de société hiérarchique dans laquelle ils sont amenés à exercer leurs talents de prédateurs). Les « Grands », en effet, vivent par définition dans un univers séparé – celui de la richesse et du pouvoir. Or chacun sait bien que la richesse – c'est-à-dire le privilège de pouvoir *dépenser sans compter* – finit toujours par corrompre le sens des réalités, puisque les caprices du riche, par définition, ne peuvent jamais venir buter sur les limites qui s'imposent à l'humanité ordinaire (c'est sans doute ce qui explique que les revenus pharaoniques que les élites globales ne cessent de s'octroyer – et toute honte bue – sont généralement encore plus *absurdes* qu'indécents [1]). Quant au pouvoir que l'on exerce sur les autres (et, par conséquent, l'habitude d'avoir toujours à son service une armée de domestiques – ou de courtisans – dépendants et craintifs), il tend inévitablement à conforter le dominant dans son idéal de toute

1. Les 225 capitalistes les plus riches de la planète possèdent une fortune personnelle dont la somme équivaut au revenu cumulé des 2,5 milliards d'êtres humains les plus pauvres. Comme l'a, d'ailleurs, reconnu récemment Warren Buffett – avec un courage peu fréquent dans ces milieux – si la collectivité confisquait, du jour au lendemain, 99 % de ses biens, *il ne*

puissance infantile et son statut d'enfant roi (il suffit de se reporter à la description que donne Tocqueville des effets pervers de l'esclavage sur la psychologie des grands planteurs du sud des États-Unis). Dans la mesure, par conséquent, où la capacité de se comporter de façon décente suppose toujours que l'on ait réussi à surmonter son égoïsme infantile (autrement dit, que l'on ait acquis cette *maturité* qui seule rend possible l'accès à l'autonomie véritable), il est évident que le mode de vie des classes privilégiées – en inhibant structurellement leur sens des autres et celui des réalités – ne peut que rendre problématique, dans la plupart des cas, l'apparition d'une véritable conscience morale, voire du bon sens le plus élémentaire [1].

On se souvient, peut-être, de la magnifique formule de Camus : « c'est un homme libre – écrivait-il – personne ne le sert ». Si cet axiome anarchiste est psychologiquement fondé, alors les brillantes « élites » qui se sont arrogé le droit de gouverner le monde sont d'abord à plaindre.

---

s'en apercevrait même pas et *rien* ne changerait dans sa manière quotidienne de vivre.

1. « Il est plus facile à un chameau de passer par le chas d'une aiguille qu'à un riche d'entrer au royaume des cieux ». Éternelle vérité de l'Évangile. Et excellent résumé de la philosophie populiste.

Scolies III

[**A**]

[... *le moindre débat intérieur*...]

Pour Sartre, c'est l'imperméabilité absolue au doute (garantie par la mauvaise foi et l'esprit de sérieux) qui définit le « salaud ». Preuve supplémentaire, s'il en est, qu'il est impossible de confondre la *décence* des gens ordinaires et le *moralisme* étouffant des idéologues « politiquement corrects ». Une « ligue de vertu » citoyenne (quelle que soit la générosité apparente des mots d'ordre sous lesquels elle organise ses chasses à l'homme) n'est donc ordinairement qu'un simple rassemblement de « salauds », au sens sartrien du terme, ou de « tartuffes », si l'on préfère Molière.

[**B**]

[… *y compris l'étonnante culture pirate*…]

« De même que la terre, les fonds de terre et le sol sont les conditions du principe de la vie familiale, de même, pour l'industrie, l'élément naturel qui l'anime et la pousse vers l'extérieur est la *mer.* Par le fait qu'elle comporte un risque, la recherche du profit ne se borne pas à lui et va au-delà : elle substitue à l'attachement à la glèbe et aux cercles limités de la vie civile ses plaisirs et ses désirs liés à la navigation en mer et à ses dangers dont celui de périr. Par ce grand moyen de liaison, elle rend accessible au trafic des terres lointaines, et ce trafic lui-même crée des rapports juridiques où s'introduit le contrat. Dans ce trafic se trouve donc contenu le plus grand moyen de culture et le commerce y trouve aussi sa signification historique » [**1**]. Cette analyse de Hegel (qui renverse la méfiance hobbesienne envers les sociétés maritimes) permet de comprendre la fascination que les Modernes ont toujours éprouvée pour l'univers de la flibuste (symbole parfait d'un monde ouvert sur un horizon sans frontières) et pour ces premiers paradis *offshore* que représentaient déjà, au XVIIe siècle, les îles Caraïbes. Il n'est donc pas étonnant – au fur et à mesure que l'utopie du « doux commerce » cède la place à la réalité brutale de la guerre économique mondiale – que l'*imaginaire pirate* ait fini par colorer les plus récentes légitimations idéologiques de l'économie de marché. Le pirate n'est-il pas « un prédateur qui prend sans payer, qui occupe sans loyer, qui s'empare sans contrepartie » [**2**] ? Ainsi peut naître, à peu de frais, le mythe d'un *capitalisme romantique* – fondé sur les idées de « capture », de « prise » et de « risque » – dont les nobles aventuriers (vivant, naturellement, hors des eaux territoriales) auraient à cœur de *télécharger gratuitement* la plus-value créée par les travailleurs du monde entier. C'est là toute l'ambiguïté de cette nouvelle idéologie de la gratuité (le *prendre sans contrepartie*) que certains secteurs de l'extrême gauche libérale, à la faveur de l'équivoque que ce mot crée nécessairement [**3**], s'efforcent désormais de substituer à la logique socialiste du don [**4**].

[**1**] Hegel, *Principes de la philosophie du droit*, § 247.

[**2**] Antoine Garapon, « L'imaginaire pirate de la mondialisation », *Esprit*, juillet 2009.

[**3**] Si la notion de « gratuité » n'est invoquée que pour tenir à distance les calculs de la logique utilitariste, elle constitue alors un synonyme évident de l'esprit du don (cf. le numéro consacré à la « gratuité » de la *revue du MAUSS* du premier semestre 2010). Mais, si elle désigne la simple possibilité de s'emparer d'un bien sans la moindre contrepartie (on se souvient de la célèbre rubrique de *Charlie Hebdo*, « Salut les radins ! »), elle s'inscrit pleinement, au contraire, dans la logique du consommateur utilitariste moderne (celui qui recherche en permanence, et dans tous les domaines, « le meilleur rapport qualité/prix »).

[**4**] « Prendre sans contrepartie » a évidemment un sens, d'un point de vue socialiste, lorsqu'il s'agit d'« exproprier les expropriateurs » (de collectiviser, par exemple, les biens des grands prédateurs du marché mondial, ou d'annuler la « dette » d'un peuple envers

les puissances internationales qui le pillent ou l'exploitent). En revanche, la logique du « tout est à nous » (qui est celle du premier tapeur venu) ne saurait irriguer la vie quotidienne d'une société fondée sur l'entraide, la coopération et la bienveillance réciproque. Il n'est, du reste, pas besoin de pousser très loin l'analyse de cette nouvelle idéologie de la « gratuité » (et du mythe corrélatif de l'« abondance ») pour y retrouver, en filigrane, toutes les illusions universitaires habituelles sur le « capitalisme cognitif », la « société numérique » ou l'« économie immatérielle » [**a**] – et, en dernière instance, l'idée que le prolétariat et son exploitation appartiendraient à un passé révolu.

[**a**] Il est assez intéressant de noter que les idéologies complémentaires de la « gratuité » et de l'« économie immatérielle » se retrouvent, à l'identique, dans tous les plaidoyers en faveur de l'énergie nucléaire (supposée offrir une source d'énergie illimitée). Dans les trois cas, on prétend avoir enfin trouvé le moyen d'échapper aux limites matérielles de la croissance et donc de rendre le mode de production capitaliste éternel.

[C]

[... *la cupidité, la trahison ou le cynisme*...]

Lorsque les politiciens libéraux refusent de limiter les profits indécents des grands patrons ou des grands actionnaires modernes, c'est généralement en faisant valoir qu'une telle politique conduirait automatiquement ces derniers à s'expatrier vers ces heureux pays où règne déjà le « mieux-disant fiscal ». C'est donc reconnaître implicitement qu'un homme d'affaires libéral digne de ce nom ne saurait avoir d'obligations « morales » qu'envers ses seuls comptes *offshore*, et que l'appel des partis de droite à défendre le « patriotisme » ou les « valeurs traditionnelles » n'est qu'une aimable plaisanterie électorale (que seuls les universitaires de gauche sont encore capables de prendre au sérieux).

[**D**]

[... *lors de l'épisode historique des* enclosures...]

On appelle « mouvement des *enclosures* » la politique inaugurée par la monarchie anglaise (essentiellement à partir des XVIe-XVIIe siècles) dans le but de remplacer les modes traditionnels d'agriculture – souvent fondés sur l'entraide et la coopération – par un système basé sur la propriété privée (et dont la « clôture » allait devenir le symbole universel). Dans la pratique, cette politique moderniste revenait à supprimer tous les droits coutumiers (comme celui de « vaine pâture ») [**1**] qui avaient jusqu'ici permis aux villageois les plus pauvres de continuer à vivre de manière autonome grâce aux terrains communaux [**2**]. Il s'agissait donc, à travers cette nouvelle politique, de contraindre ces paysans à la mendicité et à l'exode rural (ce que les esprits progressistes, de nos jours, célèbrent sous le nom infiniment plus glorieux de *développement urbain*) et de mettre ainsi à la disposition des grands manufacturiers anglais une main-d'œuvre abondante, bon marché et – cerise sur le gâteau – *culturellement déracinée* (donc infiniment plus manipulable) [**3**]. C'est pourquoi Marx a pu voir avec raison dans ce mouvement des *enclosures* l'une des conditions majeures du décollage de l'économie capitaliste anglaise.

[**1**] Dans ce cas précis, on voit clairement que c'est la défense de la coutume et des traditions (donc un combat officiellement « réactionnaire ») qui s'avère, en réalité, profondément révolutionnaire (le cas est très fréquent dans l'histoire des révoltes populaires). On se souvient, d'ailleurs, que l'une des premières interventions politiques du jeune Marx (*La loi sur les vols de bois*, 1842) était précisément un plaidoyer en faveur du « *droit coutumier* des pauvres ».

[**2**] L'animal sauvage, laissé libre d'évoluer dans son écosystème originel, pourvoit d'instinct à sa propre subsistance. En revanche, une fois domestiqué, il perd cette autonomie naturelle et devient presque entièrement dépendant de la sollicitude – ou des caprices – de ses maîtres humains. De ce point de vue, on pourrait décrire l'accumulation primitive du capital (et, d'une façon plus générale, le développement systématique de la logique capitaliste) comme un gigantesque processus de *domestication de l'espèce humaine*, opéré au profit de quelques minorités privilégiées (avec cette différence majeure que les maîtres éprouvent, en général, de l'affection pour leurs animaux de compagnie).

[**3**] Notons que les « mouvements migratoires » contemporains (qui ne concernent, pour l'instant encore, qu'une infime minorité de la population des pays du « Sud ») ne sont que la simple transposition à l'échelle planétaire de cet exode rural permanent sans lequel le capitalisme cesserait bientôt de fonctionner. À cette différence près que l'ancienne monarchie anglaise

(le problème était le même pour l'aristocratie esclavagiste du sud des États-Unis) avait dû recourir, pour obtenir un tel résultat, à la manière forte (le *hard power*), tandis que la société du spectacle trouve aujourd'hui dans la fascination universelle qu'exercent ses images (le *soft power* de la culture *mainstream*) le moyen de faire venir d'eux-mêmes et à leurs frais (sous les applaudissements de l'extrême gauche libérale) les esclaves salariés et les nouveaux consommateurs qui contribueront au rayonnement de sa logique impériale.

[**E**]

[… *les bases concrètes d'une société décente*…]

On observera qu'Orwell, dans sa façon de comprendre les relations entre la morale spontanée des classes populaires et la théorie socialiste au sens strict, retrouve très souvent les intuitions philosophiques qui étaient celles du jeune Marx (avant donc que celui-ci ne cède à l'illusion d'un « socialisme scientifique »). Dans sa lettre à Ruge de septembre 1843, Marx écrivait ainsi : « Nous ne nous présentons pas au monde en doctrinaires avec un principe nouveau : voici la vérité, c'est ici qu'il faut tomber à genoux [...]. Nous lui montrons simplement *pourquoi il lutte en réalité* [...]. Il apparaîtra alors que depuis très longtemps le monde possède le rêve d'une chose dont il ne lui manque que la conscience pour la posséder réellement. Il apparaîtra qu'il ne s'agit pas d'un grand trait suspensif entre le passé et l'avenir, *mais de la mise en pratique des idées du passé*. » On comprend, du coup, pour quelles raisons les idéologues staliniens et maoïstes tenaient tellement à faire tomber le jeune Marx du mauvais côté de la « coupure épistémologique » (celle qui doit séparer le prolétaire inconscient de l'universitaire lucide). Et pour quelles raisons, également, tant d'althussériens repentis (quoique toujours aussi fascinés par les « processus sans sujet ») ont pu si facilement se reconvertir dans les luttes « antiracistes » et « citoyennes » du libéralisme parisien.

[**F**]

[... *la bonne conscience « humanitaire » qui l'accompagne habituellement*...]

L'idéal humanitaire se fonde sur le principe libéral de neutralité axiologique (et donc sur le dogme parallèle de la « fin des idéologies »). Un médecin de la Croix-Rouge sera ainsi tenu de porter assistance à tout combattant blessé – qu'il s'agisse d'un résistant ou de l'officier SS qui a torturé ce dernier – ou à tout étranger entré en fraude sur un territoire donné – qu'il s'agisse d'un réfugié politique [**1**] ou d'un trafiquant de drogue. Ce refus d'opérer la moindre *discrimination* entre les individus à secourir (c'est-à-dire de traiter le problème au cas par cas et selon des critères *politiques*) est évidemment légitime dans certaines situations d'urgence (celles où, comme l'écrivait Camus, il s'agit d'abord de sauver les corps) [**2**]. La mystification ne commence que lorsque cette

« éthique de l'urgence » se voit présentée comme une philosophie politique à part entière (voire – chez les plus cyniques – comme un engagement « anticapitaliste »). Elle devient alors inévitablement l'une des armes médiatiques privilégiées de la politique libérale.

[**1**] Du point de vue d'une association libérale de défense des « sans-papiers », aucune différence ne peut (ni ne doit) être faite entre des Tunisiens qui fuient la dictature de Ben Ali et des Tunisiens qui fuient le renversement de la dictature de Ben Ali (problème récurrent pour les associations de défense des « sans-papiers » puisque toute révolution a toujours engendré, par définition, une *émigration contre-révolutionnaire* massive).

[**2**] L'acte fondateur de l'*idéologie* humanitaire moderne est l'opération « Un bateau pour le Vietnam », organisée en 1979 sous la direction de Bernard Kouchner et d'Yves Montand (qui sera également le maître d'œuvre, quelques années plus tard, de l'émission « Vive la crise », destinée – avec l'aide de Laurent Joffrin – à convertir l'électorat populaire de l'ancienne gauche aux bienfaits du libéralisme économique et des privatisations à venir). Cette opération humanitaire (incontestablement légitime dans la situation d'urgence où se trouvaient les boat people qui fuyaient la révolution communiste) réunissait ainsi pour la première fois tous les éléments idéologiques qui allaient bientôt fonder la nouvelle politique de la gauche libérale. La clé de voûte de cette construction alors inédite était évidemment l'existence d'un ennemi commun fédérateur (le régime stalinien de Hanoi) face auquel toute critique du capitalisme – désormais perçue comme purement « idéologique » – devait être mise de côté (« L'île de Lumière – écrira ainsi Rony Brauman –,

autant qu'un navire de sauvetage, est une *critique flottante du totalitarisme* »). D'un point de vue médiatique, c'est la collaboration – à première vue insolite – entre Jean-Paul Sartre, Raymond Aron, Michel Foucault et André Glucksmann qui allait définitivement symboliser cette nouvelle politique du moindre mal (« mieux vaut encore l'exploitation capitaliste des ouvriers que la déportation des dissidents au goulag ») et qui devait rapidement conduire à remplacer l'ancienne problématique de la lutte des classes par celle, autrement plus médiatique et décorative, de la défense des « droits de l'homme » et de la lutte citoyenne « contre toutes les formes de discrimination ». Le temps de « SOS Racisme » était donc arrivé et, avec lui, celui des Delors, des Rocard et autres Strauss-Kahn.

[**G**]

[... *une politique socialiste de la « monnaie » ou de la santé publique*...]

Une société socialiste implique, par définition, l'abolition de l'économie de marché et la fin de la subordination du travail collectif aux impératifs idéologiques de la « croissance » (thèse qui suffit, une fois pour toutes, à distinguer un partisan du socialisme d'un homme de gauche contemporain). Cette proposition – que toute la classe politique s'accordera désormais à considérer comme utopique ou « totalitaire » – signifie simplement que la vie des individus et des peuples (et donc *a fortiori* leur survie biologique) ne devrait plus dépendre des mouvements chaotiques d'un marché mondial officiellement « autorégulateur » mais qui est réglé, en pratique, par les seuls calculs égoïstes (calculs, de surcroît, la plupart du temps erronés) de ces minorités privilégiées qui contrôlent l'argent, le pouvoir et l'information. Pour autant, cela ne signifie pas qu'une société socialiste décente pourrait se passer de marchés locaux, régionaux ou même internationaux (notamment dans le cadre d'une coopération mondiale des peuples). Le rêve d'une abolition *intégrale* de la logique marchande (au-delà de la sphère des relations en face à face) [**1**] impliquerait, en effet, que tous les besoins et les désirs des individus pourraient être définis et imposés par la collectivité, ce qui reviendrait inéluctablement à détruire l'un des fondements majeurs de la vie privée. Comme Marcel Mauss l'avait clairement annoncé, une société socialiste décente devra donc maintenir – à côté des secteurs domestiques, coopératifs ou publics – un secteur privé (dont l'ampleur ne saurait être limitée *a priori*) et, par conséquent, un nombre, probablement important, d'entreprises privées [**2**].

De là, naturellement, la nécessité pour une société socialiste de définir une politique de la monnaie, puisque celle-ci constitue, par définition, la condition de possibilité de tout échange économique. Toute la question est alors de déterminer quel type de « monnaie socialiste » permettra d'éviter que cet indispensable secteur privé [**3**] ne redevienne l'une des bases privilégiées à partir desquelles une économie de marché – susceptible de régenter à nouveau l'existence des hommes – pourrait progressivement se reconstituer. Je me bornerai, ici, à indiquer brièvement deux pistes. On peut tout d'abord imaginer qu'*une partie* du revenu des citoyens d'une société postcapitaliste soit versée en monnaie locale ou régionale afin de favoriser les « circuits courts » et les échanges locaux [**4**], et de protéger ainsi cette « économie de proximité » qui contribue à maintenir une partie du tissu social – non pas, bien sûr, parce qu'elle est une économie mais précisément parce qu'elle est de proximité. Le plus important, toutefois, sera de veiller à ce que l'existence inévitable d'une monnaie d'échange nationale – voire internationale – ne conduise pas à réamorcer cette accumulation privée du capital qui pourrait rendre à nouveau possible l'exploitation de l'homme par l'homme et, donc, la réapparition des inégalités et des injustices les plus indécentes. L'une des solutions les plus intéressantes, de ce point de vue, est sans doute celle de la « monnaie fondante », théorisée et mise en pratique par Silvio Gesell (1862-1930) lorsqu'il était commissaire du peuple aux finances dans l'éphémère République des conseils de Bavière en 1919. Sous ce nom, Gesell désignait une « monnaie socialiste » dont la valeur « fondait » progressivement avec le temps lorsqu'elle n'avait été ni dépensée pour couvrir les besoins quotidiens des individus ni épargnée dans le but de parer aux aléas inévitables de la vie. Définir les limites de cette épargne légitime – et donc les écarts moralement acceptables entre les différents types de revenus – relève évidemment d'un choix politique dont les critères devront être discutés démocratiquement (l'essentiel étant qu'il existe un *salary cap* – selon l'expression employée par les Américains – c'est-à-dire un revenu maximum au-delà duquel la notion d'égalité n'aurait plus aucun sens) [**5**].

Une fois adopté le principe de cette monnaie fondante, il deviendrait alors théoriquement impossible d'accumuler le capital privé au-delà de certaines *limites* et, du coup, de favoriser la capture ou le détournement de la richesse collective par des minorités privilégiées [**6**].

[**1**] Rappelons que l'échange marchand existe depuis la plus haute Antiquité et que, pendant des millénaires – du fait de son inscription dans un cadre religieux, moral et culturel –, il n'a jamais pu conduire au développement de l'économie de marché telle qu'elle commencera à se mettre en place à partir du XVIIIe siècle. Il n'existe donc aucune *fatalité* qui conduise de l'échange marchand local à la mondialisation capitaliste.

[**2**] Pour prendre un exemple consensuel (du moins je l'espère), il est clair que dans une société socialiste décente il devra exister des maisons d'édition privées (donc également des imprimeries indépendantes) – qui seront entièrement libres de publier la littérature de leur choix.

[**3**] Il est naturellement toujours possible qu'une communauté locale refuse – pour des raisons philosophiques ou religieuses – de recourir à tout échange marchand ou décide même de vivre à l'écart de tout progrès technologique (on peut penser, par exemple, au mouvement « communautaire » de l'après-68 ou à certains aspects du mode de vie des Amish). À partir du moment où un tel choix ne repose pas sur la domination ou l'exploitation d'autrui (évidemment incompatibles avec les principes constitutionnels d'une société

décente), il ne devrait regarder que cette communauté. Une société socialiste est, par essence, *plurielle*.

[**4**] Il y a quelques années deux camions sont entrés en collision au centre de la France. Le premier venait des Pays-Bas et transportait, à destination du marché espagnol, ce que les *spin doctors* de l'« agriculture » productiviste appellent encore sans rire une cargaison de « tomates ». Le second arrivait d'Espagne et transportait, à destination du marché hollandais, un chargement en tout point identique (même « goût » industriel, même calibre, mêmes colorants chimiques et agents de conservation ; seuls l'emballage et le logo des deux entreprises différaient). N'importe qui (sauf un économiste libéral, un fanatique de l'abolition des frontières ou un collectionneur d'emballages) comprendra sans peine, en réfléchissant sur cette collision symbolique, que la logique des « circuits courts » (chaque région du monde assurant elle-même – comme c'était, d'ailleurs, le cas avant le triomphe du capitalisme – les bases essentielles de son autonomie alimentaire) est infiniment plus rationnelle – sans même parler de la saveur des aliments ou de leur qualité sanitaire – que celle du « retour sur investissement » défendu par les spéculateurs internationaux et le lobby agro-industriel. Et cela d'autant plus qu'il est, par définition, logiquement impossible d'imaginer un état d'équilibre du marché capitaliste mondial dans le cadre duquel *toutes* les nations de la terre pourraient *simultanément* exporter plus qu'elles n'importent (ici le simple bon sens suffit à réfuter la théorie universitaire). Qu'on le veuille ou non, il ne peut y avoir d'économie mondiale de marché (c'est-à-dire de concurrence internationale « libre et non faussée ») que là où il y a des classes sociales et des peuples perdants. Il suffit, si l'on en doute, d'observer une partie de Monopoly.

[**5**] Quant au principe d'institutions de crédit populaire, collectant l'épargne des citoyens, et dont les prêts et les investissements seraient d'abord commandés par le souci de l'utilité commune, on se souviendra qu'il était au centre des analyses de Proudhon (et de bien des pratiques du mouvement ouvrier coopératif du XIXe siècle). Il y a là toute une culture politique et philosophique – dont la gauche moderne – toute à sa lutte pour les « droits de l'homme » – a perdu jusqu'au souvenir – et qu'il serait temps de revisiter sans préjugé.

[**6**] Cf. Paul Jorion, *L'argent mode d'emploi*, Fayard, 2009. On trouvera dans ce brillant essai une présentation très claire du problème de la monnaie fondante. Jorion souligne d'ailleurs que Keynes – bien qu'adversaire du socialisme – estimait que d'un point de vue strictement technique le principe de cette monnaie était « irréprochable » et que l'avenir aurait sans doute beaucoup de choses à apprendre des idées de Silvio Gesell.

[**H**]

[... *et non dans un savoir de type universitaire – fût-il celui du « matérialisme historique »*...]

« Le socialiste de la classe ouvrière (*the working-class Socialist*) n'est pas très calé sur le chapitre doctrinal et s'il ouvre la bouche, c'est presque à coup sûr pour proférer une hérésie. Mais il est, lui, au cœur de l'affaire. Il comprend parfaitement que le socialisme signifie l'abolition de la tyrannie et, si on prenait la peine de lui en traduire les paroles, la *Marseillaise* le toucherait infiniment plus que n'importe quelle exégèse consacrée au matérialisme dialectique » (*Le Quai de Wigan*). On imagine sans peine, en revanche, ce qu'un intellectuel de gauche contemporain penserait des paroles de la *Marseillaise*.

[**I**]

[… *la vie des quartiers populaires ou des villages*…]

Dans son *Appréciation sociologique du bolchevisme* (texte publié en 1924), Marcel Mauss rappelait avec clarté cette théorie socialiste du lien social dont les léninistes, au même moment, organisaient déjà la négation théorique et pratique : « La terreur ne lie pas, la terreur n'excite pas : elle fait que les gens se terrent, se replient sur eux-mêmes, fuient et se fuient, s'affolent et ne travaillent pas : *Metus ac terror sunt infirma vincula caritatis*, “la crainte et la peur sont de faibles liens de l'amitié”, formule de Tacite, et qu'il faut répéter à propos du premier gouvernement socialiste de l'Histoire. Elles tiennent à la rigueur debout les États et les tyrannies ; elles ne créent ni la charité humaine ni l'amour ou, si l'on aime mieux, au fond, le dévouement. Or il n'est pas de société qui ait plus besoin d'inspirer des sentiments positifs que celle qui prétend être celle des travailleurs se dévouant les uns pour les autres. Jamais on ne bâtira de société de cette forme sur une pure force matérielle. *Au risque de passer pour vieux jeu et diseur de lieux communs*, nous revenons clairement aux vieux concepts grecs et latins de *caritas* que nous traduisons aujourd'hui si mal par charité, de *philia* et de *koinonomia*, de cette “amitié” nécessaire, de cette “communauté” qui sont la délicate essence de la Cité » (*Écrits politiques*, Fayard, 1997, p. 550). Nous sommes, ici, au plus près de ce qu'Orwell théorisera sous le nom de *common decency* (et au plus loin, bien sûr, de la métaphysique libérale de l'intérêt bien compris).

[J]

[... *ne peuvent qu'accroître mécaniquement la* lumpenisation...]

Rappelons que pour Marx « le *lumpenproletariat*, dans toutes les grandes villes, constitue une masse nettement distincte du prolétariat industriel ; pépinière de voleurs et de criminels de toute espèce, vivant des déchets de la société, individus sans métier avoué, rôdeurs, *gens sans aveu et sans feu* différents selon le degré de culture de la nation à laquelle ils appartiennent, ne démentant jamais le caractère de lazzaroni, [...] capables des actes de banditisme les plus crapuleux et de la vénalité la plus infâme » (*Les Luttes de classes en France*, 1850). Je précise, à l'intention des universitaires de gauche, que Marx ne se livre pas ici à un *éloge*.

[**K**]

[... *le tombereau d'âneries universitaires déversé au lendemain des émeutes de 2005*...]

Dès 1997, Jaime Semprún (disparu, en août 2010, dans ce silence unanime des médias officiels qui constitue, à sa manière, le plus magnifique des hommages) avait dit tout ce qu'il y avait à dire de ces « sociologues » d'extrême gauche dont la fonction n'est pas de « critiquer la société, mais de fournir des arguments et des justifications au pléthorique personnel d'encadrement de la misère, à ceux qu'on appelle les travailleurs sociaux ». « L'extrême-gauchisme – écrivait-il ainsi – se contente de renverser les termes de la propagande policière : là où celle-ci désigne des barbares, venus d'un inframonde extérieur aux valeurs de la société civilisée, il prône des sauvages, étrangers au monde de la marchandise et décidés à la détruire. C'est la "révolution par les cosaques", avec les banlieues en guise de steppes. Tout ce que veut bien concéder une telle apologie, c'est que ce refus est assez peu conscient, fort mal raisonné en tout cas, quoique bel et bien là par l'intention. Mais si on quitte le ciel des bonnes intentions – le gauchisme vit de ses bonnes intentions et de celles qu'il prête à ses héros négatifs – pour redescendre sur terre, le problème n'est pas que ces barbares refusent, même très mal, le monde de la brutalité généralisée ; c'est au contraire qu'ils s'y adaptent très bien, plus vite que beaucoup d'autres qui sont encore encombrés de fictions conciliatrices »

(*L'abîme se repeuple*, Éditions de l'Encyclopédie des nuisances, 1997, p. 45). Quelques années plus tôt (dans sa lettre à Jean-François Martos du 26 décembre 1990), Guy Debord avait déjà présenté ces pratiques de la *caillera* – qui fascinent tellement, de nos jours, les intellectuels parisiens et les artistes bien-pensants du showbiz – comme « l'expression achevée, et pratique, de la dissolution de tous les liens sociaux » [**1**].

[**1**] « Je pense que tu as noté un fait qui a été cité très vite, peu de jours après l'affrontement du pont de l'Alma. Les pompiers appelés à Montfermeil sous le prétexte d'un faux incendie sont en fait tombés dans un guet-apens, où on les attendait avec des pavés et des barres de fer. Nos vieilles chansons témoignent qu'il est après tout normal, quand on est trop dans le besoin, de "crever la panse et la sacoche" d'un contrôleur des omnibus. Mais attaquer des pompiers, cela ne s'est jamais fait quand Paris existait ; et je ne sais même pas si cela se fait déjà à Washington ou à Moscou. *C'est l'expression achevée, et pratique, de la dissolution de tous les liens sociaux* » (Jean-François Martos, *Correspondance avec Guy Debord*, 1998, p. 137).

[L]

[... la tolérance personnelle à la fraude...]

« De quel terme – souligne Paul Jorion – désigne-t-on parmi les décideurs cet esprit de tolérance à la fraude que je viens d'évoquer ? » : « Esprit d'équipe ». « L'individu en question ne fait pas preuve d'esprit d'équipe » est le langage codé utilisé dans ce monde des établissements financiers pour désigner celui qui fait preuve de probité et désapprouve les tentatives de fraude » (« Comment je suis devenu l'anthropologue de la crise », *op. cit.*). Notons que Marx avait déjà annoncé la couleur : « C'est notamment aux sommets de la société bourgeoise – écrivait-il – que l'assouvissement des convoitises les plus malsaines et les plus déréglées se déchaînait et entrait à chaque instant en conflit avec les lois bourgeoises elles-mêmes, car c'est là où la jouissance devient *crapuleuse*, là où l'or, la boue et le sang s'entremêlent, que tout naturellement la richesse provenant du jeu cherche sa satisfaction. L'aristocratie financière, dans son mode de gain comme dans ses jouissances, n'est pas autre chose que *la résurrection du* lumpenproletariat *dans les sommets de la société bourgeoise* » (*Les Luttes de classes en France*, *op. cit.*). La formule de Marx est, bien entendu, réversible. Le *lumpen* (ou *caillera*) n'est rien d'autre que l'aristocratie financière des bas-fonds de la société libérale ou, si l'on préfère, la *version cagoulée des traders de Wall Street*. Sous leur opposition apparente, c'est donc bien le même type de comportement humain que célèbrent, chacun à leur manière, économistes de droite et sociologues de gauche. C'est ce que j'appelle l'« unité du libéralisme ».

Question 4

Y a-t-il un rapport entre l'« anarchisme tory » et le conservatisme ? On voit bien tout ce qui sépare l'« anarchisme tory » de ce qu'on désigne aujourd'hui par « conservatisme » (par exemple le conservatisme américain) ; mais seriez-vous d'accord pour dire que l'idée de l'« anarchisme tory » suppose une réappropriation de ce que l'on pourrait peut-être appeler une certaine « sensibilité conservatrice » ? Seriez-vous d'accord pour dire que cette part « conservatrice » tient dans un certain rapport à la question des « médiations », par lesquelles doit se construire un monde commun ?

Dans l'expression « anarchisme tory » (ou « anarchisme conservateur »), c'est évidemment le second terme qui détient toute la charge de provocation. Et il est facile de comprendre pourquoi. Depuis que l'autorité de la Science (ou du moins de son image fantasmée) a remplacé celle des anciens livres sacrés, la croyance au « progrès » est venue occuper la place abandonnée par la religion. « Vivant dans une ère scientifique et mécanique – écrit Orwell – nous avons l'esprit *perverti* au point de croire que le "progrès" doit se poursuivre [...] quoi qu'il en coûte. En paroles, nous serons tout prêts à convenir que la machine est faite pour l'homme, et non l'homme pour la machine ; dans la pratique, tout effort visant à contrôler le développement de la machine nous apparaît comme une atteinte à la science, c'est-à-dire comme une sorte de blasphème [1]. » Il faut dire que cette « perversion de l'esprit » possède un grand avantage. Elle dispense les Modernes d'avoir à s'interroger

1. *Le Quai de Wigan.*

(comme les malheureux philosophes d'autrefois) sur ce que pourrait être une vie bonne ou un avenir meilleur. Dès lors, en effet, que nous avons acquis la conviction qu'une *main invisible* conduisait inexorablement l'humanité sur la voie du bonheur et de la Raison, il ne saurait plus exister aucun problème philosophique (fût-il celui de la mort) qui ne finisse, avec le temps, par trouver sa solution appropriée dans la croissance (le « progrès matériel et technologique ») ou dans l'évolution des mœurs (le « progrès moral et culturel ») [**A**]. Deux processus historiques qu'un esprit moderne est contraint de tenir pour *indissolublement liés* – et, de surcroît, irréversibles – et que les êtres humains auraient, tout au plus, la possibilité de ralentir (c'est ce à quoi les « réactionnaires » sont supposés s'employer) ou d'accélérer (c'est la tâche qui incombe aux « hommes de progrès »). Dans l'imaginaire progressiste, l'histoire suit donc son cours « naturel », sans jamais présenter le moindre *plan B*.

C'est dans ce climat intellectuel devenu hégémonique [1] qu'il faut comprendre l'usage provocateur qu'Orwell a pu faire du mot « tory ». À partir du moment, en effet, où l'on renonce à la croyance que l'histoire de l'humanité serait régie par un « mystérieux

1. Sur la formation historique de l'idéologie du « progrès » il existe deux ouvrages érudits : Frédéric Rouvillois, *L'Invention du progrès. 1680-1730* (CNRS éditions, 2010) et Pierre-André Taguieff, *Le Sens du progrès* (Flammarion, 2004). On lira également le chef-d'œuvre indispensable de Christopher Lasch, *Le seul et vrai paradis. Une histoire de l'idéologie du progrès et de ses critiques* (Champs-Flammarion, 2006).

processus » baptisé « nécessité historique » »[1], les dossiers philosophiques que l'idéologie progressiste avait conduit à traiter comme des affaires classées se retrouvent inévitablement rouverts. En d'autres termes, dès que l'on accepte de rompre avec l'idée que ce qui est *nouveau* est nécessairement *meilleur*, il devient enfin possible d'envisager sous un tout autre angle l'expérience historique de l'humanité. C'est alors seulement qu'on peut commencer à comprendre que la volonté d'édifier un monde meilleur – volonté en elle-même légitime – risque toujours de conduire au pire si nous nous négligeons simultanément de lutter, comme le préconisait Camus, « pour empêcher que le monde ne se défasse » (*Discours de Suède*). C'est cette nécessité pratique de protéger les fondements mêmes de la vie en commun – qu'ils soient moraux ou matériels – qui explique que toute critique anticapitaliste cohérente – c'est le grand mérite d'Orwell de l'avoir compris – doit intégrer, par définition, une dimension conservatrice.

Ce sens du passé – sans lequel le projet socialiste perdrait l'une de ses principales conditions de possibilité – n'a donc rien à voir avec une volonté de fuir le présent, ni même avec une quelconque nostalgie (bien que la nostalgie soit un sentiment parfaitement respectable et qu'elle constitue, de surcroît, l'une des sources habituelles de la créativité artistique[2]). Il se

1. *Le Quai de Wigan.*

2. « Maintenant que nous avons commencé à prendre conscience des limites écologiques à l'expansion économique, nous avons besoin de soumettre l'idée de progrès à une critique minutieuse ; mais une vision nostalgique du passé ne fournit

fonde, au contraire, sur la compréhension – intuitive ou réfléchie – que « la condition humaine n'est pas sans conditions » (pour reprendre le titre d'un ouvrage remarquable de Jean-Pierre Lebrun [1]).

S'il y a un point, en effet, sur lequel les recherches de la psychanalyse et de l'anthropologie peuvent s'accorder sans problème (quelle que soit la diversité des courants et des écoles) [2], c'est assurément sur l'idée, d'une part, que l'essence de l'homme n'est pas « une abstraction inhérente à l'individu isolé » (Marx) et, de l'autre, que les *relations en face à face* constituent la base et le point de départ de toutes les autres relations humaines (c'est ce système de relations en face à face qu'Alain Caillé a nommé la « socialité primaire »). Cela signifie qu'un sujet individuel doit non seulement être construit (« on ne naît pas homme, on le devient », disait déjà Érasme), mais également que cette construction implique, de façon structurelle, l'intervention d'autrui (à commencer par celle des « parents » ou de ce qui en tient lieu selon les différentes sociétés). Il est évident, par exemple, qu'aucun être humain ne saurait accéder à l'ordre du langage, ou s'inscrire sous les lois de l'inconscient, par la seule

pas les arguments nécessaires à une telle critique. Elle ne nous donne *qu'une image inversée du progrès* » (Christopher Lasch, *Le seul et vrai paradis*, *op. cit.*, p. 16).

1. Denoël, 2010.

2. Je laisse ici de côté le développement (relativement récent, mais qui était idéologiquement prévisible dans le contexte du capitalisme mondialisé) d'une curieuse *anthropologie libérale* dont Jean-Loup Amselle est, en France, l'un des représentants les plus prolifiques.

puissance de sa volonté individuelle. Ni, *a fortiori*, trouver en solitaire sa place appropriée dans les logiques de la réciprocité et du don (c'est le noyau rationnel de la critique spinoziste du libre arbitre, si nous définissons celui-ci comme le pouvoir *absolu et solitaire* qu'un sujet aurait, par essence, sur ses propres actes). En réalité, comme le constatait déjà Aristote, l'homme n'existe jamais – sinon par accident – à la manière d'« une pièce isolée au jeu de tric trac ». Il est, au plus profond de sa nature, un « animal politique », c'est-à-dire un sujet qui ne peut advenir à lui-même que sur fond d'*intersubjectivité* – les formes de cette dernière variant, bien sûr, en fonction de chaque culture singulière. Quels que soient les évolutions ou les remaniements ultérieurs d'un sujet, ils prendront donc toujours leur appui premier sur ce socle psychologique et anthropologique.

On mesure alors mieux la nature de l'illusion moderniste. Elle repose sur la croyance naïve que l'accès à une société véritablement universelle – autrement dit, à une société qui se serait enfin affranchie des limites que chaque culture particulière impose, par définition, à ses membres – devrait exiger de chaque individu et de chaque peuple qu'ils renoncent définitivement à toutes leurs formes d'appartenance antérieures (de la tribu à la nation, en passant par le village ou le quartier). Formes d'appartenance – ou « identités » – que l'idéologie moderniste conduit inévitablement à percevoir comme autant d'obstacles « archaïques » et« réactionnaires » à l'unification promise du genre humain sous la double enseigne des « droits de l'homme » et du marché mondialisé.

Si l'impératif de *mobilité perpétuelle* du capital et du travail, qui est au cœur de tous les théorèmes de l'économie capitaliste (la « libre circulation – précisait la célèbre directive Bolkestein – des marchandises, des capitaux, des services *et des hommes* »), a pu être aussi facilement repris à son compte, sous le nom séduisant de « nomadisme », par la gauche moderne [**B**], c'est donc bien d'abord parce que cet impératif économique majeur correspondait point par point au programme de désaffiliation intégrale des individus, qui constitue aux yeux de cette gauche, l'unique condition d'entrée possible dans ce « village global » censé immuniser à jamais les hommes contre leur folie « identitaire » [**C**]. Pour qui veut ouvrir toutes les portes du capitalisme, il n'existe effectivement pas de sésame plus efficace que le complexe d'Orphée.

Or un tel programme – commun à la droite et à la gauche – n'est pas seulement irréaliste (quel serait, par exemple, le coût écologique et culturel d'une humanité prise dans un mouvement brownien perpétuel ?) [**D**]. Il est d'abord fondé sur une conception entièrement erronée (et philosophiquement préhégélienne) des relations entre l'universel et le particulier. Dans la pratique, en effet, l'universel ne peut jamais se construire sur la ruine des enracinements particuliers. Il n'en constitue que le dépassement dialectique (l'*aufhebung* disait Hegel) qui déploie les virtualités et « supprime *en conservant* ». Ce n'est pas, par exemple, en se détournant de sa propre littérature (en considérant ainsi qu'il est inutile ou « réactionnaire » – à l'heure du marché global – de s'intéresser encore à *La Princesse de Clèves*) qu'un sujet pourra apprendre à s'ouvrir au génie des autres littératures ou à celui des langues étrangères. Et il en va naturellement de même pour l'apprentissage de l'esprit du don et de la *common decency*. On ne devient pas sensible à la triple obligation de donner, recevoir et rendre de façon purement abstraite. C'est toujours à travers des formes concrètes de réciprocité – définies selon les codes et les rituels propres à chaque civilisation particulière – qu'une telle sensibilité parvient à se construire. Et si ce socle psychologique et culturel premier fait défaut – pour une raison ou une autre – un sujet ne trouvera plus d'autre guide existentiel que son économie pulsionnelle ou « son intérêt bien compris » (ce qui est, cela dit, amplement suffisant pour tenir efficacement sa place dans la jungle capitaliste).

Naturellement, si une communauté humaine donnée décidait de s'enfermer dans les limites de ses seules traditions (l'autre étant alors pensé comme un « barbare », un « gentil », un « goy », un « gadjo », un « toubab », un « gaulois » ou un « boloss » – auquel, par conséquent, les obligations du don n'ont pas à s'appliquer), le risque existerait, à l'évidence, de sombrer dans une logique purement clanique, nationaliste, voire mafieuse (tel est bien, du reste, le principe de tous ces « réseaux », « fraternités », « sociétés d'influence » et autres lobbies, plus ou moins discrets, qui accompagnent généralement la domination de classe). C'est pourquoi le travail de la « raison » – entendue comme cette faculté d'*ouverture* qui permet de s'élever à l'universel en « dépassant » (au sens hégélien) son point de vue particulier – demeure un moment incontournable de l'édification d'un *monde commun*. Pour autant, ce travail émancipateur de la raison (qui s'appuie toujours sur un effort de traduction et de transposition [**E**]) ne pourra conduire à des valeurs véritablement universelles que s'il s'enracine d'abord dans la sensibilité et les vertus concrètes d'une collectivité particulière [1].

L'illusion progressiste apparaît donc bien comme un avatar moderne des anciennes théories stoïciennes du détachement radical [**F**]. Elle repose, au fond, sur l'idée que seuls le contrôle absolu de ses émotions et l'élimination complète de sa sensibilité initiale pourraient permettre à l'individu de devenir un « citoyen du monde ». Or, comme l'écrivait Martha Nussbaum, « il suffit de considérer ce que deviennent les relations humaines lorsqu'on défait systématiquement ces liens tissés dans un cercle familial et restreint, pour être fondé à remettre en question ce noble programme de réforme des émotions ». C'est la raison pour laquelle – ajoutait-t-elle – il est « légitime de souscrire à la thèse d'Orwell selon laquelle les affects noués dans le cercle familial sont au fondement de notre humanité morale » [2].

1. C'était le sens de l'opposition établie par Hegel entre l'universalité abstraite de la philosophie des Lumières et sa propre théorie de l'« universel concret ». Quant à l'idée que la véritable critique sociale doit nécessairement s'enraciner dans une culture particulière (et qu'elle ne saurait donc être l'œuvre d'un « citoyen sans frontières ») on lira l'admirable petit livre de Michaël Walzer, *Critique et sens commun* (La Découverte, 1990).

2. *Magazine littéraire*, décembre 2009. À l'inverse, l'égoïsme et le narcissisme trouvent une de leurs bases privilégiées (mais ce n'est évidemment pas la seule) dans les différentes patholo-

Sans cette volonté déterminée de protéger et de conserver les fondements premiers de notre humanité morale (ce qui englobe tous les acquis positifs de la socialité en face à face), il n'existe aucune chance d'édifier un jour un monde réellement commun, c'est-à-dire, pour reprendre la définition des zapatistes mexicains, « un monde où beaucoup de mondes aient leur place [1] » [**G**]. On ne parviendra, au contraire, qu'à précipiter l'avènement d'un univers *uniformisé* et monochrome – celui-là même que la globalisation libérale édifie sous nos yeux, et dont l'« universalisme » proclamé à longueur d'écran trouve, en réalité, ses bases véritables dans « l'atomisation du monde et la guerre de tous contre tous » (Engels).

J'ajoute que cette analyse permet, au passage, d'en finir une fois pour toutes avec cet étrange hybride culturel qu'on appelle, aux États-Unis, le « néoconservatisme » et qui est devenu l'épouvantail officiel (ou le fonds de commerce attitré) de la gauche universitaire occidentale. Dans la mesure, en effet, où les tenants de cette doctrine sont sincères (c'est-à-dire dans la mesure où leur « conservatisme » ne relève pas de la simple rhétorique électorale habituelle des partis de droite) [**H**], ils se trouvent nécessairement enfermés dans une contradiction insoluble. D'un côté, ils croient pouvoir défendre à la fois l'économie de marché et les « valeurs

---

gies de l'histoire familiale. C'est l'éternelle vérité de la psychanalyse (et l'une des clés de la haine qu'elle continue à susciter).

1. Sous-commandant Marcos, *Saisons de la digne rage*, p. 86 (Climats, 2009).

traditionnelles ». Mais, de l'autre, il leur faut en permanence oublier que c'est précisément le développement continuel de l'économie de marché qui érode, chaque jour un peu plus, le socle anthropologique de ces valeurs traditionnelles, tout comme il détruit simultanément les conditions écologiques de la vie humaine [**I**]. Et ils n'ont même pas la ressource de s'en remettre à la conscience morale privée des individus, dans l'espoir que ceux-ci en viennent à limiter d'eux-mêmes les « excès » de la logique marchande, puisque – comme nous l'avons vu – la conscience morale ne prend jamais naissance dans un face-à-face de type kantien entre l'individu isolé et sa raison (le débat intérieur de la « volonté bonne » et des « inclinations sensibles ») mais seulement dans le cadre de ces structures sociales primaires (la famille, le quartier, une mobilité maîtrisée, etc.) que la fuite en avant de l'économie a précisément pour effet premier de dissoudre. Les « néoconservateurs » partagent donc, en réalité, la même illusion que leurs frères ennemis de la gauche universitaire. Ils s'accrochent, tout comme eux, à l'idée absurde selon laquelle le capitalisme serait un système essentiellement conservateur et « traditionaliste », alors même que chacun, s'il a des yeux pour voir, peut vérifier quotidiennement que le « bouleversement continuel de la production, cet ébranlement constant de tout le système social, cette agitation et cette insécurité perpétuelles, distinguent *l'époque bourgeoise de toutes les précédentes* » (Marx). Tant que la gauche s'obstinera à diaboliser tout usage positif du mot « conservateur », il ne faudra donc pas s'étonner, comme l'écrivait Orwell, que « les gens intelligents se trouvent si souvent de l'autre côté de la barricade » (*Le Quai de Wigan*).

Scolies IV

[**A**]

[... *le « progrès moral et culturel »*...]

La religion du progrès épargne, par définition, à ses nombreux fidèles ce que Tocqueville appelait le « trouble de penser ». Devant n'importe quel « problème de société » – déjà présent ou bientôt à nos portes (comme, par exemple, la légalisation de l'inceste ou l'abolition de toutes les formes de « discrimination » entre l'homme et l'animal) –, un esprit progressiste n'est, en effet, jamais tenu par les contraintes de la réflexion philosophique. Il lui suffit de répondre – avec l'aplomb caractéristique de ceux qui savent qu'ils naviguent dans le sens de l'histoire – que de toute façon la discussion n'a pas lieu d'être puisqu'un jour viendra inévitablement où l'humanité *rira* (c'est la formule habituellement employée par les progressistes lors des débats télévisés) [**1**] de ce que l'on ait pu s'opposer à une évolution du droit aussi naturelle et évidente. Dans une société progressiste intégralement développée, la philosophie n'aurait donc plus la moindre place (ou alors seulement en tant que théorie de la « déconstruction » perpétuelle des préjugés « conservateurs » et des idées « nauséabondes ») [**2**].

[**1**] C'est ce qu'on pourrait appeler, en somme, la technique du raisonnement par analogie avec le futur. Dans cent ans, *affirme* ainsi le progressiste, le fait que les nouveau-nés ou les animaux de compagnie soient encore privés de toute représentation parlementaire paraîtra aussi étrange à nos descendants que le vote censitaire l'est aujourd'hui à nos yeux. Il est, *par conséquent*, indispensable d'en finir dès aujourd'hui avec ces superstitions « d'un autre âge » (en saisissant immédiatement la Halde ou la très libérale Cour européenne de justice). On aura probablement remarqué que la logique d'un tel raisonnement n'est pas très éloignée, au fond, de celle qui sous-tend la plaisanterie classique : « la preuve qu'il existe des intelligences extraterrestres c'est qu'elles se sont bien gardées d'entrer en contact avec nous ».

[**2**] Le consommateur accompli (ou *fashion victim*) ne pourra ainsi trouver une réponse à ses interrogations éventuelles sur la nature du bonheur ou sur le sens de la vie (dans l'hypothèse où les bienfaits de la Croissance – ou ceux du Prozac – n'auraient pas encore apaisé ses inquiétudes existentielles) que dans l'une de ces multiples « théories » du *développement personnel* que le système met à sa disposition et qui prolifèrent désormais au rythme de la misère psychologique moderne. Ce nouveau champ théorique ne représente rien d'autre, en effet, qu'une *forme privatisée* (ou libérale) de la philosophie ; *forme* qui en constitue, à ce titre, une négation radicale, quoique promise à un bel avenir.

[**B**]

[... *par la gauche moderne*...]

Guy Debord faisait observer que la société capitaliste prend toujours soin de « donner aux nouvelles souffrances le nom des anciens plaisirs » (*In girum*, 1978). C'est, par exemple, un tel principe qui conduit la propagande publicitaire à célébrer sous le nom de « pomme » ou de « tomate » les différents produits chimiquement falsifiés de l'industrie agroalimentaire (Orwell écrivait déjà que « ce que la majorité des Anglais appellent une pomme, c'est un morceau de ouate vivement coloré en provenance d'Amérique ou d'Australie »). En célébrant, de manière analogue, le concept romantico-deleuzien de « nomadisme », la *gauche kérosène* (celle pour qui le déplacement perpétuel est devenu une fin en soi) espérait sans doute conférer à la pauvre existence aéroportée de l'individu hors-sol (du cadre supérieur attalien à l'universitaire *radical chic*) un peu du prestige des Bédouins du désert ou des anciens cavaliers mongols.

[**C**]

[... *contre leur folie « identitaire »*...]

Comme je l'écrivais dans *Impasse Adam Smith*, une vie moderne accomplie (c'est-à-dire conforme aux critères du capitalisme développé) doit, en toute logique, se réduire à une série de *ruptures et de déménagements* (dans la logique de Laurence Parisot, on dira que tout est précaire). C'est ce qui explique que le « migrant » soit progressivement devenu la figure rédemptrice *centrale* de toutes les constructions idéologiques de la nouvelle gauche libérale. Et ce, au lieu et place de l'archaïque prolétaire, toujours suspect de ne pas être assez indifférent à sa communauté d'origine, ou, a plus forte raison, du paysan que son lien constitutif à la terre destinait à devenir la figure la plus méprisée – et la plus moquée – de la culture capitaliste (les ploucs, les bouseux, les péquenauds, les cul-terreux, les terroni, etc.). Sur le processus historique (dont Canal Plus est le symbole accompli) qui a ainsi conduit – en quelques décennies – à refouler le souvenir des luttes des ouvriers de Lip et des paysans du Larzac au profit de celles des clandestins de l'église Saint-Bernard (et sur l'étrange pacte entre l'univers « associatif » et le monde du showbiz et des médias noué à cette occasion), on trouvera des aperçus particulièrement éclairants dans l'ouvrage de Thierry Blin, *L'Invention des sans-papiers* (PUF, 2010).

[**D**]

[... *une humanité prise dans un mouvement brownien perpétuel...*]

Au centre de l'imaginaire libéral on trouve la célèbre maxime de l'intendant Gournay (1712-1759)

« laissez faire, laissez passer ». L'une des implications logiques de ce dogme fondateur est la nécessité de reconnaître aux individus du monde entier « le droit élémentaire de circuler et de s'installer *où ils veulent* » [**1**]. Droit « élémentaire » dont l'abolition intégrale des frontières ne représente, dans le programme libéral, qu'une application parmi d'autres [**2**]. Il serait évidemment absurde d'en déduire qu'une société postcapitaliste devrait restreindre au maximum la libre circulation des choses et des individus ou qu'elle devrait fixer à jamais chaque citoyen dans une activité particulière [**3**]. En réalité, la seule question qui importe est de savoir si une société qui *encouragerait* ainsi le « nomadisme » et la mobilité perpétuelle (qu'elle soit géographique ou professionnelle) – et dont, par conséquent, le mouvement brownien des individus atomisés serait devenu l'état naturel – pourrait garantir à l'ensemble de ses membres une existence véritablement humaine (puisque telle est la conviction de Badiou et de tous les libéraux).

À mon sens, il existe au moins trois séries de raisons qui invitent à critiquer ce principe d'une société fondée sur l'idéal de *mobilisation générale* (ou de « vie liquide » si on préfère le concept proposé par Zygmunt Bauman). Il y a tout d'abord des raisons écologiques. Un monde où des milliards d'individus seraient pris dans un tourbillon touristique incessant poserait (outre les problèmes d'intendance, d'hôtellerie ou de logements d'accueil) [**4**] un problème énergétique majeur. À moins de supposer que tous les déplacements aient lieu en bicyclette (mais j'imagine mal les disciples de Badiou se rendre ainsi en Chine), il est clair que les ressources en kérosène (pour ne rien dire des effets de pollution) seraient notoirement insuffisantes pour alimenter ce ballet féerique où des millions d'avions se croiseraient chaque jour dans le ciel (c'est pourquoi j'ai proposé d'appeler « gauche kérosène » les défenseurs de ce nomadisme intégral). Ensuite, l'idée si chère à Michel Rocard et Jacques Attali selon laquelle chacun, dans la société du futur, devra tout au long de sa vie changer dix fois de profession et de site géographique [**5**] (en privilégiant autant que possible l'installation « à l'international ») a sans doute un sens dans une logique capitaliste de l'*emploi*, mais elle n'en a à peu près aucun dans celui d'une logique des *métiers*. Ceux-ci, en effet, exigent un apprentissage technique et un savoir-faire pratique qu'on ne peut acquérir qu'avec beaucoup de temps et d'efforts et qui supposent, par conséquent, un certain degré de vocation, de constance et de stabilité. On peut sans doute devenir, du jour au lendemain, « technicien de surface » à Amsterdam ou livreur de pizzas à Dubaï, mais il est profondément illusoire de penser, comme Michel Rocard, qu'on pourrait être successivement chirurgien à Londres, plombier à Taïwan, astrophysicien à Prague, professeur d'éducation physique à Nouméa et, pour finir, viticulteur au Mexique [**6**]. Dans la pratique, un monde régi par le mouvement brownien des individus atomisés serait donc, *sauf pour quelques minorités privilégiées* (comme, par exemple, les hommes d'affaires, les artistes du showbiz ou l'élite universitaire), un monde où prédomineraient nécessairement les emplois précaires, les *junk jobs* et les contrats à durée déterminée. Une simple variante appauvrie, en somme, de celui dans lequel nous vivons déjà.

Enfin, et surtout, une société dans laquelle la condition des *gens du voyage* [7] – ou des migrants – serait devenue le modèle de toute existence légitime (si romantique que l'idée apparaisse à première vue) ne serait guère propice à l'exercice d'un véritable pouvoir populaire. On se souvient, en effet, de la célèbre formule d'Abraham Lincoln. Il est toujours possible – disait-il – de tromper quelqu'un tout le temps (un individu peut évidemment demeurer naïf toute sa vie) ou tout le monde quelque temps. Mais – ajoutait-il – il est impossible de « tromper tout le monde tout le temps ». Le fondement logique de cette conviction optimiste – qui légitime le recours au suffrage universel [**8**] – c'est l'idée qu'*avec le temps* une communauté donnée finit toujours par accumuler une expérience collective suffisante des hommes et des choses et qu'elle devient ainsi progressivement capable de juger lucidement ceux qui briguent ses suffrages. Un tel raisonnement repose cependant sur un postulat implicite. Celui que le noyau dur d'une telle communauté conserve au fil du temps (l'expérience pouvant, bien sûr, se transmettre de génération en génération) un minimum de stabilité. Dans l'hypothèse, au contraire, où la logique du turn-over permanent deviendrait, pour une raison ou une autre, la loi d'existence de cette communauté (dont la composition humaine – à l'image de celle des mégapoles contemporaines – ne cesserait, par conséquent, de se modifier et de s'étendre), il est clair que la constitution d'une expérience politique *commune* deviendrait rapidement problématique et que les possibilités de « tromper tout le monde tout le temps » en seraient accrues d'autant (le fait que, dans bien des *agglomérations* modernes, des politiciens cyniques ou corrompus se voient indéfiniment réélus le prouve déjà suffisamment) [**9**].

L'idée d'une société libérale-deleuzienne [**10**] reposant sur le nomadisme généralisé (idée qui revient, en somme, à généraliser le mode de vie bohème des étudiants issus de la bourgeoisie européenne – conformément au principe de *L'Auberge espagnole* de Cédric Klapisch) semble donc difficilement compatible avec celle d'un véritable « gouvernement du peuple, par le peuple et pour le peuple ». Cela n'implique pas, encore une fois, qu'une société décente prohiberait les voyages ou ignorerait les échanges internationaux (bien qu'il soit assurément absurde d'imaginer un monde socialiste dont la multiplication des automobiles et la destruction touristique de la planète représenteraient l'un des objectifs premiers). Cela signifie d'abord qu'une telle société s'efforcera d'emblée de rompre avec la logique et l'imaginaire d'un système politique dont *toutes* les structures économiques et culturelles encouragent (et, de plus en plus, *contraignent*) les individus à adopter un mode de vie fondé sur le mouvement perpétuel, la croissance infinie et la soumission aux impératifs toujours changeants de la mode. Cette critique socialiste de l'imaginaire libéral et progressiste comporte, naturellement, un volet philosophique plus positif. Elle implique, entre autres, qu'on réhabilite les idées de lenteur [**11**], de simplicité volontaire, de fidélité à des lieux, des êtres ou des cultures et, avant tout, l'idée fondamentale selon laquelle il existe (contrairement au dogme libéral) un véritable *art de vivre* dont la convivialité [**12**], l'éducation du goût dans tous les domaines et le droit à la « paresse » (qui ne saurait être confondue avec la simple fainéantise) constituent des composantes fondamentales.

De toute façon, les paramètres matériels et écologiques de la question ne nous laissent qu'un choix restreint. À partir du moment, en effet, où nous avons intégré le fait que les ressources naturelles de la planète – tout comme sa capacité de charge – sont, par définition *limitées*, il apparaît aussitôt que ce tourbillon perpétuel et cette agitation anxieuse qui définissent le mode de vie superficiel des élites modernes (et de tous ceux qui en ont intériorisé l'imaginaire touristique) ne peuvent, par définition, être *universalisés sans contradiction*. Qu'on le veuille ou non, le droit « élémentaire » de circuler et de s'installer « où l'on veut » est donc condamné à demeurer le privilège de quelques-uns – quand bien même ces quelques-uns s'efforceraient de masquer ce privilège d'enfant gâté sous la noble apparence du « cosmopolitisme » et de l'« antiracisme » [**13**].

[**1**] Alain Badiou, *De quoi Sarkozy est-il le nom ?* (Lignes, 2007, p. 74). Pour un développement complet du point de vue libéral sur la question, on lira l'ouvrage

du sociologue Jean Viard (ancien conseiller politique, à Marseille, de Jean-Noël Guerini), *Éloge de la mobilité. Essai sur le capital temps libre et la valeur travail* (éditions de l'Aube, 2006).

[**2**] La revendication d'une abolition intégrale des frontières a connu sa formulation la plus radicale et la plus cohérente avec le mouvement « anationaliste » né – au début du XXe siècle – dans le cadre de cette extrême gauche espérantiste dont Lanti – pseudonyme d'Eugène Adam – était le théoricien le plus subtil (Orwell l'avait rencontré à plusieurs reprises lors de ses séjours parisiens). Son *Manifesto de la sennaciistoj* (d'abord publié de façon anonyme à New York en 1931) reste un texte dont la rigueur philosophique est incomparablement supérieure à tout ce que l'idéologie sans-frontiériste a pu produire depuis (il faut dire que Lanti – dont l'œuvre était marquée à la fois par Marx et par Nietzsche – maintenait dans toutes ses analyses une référence permanente à la lutte des classes).

[**3**] Platon notait déjà (*Les Lois*, livre XII, 950b) que « n'accueillir aucun visiteur et n'aller jamais soi-même à l'étranger est d'abord absolument impossible et paraîtrait aux yeux des autres hommes comme un trait de sauvagerie et de manque de sociabilité. On s'attirerait le nom *ignominieux* de "bannisseurs d'étrangers", comme on dit, et l'on aurait des manières arrogantes aux yeux du monde ». Comme on le voit, l'attitude bienveillante envers les étrangers – dans laquelle la gauche citoyenne trouve la confirmation de sa grandeur d'âme incomparable et de sa modernité absolue – n'a, en réalité, rien de bien nouveau. Elle était déjà à la portée d'un défenseur de l'aristocratie esclavagiste au IVe siècle avant notre ère.

[**4**] Si le droit de s'installer *où l'on veut* est réellement un « droit élémentaire » (et donc « opposable ») de *tous* les habitants de la terre, rien n'interdit donc, en théorie,

que des centaines de millions d'individus choisissent au même moment de s'installer dans la même région du globe (c'est d'autant plus vraisemblable que les destinations « librement » choisies par l'*homo mobilis* doivent beaucoup à la « loi » de l'offre et de la demande et à l'imaginaire mimétique imposé par la mode et la culture *mainstream* : aujourd'hui Los Angeles, demain Hong Kong, Dubaï, Sidney ou Moscou). Dans l'hypothèse libre-circulationniste, chaque région du monde devrait donc garantir en permanence (sous peine d'être accusé de « xénophobie » et de « racisme » par les associations sans-frontiéristes locales) des capacités d'accueil démesurées – on songe à la ville fantôme de Seseña en Espagne – et généralement provisoires (puisque la mode est, par essence, changeante). L'univers *liquide* dont rêvent Badiou, le Medef et les « sans-frontiéristes » ne pourrait donc logiquement conduire qu'à renforcer dans des proportions encore plus délirantes ce qu'Orwell appelait déjà le « règne du béton et de l'acier » (règne monstrueux et impitoyable, qui peut même, à l'occasion, se dissimuler sous la bannière, pourtant si *légitime*, du « droit au logement »). C'est sans doute ici que l'on peut commencer à comprendre les dessous réels du fameux « nomade Bouygues » [**a**].

[**a**] Emmanuel Terray – l'un des principaux théoriciens de la lutte pour la régularisation de tous les « sans-papiers » – a d'ailleurs eu l'honnêteté de le reconnaître : « La portée *révolutionnaire* des exigences portées par les migrants – écrit-il – est qu'elles reviennent à *demander au capitalisme d'être fidèle à ses principes* » (*Le Monde*, 8 avril 2001). Un « capitalisme fidèle à ses principes » : on ne pouvait effectivement pas mieux définir le programme révolutionnaire de la nouvelle extrême gauche libérale.

[**5**] Du point de vue d'un Michel Rocard – ou des pieux spectateurs de Canal Plus –, on ne peut, sans

doute, rien imaginer de plus *réactionnaire* qu'une famille de province dans laquelle on serait ébéniste, marin pêcheur ou horloger de « père en fils ». Une telle obstination à perpétuer la tradition familiale (outre qu'elle serait « inadaptée à l'économie moderne ») apparaît manifestement comme l'un des signes les plus sûrs que le ventre de la bête immonde est toujours fécond. Il est cependant curieux qu'une critique aussi intransigeante des méfaits de la filiation s'arrête généralement au seuil de l'univers impitoyable du showbiz et des médias. Celui-ci constitue pourtant l'un des domaines où le privilège familial est quasiment héréditaire (quel que soit, d'ailleurs, le talent réel des héritiers ou des héritières) jusqu'à s'étendre désormais, sur plusieurs générations. Mais, sans doute, s'agit-il simplement de ce qu'on appelle l'« exception culturelle ».

[**6**] Si l'on veut bien admettre que le métier de paysan est l'un de ceux qui – du fait de son enracinement dans un territoire donné – exige le plus de constance et de stabilité (la patience, l'obstination et la vision à long terme sont, par excellence, des vertus paysannes), on doit donc en conclure qu'il est condamné à s'effacer progressivement dans la société mobile, sans frontières, et pilotée « en temps réel » que nous préparent les idéologues libéraux. Le monde de demain sera donc un monde dans lequel *on ne mangera plus* (ou alors seulement des insectes préparés par des cyber-cuisiniers). Sur tous ces problèmes, évidemment cruciaux pour l'avenir de l'humanité, je renvoie au beau film de Coline Serreau, *Solutions locales pour un désordre global.*

[7] Je prends, ici, l'expression de « gens du voyage » dans son sens littéral. Quant au monde effectif des Gitans, il nous rappelle que les *véritables* civilisations nomades (des Touaregs aux Turkanas) n'ont évidemment rien à voir avec un mouvement brownien d'individus atomisés. Elles se fondent toujours, au contraire,

sur une identité culturelle extrêmement forte (et revendiquée comme telle) et sur un sens aigu de la tradition et des valeurs religieuses et familiales. De ce point de vue, l'engouement que la gauche « citoyenne » affiche de façon si ostensible pour l'univers des Tziganes, des Roms ou des Gitans apparaît singulièrement contradictoire, voire un tantinet hypocrite et indécent (dans l'hypothèse, du moins, où cette gauche aurait remarqué la contradiction. Mais peut-être suis-je trop charitable en supposant qu'il lui arrive de *penser*). Cet univers des « gens du voyage » incarne, en effet, tout ce qu'une gauche libérale moderne diabolise par ailleurs comme « identitaire », « réactionnaire » ou « fasciste ».

[**8**] Il est vrai qu'Alain Badiou est, sur ce point, d'une cohérence totale. « Je dois vous dire – écrit-il ainsi – que je ne respecte absolument pas le suffrage universel en soi. Tout dépend de ce qu'il fait » (*De quoi Sarkozy est-il le nom ?*, p. 42). C'est ce qu'il nomme fièrement dans *L'Explication* (Lignes, 2010, p. 135) son « aristocratisme essentiel ». Un « aristocratisme » qu'Augusto Pinochet aurait certainement approuvé avec enthousiasme.

[**9**] Orwell expliquait déjà par cette contradiction structurelle entre mobilité et démocratie l'étonnante aptitude des partis staliniens à persévérer dans leur être, malgré tous les démentis que leur infligeait la réalité. Le nouveau militant qui adhère au Parti, plein de zèle et d'enthousiasme – écrivait-il ainsi – commence naturellement par soutenir la bureaucratie dirigeante (en qui, au départ, il a forcément une confiance absolue) dans ses campagnes répétées pour exclure des militants plus anciens – à présent accusés de « déviations bourgeoises » ou de sabotage « hitléro-trotskiste ». Lorsque avec le temps – et grâce à l'expérience acquise de l'intérieur – il en vient, à son tour, à comprendre la vraie nature de l'organisation stalinienne, il est alors logiquement amené à rejoindre le combat des « oppositionnels ». Mais ce combat est condamné d'avance puisque,

entre-temps, de nouveaux adhérents – mus par le même zèle des néophytes qui était autrefois le sien – sont venus renforcer le combat de la Direction (quant à elle évidemment inamovible) pour obtenir sa propre exclusion.

Pour Orwell, c'était précisément ce turn-over incessant des militants de base – engendré par la dialectique adhésion/exclusion (comme on le sait, les anciens communistes forment, de loin, le plus grand parti politique de France) – qui expliquait l'impossibilité de réformer les partis staliniens de l'intérieur. Notons, au passage, que c'est un procédé somme toute assez voisin qui a permis à Ségolène Royal, en 2007, d'obtenir l'investiture du parti « socialiste » grâce au vote d'adhérents de passage (auxquels une carte de séjour au parti avait été proposée pour la modique somme de 20 euros), adhérents dont le poids électoral s'était trouvé, de ce fait, provisoirement supérieur à celui des adhérents de souche.

[**10**] N'oublions pas que « déterritorialisation », en français, ne signifie rien d'autre que « délocalisation ». Il n'y a entre ces deux termes que la différence qui sépare le libéralisme poétique de Gilles Deleuze de son application prosaïque par les grands prédateurs du Marché.

[**11**] Je fais allusion, ici, au mouvement des « villes lentes », fondé en 1986 par Carlo Petrini (qui, en Italie, regroupe déjà 70 villes de moins de 60 000 habitants, et dont le principe s'étend désormais au monde entier, y compris aux États-Unis).

[**12**] Cf. Alain Caillé, Marc Humbert, Serge Latouche, Patrick Viveret, *De la convivialité* (La Découverte, 2011) et Serge Latouche, *Vers une société d'abondance frugale* (Mille et une nuits, 2011). Ainsi, bien sûr, que toute l'œuvre d'Ivan Illich, plus actuelle que jamais.

[**13**] « Les ambitieux comprennent donc que le prix à payer pour l'ascension sociale est un mode de vie

itinérant (*a migratory way of life*). C'est un prix qu'ils sont heureux de payer puisqu'ils associent l'idée de domicile fixe (*the idea of home*) aux parents et aux voisins inquisiteurs, aux commérages mesquins et aux conventions hypocrites et rétrogrades. » C'est pourquoi le multiculturalisme constitue d'abord l'idéologie spontanée de « ceux qui aspirent à appartenir à la nouvelle aristocratie des cerveaux ». Ce concept évoque essentiellement, à leurs yeux, « l'image agréable d'un bazar universel (*global baazar*) où l'on peut jouir de façon indiscriminée de l'exotisme des cuisines, des styles vestimentaires, des musiques et de coutumes tribales du monde entier, le tout sans formalités inutiles et sans qu'il soit besoin de s'engager sérieusement dans telle ou telle voie. Les nouvelles élites sociales ne se sentent chez elles qu'en transit, sur le chemin d'une conférence de haut niveau, de l'inauguration de gala d'un nouveau magasin franchisé, de l'ouverture d'un festival international de cinéma, ou d'une station touristique encore vierge. Leur vision du monde est essentiellement celle d'un touriste – perspective qui a peu de chance d'encourager un amour passionné pour la démocratie » (Christopher Lasch, *La Révolte des élites*, Champs-Flammarion, 2007, p. 18). En présentant ainsi le « mode de vie itinérant » des nouvelles élites du capitalisme global, que décrivait Christopher Lasch sinon la psychologie profonde du nouvel homme de gauche ?

[**E**]

[... *un effort de traduction et de transposition*...]

« Mettez-vous à la place d'autrui – écrivait déjà Leibniz – et vous aurez le bon point de vue pour décider de ce qui est juste. » Ajoutons que cette dialectique de traduction/transposition ne se limite pas à la compréhension des valeurs morales ou religieuses d'autrui. Elle permet tout aussi bien de comprendre une passion que nous ne partageons pas ou les subtilités d'un métier que n'est pas le nôtre (on pensera au magnifique *Éloge du carburateur* de Matthew B. Crawford). Un cas privilégié de cette dialectique est l'œuvre d'art. Si, par exemple, Homère ou Shakespeare nous parlent encore, c'est dans la mesure précise où nous avons appris à dégager le sens universel de leur œuvre, au-delà du contexte culturel particulier dans lequel elle s'inscrivait originellement. De ce point de vue, l'habitude avant-gardiste d'« actualiser » Racine ou Victor Hugo (ou un opéra classique) en transposant didactiquement leurs œuvres dans un contexte contemporain (jeans, téléphones portables et casquettes à l'envers) repose *le plus souvent* (il y a, heureusement, de remarquables exceptions) sur le préjugé élitiste selon lequel le grand public – rivé à sa culture d'origine – serait, par lui-même, fondamentalement incapable d'opérer un tel travail de transposition.

[**F**]

[... *un avatar moderne des anciennes théories stoïciennes du détachement radical*...]

Sans même évoquer l'idée d'une possible influence du stoïcisme sur les premiers penseurs libéraux, il est clair que l'esprit du capitalisme a été marqué en profondeur par un certain nombre d'aspects de la culture chrétienne (c'était déjà, on le sait, la thèse de Max Weber). De ce point de vue, la célèbre exhortation de Jésus invitant ses fidèles à renoncer à toutes leurs appartenances et identités antérieures pour pouvoir entrer au royaume de Dieu (« Si quelqu'un vient à moi sans haïr son père, sa mère, ses enfants, ses frères et ses sœurs, et jusqu'à sa propre vie, il ne peut être mon disciple », Luc 14. 26) jette une lumière intéressante sur les fondements culturels inconscients de l'idéologie sans-frontiériste des libéraux.

[**G**]

[... « *un monde où beaucoup de mondes aient leur place* »...]

D'une façon générale, le mouvement anticapitaliste latino-américain, pour des raisons historiques qui tiennent en partie à la présence de communautés indiennes traditionnelles [**1**] s'est toujours montré beaucoup plus sensible que son homologue européen à la dialectique de l'universel et du particulier – et donc au souci orwellien (qui était déjà celui d'Antonio Gramsci) d'enraciner le projet socialiste révolutionnaire dans les cultures populaires locales. Sur ce sujet, le lecteur français pourra lire, entre autres, Adolfo Gilly, *Notre chute dans la modernité* (Syllepse, 1992) – qui développe de manière remarquable l'héritage du cardénisme mexicain, Jérôme Baschet, *La Rébellion zapatiste*

(Flammarion, 2005) et Serge Latouche, « Le réveil des Amérindiens », in *Sortir de la société de consommation* (Les liens qui libèrent, 2010).

[**1**] On pourra ainsi se reporter à l'ouvrage classique de Jean-Loup Herbert, Carlos Guzmán Bockler et Julio Quan – publié à Mexico en 1970 – *Indianité et lutte des classes* (une traduction française est parue, en 1972, aux éditions 10-18 dans la collection dirigée par Robert Jaulin).

[**H**]

[... *la simple* rhétorique électorale *habituelle des partis de droite*...]

Dans sa rhétorique et ses promesses électorales, un parti de droite n'hésitera jamais à défendre la famille ou la religion (laissant à la gauche moderne le soin de développer, à ses risques et périls, le *vrai point de vue libéral sur la question*). Mais, dès qu'il s'agit de passer à l'acte, elle hésitera encore moins à étendre au jour du Seigneur lui-même (ou, si l'on préfère, au jour de la famille) le droit d'exploiter son prochain. Toute la question est donc de savoir si on doit juger la philosophie *réelle* d'un parti de droite sur sa seule rhétorique électorale (l'universitaire de gauche s'en tient généralement là) ou, au contraire, sur la politique concrète qu'il applique *sans phrase* une fois parvenu au pouvoir. Dans une société libérale développée, c'est en effet aux universitaires de gauche qu'il incombe de fournir la véritable bande-son des modernisations capitalistes, c'est-à-dire de jouer les idiots utiles du système, en revendiquant à voix haute (Foucault et Deleuze à l'appui) ce que la droite met silencieusement en pratique sous le masque hypocrite d'un discours « conservateur ». Sur cette division du travail entre la gauche et la droite modernes, on lira l'essai subversif de Thomas Frank, *Pourquoi les pauvres votent à droite* (Agone, 2008).

[**I**]

[… *les conditions écologiques de la vie humaine…*]

Les élites politiques japonaises de l'ère Meiji (à la fin du XIXe siècle) étaient convaincues qu'il leur serait possible d'adopter l'économie et la technologie occidentales sans porter la moindre atteinte aux valeurs du Japon traditionnel. En ce sens, la position des néoconservateurs américains relève donc de ce que l'on pourrait appeler l'« illusion Meiji ».

Il convient, toutefois, d'ajouter qu'une telle illusion est largement favorisée par les structures mêmes de l'idéologie libérale. Celle-ci, en effet, reconnaît toujours au sujet la possibilité d'avoir simultanément *deux* philosophies : d'une part, la philosophie libérale au sens strict – selon laquelle tout choix « idéologique » ne saurait avoir qu'une valeur privée – et, d'autre part, ce choix idéologique lui-même, que chacun est donc libre de défendre à titre privé (et qui peut relever aussi bien d'une philosophie d'inspiration religieuse, philanthropique, humanitaire que d'un éloge sans réserve du cynisme et de la rapacité). Toute la question est de déterminer dans quelle mesure cette « philosophie privée » librement choisie pourra donc durablement coexister avec les principes « méta-philosophiques » du libéralisme et, surtout, avec leur mise en œuvre politique effective. Il est très difficile de servir *à la fois* Dieu et Mammon [**1**].

[**1**] Il faut néanmoins reconnaître que les responsables américains du Tea Party ont imaginé une solution assez ingénieuse pour concilier le point de vue chrétien et le principe libéral d'un État non interventionniste. Interrogés sur la politique à suivre pour combattre le réchauffement climatique, ils déclarent ainsi que « la régulation du dioxyde de carbone dans l'atmosphère doit être laissée à Dieu et non au gouvernement » (cité dans la revue *Éléments* d'avril 2011). La « main invisible » d'Adam Smith peut alors retrouver, en toute cohérence philosophique, son véritable propriétaire.

Question 5

Sans ménager la droite, on peut dire que vous n'êtes pas non plus très tendre dans vos ouvrages à l'égard d'une certaine gauche style *Libé*. Vous lui reprochez d'avoir intégré les valeurs du libéralisme « culturel » et d'avoir misé sur la « reconnaissance » des individus au moyen de la démultiplication des droits et du multiculturalisme. Du libéralisme culturel, la gauche passerait ainsi au libéralisme économique, en cantonnant la participation ou la socialité aux formes du marché et du droit. Pouvez-vous expliquer pourquoi et comment ce passage se serait effectué : pourquoi et comment la gauche s'est-elle convertie au libéralisme à la fois culturel et économique ?

L'impasse politique dans laquelle nous nous trouvons de nos jours ressemble beaucoup à l'univers des romans de Michel Houellebecq. Ces derniers ont pour cadre, en effet, une critique corrosive et impitoyable de la société libérale moderne. Mais tout se passe comme si les héros négatifs que Houellebecq choisit de mettre en scène avaient fini par se faire une raison et accepté d'évoluer sans plaisir et sans illusion dans ce climat désespérant. Un peu, en somme, comme des rats qui ne songeraient même plus à quitter le navire quand celui-ci commence à couler. De fait, nous n'avons jamais été aussi lucides quant aux nuisances de la logique libérale (et quant au monde inhumain vers lequel elle nous emporte à une vitesse accélérée) mais jamais, cependant, notre sentiment d'impuissance collective n'a été aussi profond et pathétique. C'est là le signe le plus évident de la faillite historique de toutes les organisations qui prétendaient, il n'y a pas si longtemps encore, lutter pour l'émancipation du genre humain. Pour comprendre comment le magnifique « progrès » a pu nous faire descendre aussi bas, il est donc nécessaire d'en revenir aux origines mêmes de la politique moderne.

Le traumatisme originel qui résonne encore à travers tous les montages institutionnels de la modernité est celui des terribles guerres civiles de religion qui ont dévasté l'Europe du XVIe et du XVIIe siècle. C'est, en dernière instance, la nécessité pratique de trouver une issue politique à cette *crise mimétique* d'une ampleur sans précédent, qui explique la manière entièrement inédite dont les Modernes ont fini par résoudre le vieux problème « théologico-politique ». La première leçon philosophique que les grands intellectuels du temps ont, en effet, tirée de cette effroyable expérience historique, c'est que l'homme n'était certainement pas cet animal civique qu'Aristote avait voulu y voir. Pour qui savait l'observer lucidement, il apparaissait, au contraire, comme un véritable loup pour ses semblables (Hobbes) et un être « incapable de vrai et de bien » (Pascal), guidé en toute circonstance par le seul souci de ses intérêts ou de son amour-propre. Une fois cette anthropologie pessimiste acceptée (et on connaît le rôle que jansénistes, protestants et « moralistes » ont joué dans cette acceptation), il devenait alors évident que le bon gouvernement des hommes ne pourrait plus être fondé (comme l'avaient encore espéré les Humanistes) sur un appel à leur vertu ou à leur sens du bien commun. Il devait reposer, au contraire, sur la crainte qu'un pouvoir absolu (ou « souverain », selon la terminologie introduite par Bodin) était, seul, en mesure de leur inspirer [1].

Ce triomphe de la « raison d'État », dont le système de Hobbes est l'expression emblématique, avait cependant un prix, dont les pouvoirs modernes ont d'ailleurs mis très longtemps à s'acquitter intégralement. Il impliquait que la politique (comme science nouvelle de l'ordre et de la paix civile) soit désormais considérée comme une sphère régie par ses propres règles et dégagée, à ce titre, de toute soumission préalable aux impératifs de la morale ou de la religion [2]. Le « Paris vaut bien une messe » du bon roi Henri (figure clé de la légende nationale pour cette raison précise) est la traduction la plus claire de ce triomphe moderne de la raison d'État.

C'est seulement dans ce contexte singulier qu'on peut comprendre l'originalité de ceux qu'on a fini par appeler les « libéraux » [**A**]. Ces derniers, en effet, ne contestaient nullement le principe d'un État moralement neutre (ou « sécularisé ») – à la grande différence des républicains, héritiers de l'humanisme civique, qui entendaient, au contraire, maintenir au cœur de la Cité juste l'idéal de vertu cicéronien. Mais leur sens aigu de la liberté individuelle leur interdisait de s'accommoder

1. Sur la genèse de la solution absolutiste, cf. Yves-Marie Bercé, *La Naissance dramatique de l'absolutisme* (Seuil, 1992).

2. L'ouvrage de référence sur le rôle des guerres de religion dans la formation de la philosophie moderne (et notamment sur la constitution du concept de « conscience », définie comme « for intérieur » et principe de la sphère privée) reste, bien sûr, *Kritik und Krise* de Reinhart Koselleck, publié en 1959. Une traduction française (*Le Règne de la critique*) est parue aux éditions de Minuit en 1979.

de la solution absolutiste et de ses références suspectes à une « raison d'État ». Ils se proposaient donc de démontrer, *sur la base de la même anthropologie et du même idéal de paix civile*, qu'on pouvait arriver à un résultat équivalent en faisant l'économie du pouvoir absolu et des menaces qu'il faisait peser, par essence, sur la liberté des individus. Les principes de cette solution libérale sont, à présent, bien connus. Tout l'ordre nécessaire au gouvernement pacifique des hommes, affirmaient ainsi ses défenseurs, pourrait être assuré *automatiquement* par un double système de poids et de contrepoids. D'un côté, celui du marché autorégulateur et de sa « main invisible » (Adam Smith) et, de l'autre, celui de l'État de droit et de sa « souveraineté divisée » (Guizot) [1]. Solution ingénieuse qui présentait l'avantage supplémentaire d'écarter la tentation républicaine. Le « doux commerce » – fondé sur le seul « intérêt bien compris » – devait, en effet, engendrer de lui même ces mœurs paisibles et civilisées [**B**] qui rendraient inutile l'intransigeante vertu des partisans de Harrington ou de Rousseau. Et l'État représentatif (avec sa séparation équilibrée des pouvoirs et sa professionnalisation de l'activité politique) [2] constituerait,

1. Il conviendrait de mentionner ici la solution intermédiaire du « despotisme éclairé », élaborée par les physiocrates et soutenue, au départ, par certains libéraux (comme, par exemple, Voltaire). Mais c'est le régime constitutionnel et parlementaire « à l'anglaise », qui est rapidement apparu aux libéraux comme le moyen le plus efficace (et, surtout, le moins utopique) de conjurer le spectre de la démocratie directe et de la souveraineté populaire.

2. Si l'on veut se faire une idée des limites de l'État représentatif et des effets pervers qu'engendre nécessairement la profes-

quant à lui, le garde-fou le plus efficace contre cette dangereuse idée de « souveraineté populaire » dans laquelle les libéraux ne voyaient que la promesse d'un nouvel absolutisme (« la tyrannie de la majorité » et son appareil de terreur « totalitaire ») [1].

Cette séduisante construction idéologique ne présente, à vrai dire, qu'un seul défaut, mais il est rédhibitoire. C'est qu'une fois mise en œuvre, elle finit toujours par accoucher d'un monde dont l'esprit est manifestement aux antipodes de celui qui animait ses premiers partisans. Il serait évidemment trop simple, devant ces échecs indéfiniment répétés, de crier à la trahison et d'en appeler à un retour salutaire au « vrai libéralisme » [2]. La clé de cet apparent paradoxe tient,

---

sionnalisation de l'activité politique, on ne saurait trop méditer la célèbre remarque de Robert de Jouvenel (*La République des camarades*, 1914) : « Il y a moins de différences entre deux députés, dont l'un est révolutionnaire et l'autre ne l'est pas, qu'entre deux révolutionnaires, dont l'un est député et l'autre ne l'est pas. » Ce superbe aphorisme jette une vive lumière sur bien des trajectoires politiques de l'après-68 (surtout lorsqu'on sait qu'on peut également devenir, de nos jours, *député européen*).

1. Peu d'observateurs politiques ont relevé le fait que les deux nations d'Europe occidentale qui, aussi bien sur le plan économique que sur le plan culturel, ont poussé le plus loin l'application mécanique du programme libéral – à savoir l'Espagne et l'Irlande – sont précisément celles qui étaient encore confrontées, il y a peu, au problème de la sortie d'une guerre civile.

2. L'un des intérêts du concept de *logique philosophique* – appliqué au cas particulier de l'idéologie libérale – est qu'il permet de comprendre comment une intention première (en elle-même parfaitement légitime) finit souvent par se réaliser sous une forme historiquement imprévue, voire exactement contraire au

en réalité, au fait que la théorie libérale originelle reposait sur un certain nombre d'hypothèses additionnelles qui étaient passées inaperçues aux yeux de ses propres fondateurs. Pour que la combinaison de l'État de droit et du marché libre tienne toutes ses promesses émancipatrices il fallait, en effet, supposer, que l'intérêt des marchands les porterait toujours à conclure des transactions honnêtes (ne serait-ce que pour préserver leur réputation) et celui des citoyens à respecter paisiblement les lois censées garantir la liberté des uns et des autres.

Le problème, c'est que la seule logique de l'intérêt bien compris (comme on le sait depuis Platon et

---

projet initial (il est clair, par exemple, qu'Adam Smith n'aurait jamais imaginé que le principe de la *main invisible* – supposé garantir la paix civile et la « richesse des nations » – conduirait *logiquement* à l'exploitation impitoyable du plus grand nombre par des minorités privilégiées et à la dévastation écologique de la planète). C'est ainsi qu'il est tout à fait illusoire – comme le font la plupart des libéraux de gauche – de chercher à opposer une mauvaise société néolibérale (qui serait, par nature, oligopolistique, inégalitaire et tributaire de l'appui juridique et financier de l'Etat) à une bonne société libérale, qui reposerait, au contraire, sur l'« égalité des chances » et une « concurrence libre et non faussée ». En réalité (et comme la moindre partie de Monopoly suffit à nous l'apprendre), c'est bien la logique même du principe de libre concurrence qui conduit toujours – à un moment ou un autre – à dégager des *vainqueurs* et des *vaincus*, et donc à installer des situations de monopole ou de marché oligopolistique – quelles que soient, par ailleurs, les complicités que telle ou telle grande firme peut trouver au sein de l'appareil d'État. Et cela, bien sûr, sans même prendre en compte le fait désespérément banal que la constitution d'ententes illicites sur les prix (ou sur tout autre problème du même genre) ne représente rien d'autre qu'une application quotidienne parfaitement logique du principe l'anneau de Gygès) ne peut évidemment jamais répondre à ces attentes, puisqu'elle trouve inéluctablement sa vérité dans ce fameux *pas vu pas pris* qui a toujours été la maxime réelle de tous les rapports exclusivement marchands (il suffit, pour s'en convaincre d'observer la jungle financière moderne). Pour que le système libéral fonctionne conformément à ses propres prévisions, il aurait donc fallu qu'il prenne appui sur ces pratiques traditionnelles de décence commune qui, seules, peuvent introduire la *confiance* dans les échanges humains et en limiter les abus. Or non seulement ces pratiques ne peuvent posséder aucun statut théorique cohérent dans l'anthropologie désillusionnée des libéraux, (malgré les efforts de Montesquieu et de Tocqueville pour intégrer dans la doctrine la dimension des « mœurs »), mais c'est le développement même du marché libéral (cette « croissance » qu'Adam Smith est le premier à avoir théorisée) qui conduit inexorablement à en saper les conditions matérielles et symboliques [**C**]. C'est donc bien, en dernière instance, pour des raisons strictement logiques et prévisibles que le scepticisme débonnaire des premiers libéraux devait inéluctablement laisser la place au cynisme impavide de leurs héritiers actuels ; et que les vertus morales et culturelles qui auraient pu éventuellement contribuer à enrayer la fuite en avant de la logique marchande allaient se trouver peu à peu noyées « dans les eaux glacées du calcul égoïste » (Marx).

---

libéral de l'intérêt bien compris (du moins tant que l'on reste ni vu ni pris, ce qui est généralement le cas).

Une fois qu'on a ainsi compris qu'au cœur du projet libéral il y a toujours la volonté idéologique de fonder la paix civile et la défense des libertés individuelles sur l'exclusion de principe de toute référence à des valeurs morales (ou philosophiques) *communes*, les mésaventures de la gauche contemporaine perdent une grande partie de leur mystère. Car c'est précisément, en effet, la décision de *privatiser* toutes les valeurs communes (à commencer par celles de la *common decency*) qui explique que le développement mécanique du libre-échange et du droit procédural ait fini par conduire à un monde dans lequel « tous les rapports sociaux, figés et couverts de rouille, avec leur cortège de conceptions et d'idées antiques et vénérables se dissolvent » et où « tout ce qui avait solidité et permanence s'en va en fumée, tout ce qui était sacré est profané » (Marx).

Cela signifie, en d'autres termes, que le projet capitaliste – du fait même de sa neutralité idéologique proclamée – ne pouvait s'incarner historiquement que sous la forme d'une société en mouvement perpétuel, dont les « crises » successives constitueraient le régime normal de croissance et qui se montrerait, de ce fait, définitivement incompatible avec *toute espèce de stabilité et de conservatisme*. Ce n'est assurément pas un hasard si la philosophie du capitalisme a connu ses premiers développements dans le cadre de la philosophie européenne (et notamment écossaise) des Lumières et de son rejet radical de tous les « préjugés » et de toutes les traditions.

Nous avons donc, à présent, toutes les clés du *grand malentendu* sur lequel repose la politique contemporaine. Comme on le sait, c'est justement, en effet, le développement, à l'aube du XIXe siècle, d'un grand parti du Mouvement et du Progrès) – parti officiellement inspiré par cette philosophie des Lumières – qui constitue le véritable acte de naissance historique de ce qu'on appellera désormais la « gauche ». Parti du Mouvement opposé, en tant que tel, aux différents partis de l'Ordre (les « conservateurs ») et de la Réaction (les « ultras » – partisans d'une restauration pure et simple de l'Ancien Régime) – et qui allait logiquement conduire à ranger ses premiers adversaires sous le signifiant symétrique de « droite » (ce qui explique que cette dernière soit encore souvent associée, dans l'imaginaire collectif, aux valeurs traditionnelles de l'Église catholique, de la vie « provinciale » et du monde paysan). Il n'est donc guère surprenant, dans ces conditions, que ce soient justement les libéraux – soutenus à l'occasion, par quelques rescapés du républicanisme jacobin – qui aient constitué, pendant toute la première partie du XIXe siècle, *l'aile marchante de la gauche originelle* (notamment au Parlement) et contribué ainsi, de façon décisive, à en forger les catégories initiales et la sensibilité profonde (la lecture de Stendhal est, sur ce point, particulièrement éclairante ; tout comme l'est, à l'inverse, celle de Balzac pour qui veut comprendre l'univers moral et culturel de la droite originelle) [1]. Mais la nature de ce dispositif idéologique permet également de comprendre pour

1. « Il est maintenant reçu – dans beaucoup de pays – que les conservateurs se placent à droite du président et les libéraux

quelles raisons les premières organisations politiques et syndicales de la classe ouvrière – nées dans la lutte quotidienne contre les effets humainement désastreux de la politique du « parti industriel » – n'auraient jamais songé (du moins la plupart d'entre elles) à inscrire leurs combats initiaux sous un drapeau aussi ambigu que celui de la gauche (peut-on trouver, du reste, *un seul* appel de Marx à réaliser en son temps « l'union de la gauche » ou même à rassembler la « gauche de la gauche » ?). Face au clivage dominant qui opposait alors *conservateurs* et *libéraux* (autrement dit, le parti de l'Ordre et celui du Mouvement), le principal souci des premiers mouvements socialistes était, au contraire, de préserver à tout prix la précieuse *indépendance politique* du mouvement ouvrier (tout comme l'autonomie de ses mutuelles, de ses syndicats et de ses coopératives). Et en 1864 encore, le célèbre *Manifeste des soixante*, rédigé, entre autres par Tolain et Camélinat (manifeste qui constituait aux yeux de Marx « la première charte de classe d'un mouvement ouvrier français en voie de devenir adulte »), défendait fièrement le principe des « candidatures ouvrières » afin, précisément, d'éviter de mêler les voix socialistes à celles de la gauche (au grand dam, bien sûr, des républicains radicaux).

Si, dans ces conditions, le signifiant de « gauche » a fini par se charger, dans la culture moderne, du sens qui est, aujourd'hui encore, en partie le sien, c'est

---

à gauche » (Block et Lorenz, *Dictionnaire général de la politique*, 1864).

seulement parce que vers la fin du XIXe siècle (en France, l'épisode fondateur a été celui de l'affaire Dreyfus) [**D**] un compromis historique inattendu a commencé à se dessiner – sur des bases d'abord strictement défensives – entre le mouvement ouvrier (sur lequel la social-démocratie allemande – et son « marxisme » – exerçait d'ailleurs, depuis la victoire de 1870, une emprise intellectuelle croissante), la gauche libérale, et ce que l'on allait bientôt appeler les *républicains de progrès* (dénomination qui aurait assurément rendu perplexes un Jean-Jacques Rousseau, voire un Robespierre).

Le fondement philosophique de ce rapprochement pour le moins surprenant (surtout après les journées de juin 1848 et l'écrasement de la Commune [1]) était l'idée – qui constitue malheureusement le grand point faible de la théorie marxiste – selon laquelle il était non seulement nécessaire d'en finir au plus vite avec toutes les structures de l'Ancien Régime (objectif d'autant plus légitime que celles-ci étaient encore, à l'époque, extrêmement puissantes) [2], mais que – conformément à la

1. Pour mesurer la haine incroyable que la quasi-totalité des intellectuels de gauche de l'époque portaient à la Commune de Paris, on se reportera à l'ouvrage classique de Paul Lidsky, *Les écrivains contre la Commune* (publié en 1970 et récemment réédité aux éditions de la Découverte). C'est un texte indispensable pour comprendre les racines historiques de la gauche moderne.

2. En 1914, l'Europe ne comptait encore que deux grandes nations « républicaines ». On se reportera sur ce point à l'ouvrage classique d'Arno Mayer, *La Persistance de l'Ancien Régime. L'Europe de 1848 à la Grande Guerre* (Flammarion, 1983).

« théorie des stades » – l'essor du capitalisme industriel représenterait, de toute façon, un immense progrès historique puisqu'il allait permettre de mettre en place (en libérant « les forces productives » et en favorisant les progrès de l'esprit scientifique) la future « base matérielle du socialisme ».

Dans cette distribution des cartes entièrement inédite, les organisations socialistes officielles étaient donc invitées à s'intégrer enfin au jeu politique défini sous la Restauration (malgré les réticences de nombreux anarchistes et de la grande majorité d'un mouvement syndical encore fermement attaché à l'idée d'autonomie ouvrière) et à rejoindre ainsi le camp des « forces de progrès » (devenant, par la même occasion, la nouvelle « extrême gauche ») avec l'espoir d'en radicaliser le mouvement et de conduire celui-ci à son terme « logique » : le triomphe universel du socialisme.

Inutile de dire qu'un compromis historique noué sur des bases philosophiques aussi douteuses exposait, dès le départ, la classe ouvrière et ses alliés aux pires déconvenues (comme l'expérience du XXe siècle l'a amplement confirmé). D'autant que sur le plan intellectuel, ce ralliement à la gauche (et donc la légitimation de son complexe d'Orphée) ne pouvait contribuer qu'à dissoudre un peu plus la spécificité du socialisme ouvrier originel dans l'imaginaire transgressif et modernisateur du parti du Mouvement [1] et de ces nouvelles classes moyennes

1. L'idée que le « mouvement » en tant que tel puisse constituer un programme philosophique et politique à part entière est assurément étrange : que dirait-on d'un parti de l'augmentation, du déplacement ou de l'extension ? Cette mystique du mouvement est pourtant au cœur de toute pensée de gauche

urbaines qui en constituaient désormais l'appui social privilégié (c'est naturellement ici que nous retrouvons la critique d'Orwell).

Il n'en reste pas moins que c'est grâce aux innombrables combats menés sous ce drapeau ambigu que les derniers vestiges de l'Ancien Régime ont pu être effectivement balayés et, surtout, que les principaux acquis sociaux et politiques qui rendent, de nos jours encore, l'existence des classes populaires à peu près supportable ont pu être imposés (1936, 1945, 1968) aux maîtres du système, comme autant de limites provisoires au développement intégral de leur logique. Cette *première « deuxième gauche »*, où coexistaient, dans un joyeux désordre, libéraux « avancés », républicains de progrès et partisans du socialisme (qu'on songe au rôle de pivot incontournable que le parti « radical-socialiste » a longtemps joué dans la politique française) possède incontestablement ses lettres de noblesse [1].

(« Le pas collectif du genre humain – disait Hugo – s'appelle le progrès. *Le progrès marche* »). C'est ainsi que les organisations de la nouvelle gauche américaine des années 60 s'autodésignaient comme *The Movement* et que la gauche libérale postfranquiste (dont Pedro Almodovar a été le représentant cinématographique) se réclamait de *La Movida*. Le « Progrès » et la « Croissance » ne sont que des habillages plus classiques de cette célébration de la *fuite en avant*.

1. À l'inverse, le fait qu'il n'y ait jamais eu aux États-Unis, de mouvement socialiste de masse (et donc de compromis historique équivalent avec la gauche) a longtemps rendu indéchiffrable pour les Français la signification réelle du parti démocrate (d'autant qu'en l'absence d'un Ancien Régime, le discours de la droite américaine était lui-même assez peu compréhensible pour ses homologues européennes). Pendant longtemps, l'idée a donc prévalu, parmi les observateurs, que le clivage droite/gauche n'avait aucun sens aux États-Unis (l'enthousiasme de la gauche

L'ennui, c'est que ce compromis par définition instable – noué à l'origine contre les puissances de l'Ancien Régime (puis confirmé, dans un second temps, contre le fascisme des années 30) – ne pouvait survivre indéfiniment au bouleversement perpétuel des conditions existantes qui définit la société libérale triomphante. En liant leur destinée au camp « progressiste » (ce sont les républicains héritiers de Gambetta qui avaient imposé l'expression) et à son apologie constitutive du mouvement pour le mouvement (l'idée que toute limite au pouvoir de l'individu sur la nature et sur lui-même devait être transgressée *par principe*), les organisations qui se réclamaient encore du socialisme (confrontées, de surcroît, aux transformations sociologiques de la classe ouvrière induites par l'urbanisme libéral et par les nouvelles formes d'organisation du travail) s'étaient, en effet, progressivement mises hors d'état d'opérer la moindre distinction philosophique entre ce qui était véritablement émancipateur et ce qui n'était que « moderne ». Ce fut l'échec du « socialisme réellement existant », devenu avec le temps impossible à dissimuler, qui mit un point final à toutes ces contradictions. Quant aux *nouveaux philosophes*, ils se chargèrent avec délectation de publier l'acte de décès officiel du vieux compromis historique, en offrant à tout ce processus son

française pour Barack Obama aurait évidemment été impensable lors de l'élection de Kennedy, dont le programme politique était pourtant autrement plus radical). Ce n'est que sous Mitterrand (la gauche ayant alors liquidé toute référence au socialisme, et la droite ses dernières sympathies pour la France précapitaliste) que la politique états-unienne a pu commencer à faire sens pour nous. Mais cela signifie tout simplement que notre géométrie électorale s'était, entre-temps, définitivement américanisée.

expression médiatique la plus achevée : *le « goulag » est l'unique vérité possible de l'illusion socialiste.*

Une fois ce nouveau dogme entré dans les têtes (ce fut la grande affaire, en France, du mitterrandisme et de ses alliés) [**E**], la gauche officielle – si elle ne voulait pas disparaître électoralement – n'avait donc plus, devant elle, qu'une seule issue philosophique : en revenir tout simplement à sa vocation première, autrement dit au combat de principe en faveur de *toutes* les « modernisations » possibles (économiques, « morales » ou culturelles), combat désormais placé sous l'étendard consensuel des « droits de l'homme » (ou – formulé dans la novlangue « citoyenne » à présent dominante – du rejet de toutes les « discriminations » [1] et de toutes les « stigmatisations », jugées

1. En se proposant ainsi de lutter contre « toutes » les discriminations, la nouvelle gauche *citoyenne* se réservait le droit de faire au moins une exception à sa règle proclamée (et c'est d'abord pour légitimer cette exception que la nouvelle stratégie avait été soigneusement définie et mise au point – dans les couloirs de l'Élysée – par les sherpas de François Mitterrand). Les *différences de classe*, en effet, ne devaient sous aucun prétexte figurer dans la liste indéfiniment extensible des « discriminations » à combattre. Et de fait, pourrait-on sérieusement imaginer la Ligue des droits de l'homme, la Halde ou SOS Racisme exiger subitement l'abolition immédiate des privilèges économiques de la grande bourgeoisie ou porter plainte contre l'exploitation capitaliste de l'homme par l'homme ? Ou même, dans un registre pourtant plus modéré, soutenir une réforme électorale qui – au nom de la « diversité » et du refus de toute « discrimination » entre les classes sociales – obligerait tous les partis politiques à présenter, lors de chaque scrutin, un nombre de candidats issus des catégories populaires et du monde ouvrier *proportionnel* à la place de ces derniers dans la société moderne ? Il suffit de poser la question sous cette forme pour comprendre

uniformément« nauséabondes » et de nature à nous reconduire aux « pages les plus sombres de notre histoire ») [1]. Soit, en d'autres termes, un retour à la situation intellectuelle qui prévalait *avant l'affaire Dreyfus* – retour en partie compensé par une vague réactualisation du programme libéral de Benjamin Constant et de John Stuart Mill, la rigueur philosophique et l'élégance littéraire en moins (sauf, peut-être, dans l'œuvre de Michel Foucault – assurément le plus subtil des penseurs de cette nouvelle gauche libérale) [**F**].

Il est vrai qu'en raison du poids de l'histoire du XXe siècle (et particulièrement de l'influence culpabilisante que le parti communiste avait longtemps exercé

---

aussitôt quel est le véritable enjeu politique – depuis le grand tournant libéral de 1984 – de toutes ces luttes « antiracistes » et « citoyennes » unanimement célébrées par l'ordre médiatique. On lira sur ce sujet le petit livre stimulant de Walter Benn Michaels – *La diversité contre l'égalité* – paru en 2009 aux éditions Liber/Raisons d'agir (petit livre qui a, naturellement, reçu l'accueil qu'on pouvait attendre de la part des défenseurs de gauche de l'exploitation capitaliste).

1. On pourra trouver une illustration particulièrement limpide de ce déplacement de la problématique des luttes de classe au profit de celle de la « lutte contre toutes les discriminations » chez la très libérale Marie-George Buffet. L'ancienne secrétaire d'État de la « gauche plurielle », en effet, n'a pas hésité, en mai 2007 (cf. Benoît Rayski, *Le cadavre était trop grand*, Denoël, 2008, p. 117), à déclarer que « si Guy Môquet était vivant aujourd'hui, il serait peut-être membre du Réseau Éducation sans frontières ». Tant qu'à faire parler les morts, elle aurait pu tout aussi logiquement annoncer à ses 2 % d'électeurs que, s'ils étaient vivants aujourd'hui, Lénine militerait à Act Up et Marx dans une association de défense de la burka. Jacques Duclos, Benoît Frachon et Georges Marchais doivent certainement se retourner dans leurs tombes (pour faire parler les morts à notre tour).

sur une grande partie de l'intelligentsia) beaucoup, parmi les militants de cette nouvelle gauche, cherchaient encore à se persuader que leur ralliement récent au libéralisme politique et culturel (le nouvel « esprit *Libé* » et les chroniques, alors sulfureuses, d'un Alain Pacadis) n'exigerait en rien leur acceptation simultanée du libéralisme économique défendu par la droite *moderne* (celle qui avait, de façon parallèle, troqué le vieux patriotisme gaullien contre l'affairisme éclairé de Giscard d'Estaing et de ses amis banquiers) [1]. Pour le dire autrement, tous ne rêvaient pas encore de ce « monde ludique et commercial » dans lequel le « socialiste » Georges Frêche verrait, quelques années plus tard, la forme même de l'avenir radieux [2].

Mais ce n'était là, en réalité, que la figure inversée de cette illusion Meiji qui caractérise les « néoconservateurs ». L'idée, en d'autres termes, qu'on pourrait

1. La « droite » libérale contemporaine n'a évidemment plus grand-chose à voir avec celle qui, au XIXe siècle, défendait encore l'« alliance du trône et de l'autel » ou celle « du sabre et du goupillon ». En réalité, et comme l'avaient déjà relevé, au début du XXe siècle, les premiers spécialistes de la sociologie électorale (par exemple André Siegfried) « une droite *moderne* est toujours une ancienne gauche » que les contraintes de son électorat populaire traditionnel (paysans, artisans, petits commerçants, etc.) obligent encore à développer la politique capitaliste sous une rhétorique partiellement « conservatrice » (c'est ainsi, par exemple, que le parti radical – centre de gravité de toute la gauche sous les républiques précédentes – est désormais considéré comme un parti de centre-droit). C'est là ce qu'Albert Thibaudet avait naguère appelé le « mouvement sinistrogyre » de la société capitaliste (on songe à la célèbre boutade de Maurice Druon : « En France, il existe deux partis de gauche dont l'un, par convention, s'appelle la droite »).

2. Georges Frêche, *Harmonie* n°253, juillet 2008.

« s'incorporer au mouvement de la transvaluation des valeurs établies » (selon la formule enthousiaste d'un Alain Badiou) sans valider du même coup le fondement marchand et technologique de cette révolution culturelle permanente. D'autant que la dialectique du marché libre et du droit abstrait opère, par définition, dans les deux sens. Le projet d'une société où chacun aurait le droit de vivre « comme il l'entend » (de faire, autrement dit, *tout ce qui lui passe par la tête*), sous la seule et ultime réserve qu'il ne « nuise pas à autrui », n'a en effet de sens que si cette société possède encore un minimum de valeurs partagées (c'est-à-dire d'« identité », pour reprendre le terme honni par tous les libéraux) [**G**]. Or, dès lors que nous supposons que *tous* les montages normatifs existants – à commencer par ceux du sens commun et de la *common decency* – ne sont que des constructions historiques arbitraires et « stigmatisantes » (autrement dit, de simples « tabous » destinés, avant tout, à légitimer une « phobie » particulière), il devient pratiquement impossible de conférer la moindre valeur opératoire à l'idée de « nuisance à autrui ». Tout comportement légitime aux yeux des uns (porter la burka, caricaturer Mahomet, consommer des drogues, pratiquer le lancer de nains, ou soutenir publiquement que le Père Noël n'existe pas) sera immédiatement perçu par les autres comme une atteinte intolérable à la manière de vivre qu'ils ont librement choisie et, par conséquent, comme une volonté directe ou détournée de leur nuire et de les « stigmatiser ».

Le développement *illimité* du libéralisme politique et culturel (c'est-à-dire la régularisation de principe, au nom des « droits de l'homme » et de la liberté individuelle, de *tous* les choix « privés » et de toutes les lubies personnelles) ne peut ainsi conduire – d'une façon qui n'est paradoxale qu'en apparence – qu'au règne étouffant du « politiquement correct » et à une société procédurière où le moindre écart (fût-il de langage) [**H**] peut, à tout moment, amener n'importe qui devant les tribunaux [**I**]. Une société, en d'autres termes, où le traditionnel contrôle vertical des individus par un pouvoir centralisé délègue une partie croissante de ses fonctions à la surveillance horizontale des uns par les autres (et c'est d'abord dans cette optique benthamienne qu'il faut comprendre la création, en 2004, par le gouvernement de Jacques Chirac de la trop célèbre « Haute autorité de lutte contre les discriminations et pour l'égalité ») [1]. Déplacement pervers et insidieux des modalités de la domination de classe, qui pourra

1. Pour se faire une idée de la mission exacte de la Halde – initialement dirigée par Louis Schweitzer, président du Medef international et membre éminent du *Siècle* –, on se reportera à son rapport de 2008 sur « la place des stéréotypes et des discriminations dans les manuels scolaires ». On y apprendra ainsi – entre mille autres âneries subventionnées par l'État libéral – qu'il serait souhaitable d'interdire l'enseignement de la poésie de Ronsard (« discriminante envers les seniors ») ou d'obliger les professeurs de mathématiques à privilégier les exercices qui valorisent l'homosexualité (on imagine une démonstration du théorème de Pythagore conduite sur ces bases épistémologiques). Comme on le voit, pour accepter de *collaborer* avec cette curieuse institution maccarthyste, il ne suffit donc pas d'avoir l'âme policière. Encore faut-il avoir perdu tout bon sens et tout sentiment esthétique.

difficilement passer pour un progrès si l'on veut bien admettre, avec Raoul Vaneigem, que « cent mille coups d'épingles tuent aussi sûrement que trois coups de massue »[1].

Certes, nombreux sont ceux, au sein de la nouvelle gauche « citoyenne » et « associative », qui se sont accommodés sans le moindre état d'âme (ou sans le moindre scrupule) de cette fuite en avant juridico-policière (quand encore ils ne cherchent pas à en tirer des bénéfices médiatiques ou professionnels). Tous ceux, en revanche, qui s'inquiétaient réellement (ou affectaient de s'inquiéter) du retour prévisible de la guerre de tous contre tous que le libéralisme culturel porte inévitablement en lui (sauf à supposer un monde de clones) se retrouvaient, du même coup, confrontés à l'obligation absolue de découvrir une référence commune *minimale* à cette société de plaideurs potentiels vouée à l'implosion. Or à partir du moment où l'on a exclu par principe tout recours au

1. Dans *La Plaisanterie* (1967), Milan Kundera décrivait la spirale infernale dans laquelle l'étudiant Ludvik Jahn allait se trouver enfermé pour s'être livré à une facétie anodine (il s'était amusé à écrire « Vive Trotsky ! » à la fin d'une lettre destinée à sa petite amie). Le public français de l'époque avait vu, avec raison, dans ce remarquable roman l'une des descriptions les plus réalistes de la vie quotidienne sous une société totalitaire. Mais personne, à l'époque, n'aurait osé imaginer que – quarante ans plus tard – le ralliement de la gauche au libéralisme culturel finirait – *toute proportion gardée* – par produire, en France, des effets comparables. Sous le règne étouffant des nouvelles associations « citoyennes » et du néo-journalisme, il est effectivement plus prudent, désormais, de s'abstenir de toute plaisanterie – que ce soit en public ou même dans un cadre privé.

bon sens et à la décence ordinaire (vertus « populistes » s'il en est), il ne reste plus, au magasin des idées modernes, que l'échange marchand – et, avec lui, l'imaginaire de la croissance, de la consommation et de la publicité – pour maintenir officiellement ce minimum d'identité et de lien entre des individus « mutuellement indifférents » (selon l'expression du libéral John Rawls) sans lequel il ne saurait y avoir de vie commune possible [**J**]. C'est là, comme on le sait, un point que Voltaire – soucieux de neutraliser les fanatismes religieux – avait su présenter avec sa clarté coutumière : « Quand il s'agit d'argent – écrivait-il ainsi – tout le monde est de la même religion. » Ce n'est donc nullement un hasard si la pente naturelle de la gauche moderne est de considérer l'économie de marché comme un horizon philosophique indépassable et comme le complément indispensable de son libéralisme culturel. Tout au plus, doit-on noter que les esprits les moins conformistes de cette nouvelle gauche se disent éventuellement prêts à *réguler* les « excès » du néolibéralisme. Le préfixe « néo » étant naturellement là pour nous rappeler que le libéralisme, en lui-même, est désormais incontestable. [**K**]

Scolies V

[**A**]

[… *ceux qu'on a fini par appeler les « libéraux »*…]

Le terme « libéral », au sens actuel du mot, ne s'imposera définitivement qu'au début du XIXe siècle, notamment à travers les écrits de Benjamin Constant et de Germaine de Staël. Profitons-en pour relever la confusion, très répandue aujourd'hui, qui consiste à ranger sous le nom de « libéralisme » le simple fait de défendre les libertés fondamentales (comme c'était, par exemple, le cas de John Locke [**1**] ou d'Edmund Burke). Répondant à une attaque d'intellectuels staliniens contre la revue *Polemic*, à laquelle il collaborait, Orwell avait pourtant déjà dissipé cette confusion : « *Polemic* est attaqué – écrivait-il – parce qu'il soutient certaines valeurs morales et intellectuelles dont la survie est dangereuse d'un point de vue totalitaire. Il s'agit de ce que l'on appelle de façon plutôt impropre (*what is loosely called*) les valeurs libérales – si l'on utilise le terme "libéral" dans son *acceptation ancienne* d'"ami de la liberté" » (*Polemic* 1946). Le libéral moderne, quant à lui, est d'abord un ami du marché et du droit procédural.

[**1**] On peut d'ailleurs contester que John Locke soit un libéral au sens strict du terme. Comme l'a brillamment établi Jean-Fabien Spitz (à la suite de John Dunn et de Christopher Lasch), Locke prend toujours appui, en effet, sur la représentation d'un état de nature déjà « structuré par des *principes communs de décence* » (*John Locke et les fondements de la liberté moderne*, PUF, 2001, p. 16). Principes dont le contrat social devra, par conséquent, garantir le maintien, voire le développement. L'idée qu'il existerait ainsi une *common decency* naturelle qu'une société libre devrait impérativement protéger est, bien entendu, radicalement étrangère au libéralisme réellement existant (et ce n'est, d'ailleurs, qu'au XIXe siècle que les idéologues libéraux commenceront vraiment à enrôler Locke sous leur propre bannière).

[**B**]

[… *ces mœurs paisibles et civilisées…*]

Le thème de la nécessaire « douceur » des mœurs (la *dolce vita*) dans une société fondée sur le commerce est au centre de toutes les polémiques libérales du XVIIIe siècle contre le caractère supposé farouche, guerrier et « gothique » de la vertu républicaine. Il n'est pas difficile de retrouver dans ce thème libéral la véritable origine de la valorisation du comportement *cool* (« sex, drug and rock'n'roll ») qui, depuis Mai 68, occupe une place centrale dans cette « culture jeune » qui est l'un des principaux piliers du capitalisme de consommation. On lira à ce sujet *The Conquest of Cool*, de Thomas Frank (1997), ouvrage essentiel qui n'est, malheureusement, pas traduit en français.

[C]

[… *en saper les conditions matérielles et symboliques…*]

Le problème du libéralisme « est qu'il ne peut tenir tout seul : il manque quelque chose à l'édifice libéral. Dans sa notion même, le libéralisme est "parasitaire", se reposant comme il le fait sur un réseau présupposé de valeurs communautaires qu'il sape au cours de son propre développement » (Slavoj Žižek, *Après la tragédie, la farce, Ou comment l'histoire se répète*, Flammarion, 2010, p. 121). Ce jugement de Žižek s'applique parfaitement à la philosophie politique d'Alain Badiou (ce qui n'est certainement pas une coïncidence). Celle-ci, en effet, repose entièrement sur la notion de « fidélité à l'événement », sans que jamais Badiou ne s'interroge une seule fois sur les conditions de possibilité anthropologiques de cette vertu de « fidélité » (qui ne peut évidemment se forger que dans les dialectiques du don et de la socialité primaire). Le résultat, c'est qu'en décidant d'inscrire son « Idée communiste » dans la continuité historique du travail de sape opérée par la globalisation libérale (l'abolition des frontières, la mobilisation générale des individus et la destruction de toutes les identités collectives), Badiou détruit, sans même sans rendre compte, la clé de voûte de son système métaphysique.

Sur les fondements libéraux de la métaphysique de Badiou, on lira également le petit essai particulièrement subtil de Kostas Mavrakis, *De quoi Badiou est-il le nom ?* (L'Harmattan, 2010).

[**D**]

[... *en France, l'épisode fondateur a été celui de l'affaire Dreyfus*...]

Lorsque éclate l'affaire Dreyfus, en 1894, le mouvement ouvrier socialiste français est politiquement divisé : Parti ouvrier de Jules Guesde, Fédération des travailleurs socialistes de France de Paul Brousse, Comité révolutionnaire central d'Édouard Vaillant ou encore Parti ouvrier socialiste révolutionnaire de Jean Allemane [**1**]. Mais par-delà leurs nombreuses divergences, toutes ces organisations s'accordent sur l'idée que l'action *politiquement indépendante* du prolétariat et de ses alliés de classe est la condition première de la victoire du socialisme. C'est pourquoi elles se tiennent, chaque fois qu'il est possible, à l'écart des batailles impitoyables qui – depuis l'écrasement de la Commune – [**2**] opposent quotidiennement la droite cléricale et monarchiste et la gauche libérale et républicaine [**3**]. Si l'on ajoute le souvenir encore brûlant du massacre de Fourmies (1891), du scandale de Panama (1892) et du vote, en 1893, des « lois scélérates », on comprend donc que les socialistes se soient massivement abstenus – au lendemain de la condamnation de Dreyfus – d'intervenir dans un conflit qui constituait, à leurs yeux, une affaire purement interne à la classe dominante (d'autant – comme le remarque Éric Cahm – que « les premiers défenseurs de Dreyfus étaient des adversaires du socialisme » [**4**]). Et le 18 janvier 1898 (soit près de *quatre ans* après le début de l'affaire), le groupe parlementaire socialiste publiera encore un manifeste, cosigné par Jean Jaurès et Jules Guesde, renvoyant dos à dos la droite nationaliste et cléricale et la gauche libérale et républicaine (toutes les deux accusées d'être « d'accord pour écraser les syndicats ouvriers ») et se terminant par l'appel célèbre : « Prolétaires, ne vous enrôlez dans aucun clan de cette *guerre civile bourgeoise* ! »

Le ralliement ultérieur des syndicats et des organisations socialistes au camp dreyfusard (c'est-à-dire, pour l'essentiel, à la gauche libérale, républicaine et radicale) apparaît donc, rétrospectivement, comme la résultante de deux facteurs distincts. D'une part, le combat mené par les « intellectuels » [**5**] contre l'incroyable machination politico-judiciaire dont Dreyfus avait été victime rendait de plus en plus difficile à défendre la politique d'abstention des représentants de la classe ouvrière dans la mesure où le projet socialiste est, par essence, inséparable d'une dimension morale (c'est, bien sûr, Jaurès et les anarchistes qui insistaient le plus sur ce point essentiel). D'autre part, il devenait de plus en plus clair, au cours de l'année 1898, que la droite monarchiste, cléricale et nationaliste n'hésiterait plus, à la faveur de l'« Affaire », à recourir à un coup d'État militaire pour renverser le régime républicain (il y aura, d'ailleurs, une première tentative en ce sens – conduite par la « ligue des patriotes » de Déroulède – en février 1899). C'est donc dans cette atmosphère obsidionale que les organisations socialistes allaient progressivement se décider à franchir le pas et accepter de soutenir la politique de « défense républicaine » que la gauche venait de mettre en place (le 15 octobre, leurs délégués, réunis salle Vantier, annonçaient ainsi que « dans les circonstances troublées que traverse la République, toutes les forces socialistes et révolutionnaires sont unies, décidées et prêtes à faire face à toutes les éventualités »). Ce fut l'immense meeting de l'hippodrome de Longchamp – éclatante réponse populaire à l'agression dont le président Loubet venait d'être victime de la part d'extrémistes monarchistes – qui devait marquer, le 11 juin 1899, le point culminant de cette nouvelle stratégie. « Quand vint ce dimanche – écrit ainsi Jules Isaac – on eût dit que tout Paris accourait au rendez-vous : de toutes parts et par tous les moyens de locomotion – omnibus, fiacres, hirondelles ou bateaux-mouches sur la Seine, tous bondés – puis à pied, par petits groupes, ruisselets qui bientôt confluaient et finissaient par former fleuve, une foule immense, résolue, chantante, joyeuse. » « Dans l'enceinte du pesage – continuait le grand historien républicain – les proscrits de la Commune, les révolutionnaires communistes, comme Vaillant, acclamaient, à côté des opportunistes les plus connus, le président de la République bourgeoise. » En acceptant ainsi de se mêler, pour la première fois de son existence, à la « guerre civile bourgeoise » (la participation – du reste très contestée – du socialiste Alexandre Millerand à un gouvernement de gauche – aux côtés, par conséquent, du général de Galliffet, le féroce massacreur des communards – sera, dès le 26 juin, le symbole le plus spectaculaire de cette recomposition du champ politique), le mouvement socialiste français venait donc de sceller l'acte de naissance de la gauche moderne (autrement dit de la deuxième gauche, si on se place d'un point de vue historique). Il ne faudrait alors que quelques décennies à l'historiographie républicaine pour conférer à ce nouveau clivage (« rouges » et « bleus » enfin réconciliés sous le drapeau unitaire de la « gauche » contre les « blancs » de la « droite » et de la « Réaction ») la dignité *rétrospective* d'une vérité éternelle. Marx, Proudhon et Bakounine pourront alors être accueillis, sans susciter le moindre scandale philosophique, au panthéon des « hommes de gauche », aux côtés de Hugo, Lamartine et Zola.

Doit-on en conclure, au vu de l'histoire du XXe siècle, que le mouvement socialiste aurait dû éviter de négocier un tel compromis historique et maintenir jusqu'au bout son orgueilleuse autonomie politique initiale ? Pour répondre à cette question – à supposer qu'elle ait encore un sens –, il est nécessaire de distinguer trois niveaux d'analyse. D'un point de vue strictement stratégique (sans même parler ici du point de vue moral), il est évident que, face au danger alors représenté par les puissances de l'Ancien Régime (ou de la « Réaction ») la politique de soutien aux « forces de progrès » était absolument légitime et nécessaire (comme le seront tout autant, des décennies plus tard, la politique de front populaire face à un péril fasciste imminent, ou la politique de libération nationale pendant la résistance à l'occupation nazie). D'un point de vue philosophique, ensuite, il est tout aussi évident que le compromis passé avec la gauche libérale et républicaine (dont la métaphysique progressiste est, par essence, universaliste) ne pouvait que renforcer, dans un premier temps, la dimension *humaniste* du projet socialiste (qui, certes, était déjà au cœur de la doctrine originelle, mais qu'une interprétation trop étroite de la lutte des classes, sous l'influence d'un marxisme devenu dominant, menaçait à tout instant de compromettre, voire de dissoudre dans un discours purement ouvriériste) [**6**]. Il reste, quand on a dit cela, qu'en choisissant ainsi de se fondre progressivement dans la gauche – et non, simplement, de s'allier avec elle sur des objectifs précis et limités –, les dirigeants du mouvement ouvrier venaient d'ouvrir la boîte de Pandore. Car c'est bien ce nouveau « pacte républicain » qui allait rendre, à terme, idéologiquement inévitable la contamination de leur combat de classe initial par la gauche progressiste et son incapacité structurale à envisager d'un point de vue critique le processus de modernisation (de ce point de vue, l'analyse d'Orwell est toujours d'actualité). Les fractions les plus combatives du prolétariat de l'époque en avaient, du reste, une conscience très claire. Le syndicalisme révolutionnaire et la charte d'Amiens (rédigée par Victor Griffuelhes et Émile Pouget et adoptée, en 1906, par la CGT) représentent précisément l'un des derniers efforts de la classe ouvrière organisée (si on laisse de côté le léninisme à venir et sa volonté d'abandonner les stratégies d'« union de la gauche » et d'en revenir à la politique « classe contre classe ») pour préserver au maximum sa précieuse autonomie et pour continuer à se tenir à l'écart de cette « guerre civile bourgeoise » où elle n'aurait pu occuper que le strapontin de l'« extrême gauche » [7]. Le fait que l'*alternance unique* entre la « gauche » et la « droite » soit devenue, de nos jours, la clé ultime de tous les progrès de la domination capitaliste, donne à ce baroud d'honneur une actualité troublante [**8**].

[**1**] Ce « socialisme politique » n'épuise évidemment pas l'essence du mouvement ouvrier de l'époque, qui comprend également les syndicats (Fédération nationale des syndicats, Fédération des Bourses du travail) et un mouvement coopératif alors très puissant. Il faut, d'ailleurs souligner que les anarchistes (eux-mêmes divisés en courants très différents) se méfient généralement de ce socialisme exclusivement politique. Pour Kropotkine, par exemple, l'action révolutionnaire de la classe ouvrière doit privilégier la lutte coordonnée des syndicats, du mouvement coopératif et du socialisme *municipal*.

[**2**] On aurait presque oublié que le voltairien Adolphe Thiers, chef de l'opposition libérale sous le second Empire, était d'abord un défenseur des « libertés nécessaires » qui siégeait habituellement sur les bancs du centre gauche (de nos jours, l'équivalent de son positionnement politique serait donc celui d'un Jacques

Delors, d'un Michel Rocard ou d'un Dominique Strauss-Kahn). Ses obsèques – le 3 septembre 1877 – donneront d'ailleurs lieu à l'un des rassemblements les plus spectaculaires de la gauche parisienne, Gambetta en tête.

[**3**] Jean-Marc Izrine rappelle à juste titre que les républicains et les radicaux, qui constituaient le noyau dur de la gauche du temps – et qui se partageaient alors la majorité des sièges au parlement – étaient, avant tout, des « adeptes du libéralisme » et des « gardiens de la république bourgeoise » (*Les Libertaires dans l'affaire Dreyfus*, Le Coquelicot, 2004, p. 41). Quant à Marc Crapez, dans une étude qui constitue, sans doute, la meilleure synthèse de la question, il ne manque pas de souligner qu'à cette époque encore, « le mot "gauche" ne désigne pas au-delà du radicalisme » et que les « propagandistes du socialisme ne se regardent nullement comme la composante extrême d'un camp de gauche » (« De quand date le clivage droite/gauche en France ? », *Krisis* n°31, mai 2009 ; cf. également *Naissance de la gauche*, p. 62-63).

Je ne citerai – entre mille exemples qui permettent d'appuyer cette analyse – que la lettre particulièrement révélatrice de Laura Lafargue (la fille de Karl Marx) adressée le 20 mars 1870 à sa sœur Jenny. Paul Lafargue ayant en effet découvert qu'un certain Dubosc essayait d'infléchir de l'intérieur la ligne politique de la *Marseillaise* (l'hebdomadaire blanquiste auquel il collaborait alors), Laura résumait ainsi la situation : « il est apparu que M. Dubosc était un personnage des plus suspects, *qu'il était à la solde de la gauche*, et qu'on l'avait installé dans le camp ennemi pour convertir le journal de la "sainte canaille" en une publication "honnête et moderne" » (*Les Filles de Karl Marx, lettres inédites*, Albin Michel, 1979, p. 115). Saluons dans ce mystérieux M. Dubosc l'un des nombreux précurseurs de l'« esprit *Libé* ».

[**4**] *L'Affaire Dreyfus* (Librairie Générale française 1994, p. 76). Pour autant, on ne saurait se voiler la face. Pour beaucoup d'ouvriers socialistes, le fait que Dreyfus était un riche bourgeois *juif* constituait une raison supplémentaire de ne pas se mobiliser pour sa défense. Car c'est une vérité malheureusement établie que le mouvement socialiste originel était particulièrement perméable aux nouvelles formes de l'antisémitisme (très différentes de celles du vieil antijudaïsme chrétien) [**a**]. Sans vouloir ici justifier l'injustifiable, il est néanmoins nécessaire d'apporter deux précisions. D'une part, l'idée d'une identification entre le « Juif » et le capitaliste, si elle était fondamentalement absurde (il existait, naturellement, des ouvriers et des artisans juifs), reposait néanmoins sur un fondement sociologique réel. Michel Dreyfus (cf. *L'Antisémitisme à gauche*, La Découverte, 2009, p. 21) souligne ainsi qu'en 1865 « 45 à 50 des 300 principaux banquiers sont des Juifs » et en 1892, « sur 440 patrons d'établissements financiers, il y aura environ 90 à 100 Juifs ». Si l'on sait qu'à l'époque la communauté juive – émancipée depuis seulement quelques décennies – ne dépassait pas 50 000 membres (dans une France de 36 millions d'habitants), il est donc clair qu'il y avait là une surreprésentation extraordinaire des Juifs dans le monde sulfureux de la haute banque (dans ses écrits historiques, Marx utilise d'ailleurs de façon systématique le concept de « finance juive »), surreprésentation qui ne pouvait évidemment que troubler de nombreux esprits. D'autre part, il convient de souligner que cette fâcheuse identification du Juif et du capitaliste – effectivement très répandue dans le discours des premiers socialistes – ne se fondait que très rarement sur un véritable antisémitisme, c'est-à-dire sur une théorie raciale à prétention scientifique et sur la volonté de persécuter – ou *a fortiori* d'exterminer – les membres d'une communauté

donnée. En réalité, il s'agissait beaucoup plus d'une simple habitude de langage (certes lourde de dangers potentiels) comme en témoigne, par exemple, le fait que le mot « Juif » s'appliquait tout autant, à l'époque, aux banquiers protestants ou catholiques (dans son manifeste du 17 décembre 1897, le Comité révolutionnaire central d'Édouard Vaillant se déclarait même « aussi ennemi de l'antisémitisme que des Juifs », formule qui, si on la prend à la lettre, est parfaitement surréaliste). Ce qui tend d'ailleurs à le prouver, c'est qu'après 1898, lorsque la majorité des socialistes et des anarchistes auront enfin compris, à la faveur précisément de l'affaire Dreyfus, non seulement la nécessité d'abandonner définitivement ce langage ambigu mais, surtout, celle de lutter de façon beaucoup plus résolue contre ce « socialisme des imbéciles » (August Bebel) que représentait l'anticapitalisme antisémite, la nouvelle ligne sera généralement intégrée sans aucun problème par la plupart des militants. Quant au petit nombre de socialistes qui étaient *réellement* antisémites, ils seront, en revanche, progressivement conduits à rallier la nouvelle droite nationaliste (tout en continuant – à l'image, par exemple, d'un Rochefort ou d'un Drumont – de placer leur combat antijuif sous le patronage de la Commune et du mouvement ouvrier), devenant ainsi l'une des sources évidentes du futur *fascisme* (Orwell avait donc parfaitement raison de considérer ce dernier comme une perversion du socialisme originel, plutôt que comme une réaction de « la frange la plus réactionnaire de la grande bourgeoisie impérialiste » – pour reprendre la célèbre définition de Dimitrov et du Komintern). Aussi dur que cela soit à entendre (mais Zeev Sternhell avait raison sur ce point), l'extrême droite fascisante – très différente, en cela, de celle qui était encore liée (comme l'Espagne de Franco ou le Portugal de Salazar ou le régime de Vichy) au monde rural et catholique de l'Ancien Régime – trouve incontestablement son origine, à la fin du XIXe siècle, dans une dissidence nationaliste *intérieure* au mouvement ouvrier socialiste et révolutionnaire.

Sur toutes ces questions, outre le texte déjà cité de Michel Dreyfus, on pourra se reporter à l'ouvrage fondamental de Marc Crapez, *La Gauche réactionnaire. Mythes de la plèbe et de la race*, Berg international Éditeurs, 1997.

[**a**] L'antisémitisme du mouvement ouvrier naissant (quand il existe – ce qui est loin d'être toujours le cas) doit lui-même être soigneusement distingué de celui qui caractérise aujourd'hui une partie très importante de l'extrême gauche et des « nouvelles radicalités ». L'antisémitisme socialiste et populaire, en effet, voyait avant tout dans le Juif l'incarnation parfaite de cette mobilité, de ce déracinement et de cette dissolution de tous les rapports sociaux qui constituent l'essence même des temps capitalistes (la *Question juive* de Karl Marx est exemplaire de ce point de vue). Le nouvel antisémitisme – essentiellement centré sur la question palestinienne – saisit, au contraire, le Juif à travers la figure dominante du « sioniste », c'est-à-dire comme le représentant privilégié de ces valeurs d'enracinement, de filiation et de limite, dont l'État d'Israël est perçu comme l'emblème, et qui constituent l'un des obstacles majeurs à la dissolution capitaliste de toutes les formes d'identité et d'existence collectives (c'est un point que Jean-Claude Milner avait remarquablement mis en lumière dans *Les Penchants criminels de l'Europe démocratique*). Il s'agit donc bien, cette fois-ci, d'un antisémitisme essentiellement *libéral* et *progressiste* (et qui peut donc même, en tant que tel, fasciner – voire séduire – de nombreux *Juifs œdipiens* pour lesquels les idées mêmes de filiation et de transmission sont devenues trop lourdes à porter). De ce point de vue, il faut bien reconnaître que la décision politique pour le

moins troublante (mais, à l'époque, déjà parfaitement consciente et mûrement réfléchie) de transformer – en 1977 – l'ancien « Mouvement contre le racisme, l'*antisémitisme* et pour la paix » (le Mrap de Marc Chagall et de Marcel Prenant) en un étrange « Mouvement contre le racisme et pour l'amitié entre les peuples » (le Mrap de l'inquiétant Mouloud Aounit), symbolisait déjà toutes les ambiguïtés morales et politiques de cette nouvelle extrême gauche libérale – officiellement « citoyenne » et « antiraciste » – que le pouvoir mitterrandien allait porter sur les fonts baptismaux (sous la direction éclairée d'un Jacques Attali et d'un Jean-Louis Bianco) une fois philosophiquement admis – à partir de 1984 – que le mode d'exploitation capitaliste de l'être humain était « historiquement supérieur » à toutes les autres formes possibles d'organisation de la société.

[**5**] Dans la lutte pour la réhabilitation de Dreyfus, ce sont effectivement les « intellectuels » (Clemenceau popularisera le mot) qui vont tenir pendant très longtemps le rôle principal. Thibaudet ira même jusqu'à parler d'une « bataille des encriers ».

[**6**] En octobre 1898, Jaurès écrira ainsi (dans *Les preuves. L'affaire Dreyfus*) : « Ce n'est donc pas servir seulement l'humanité, c'est servir *directement* la classe ouvrière que de protester, comme nous le faisons, contre l'illégalité, maintenant démontrée, du procès Dreyfus. » Cette articulation réaffirmée entre l'émancipation des travailleurs et la cause de l'humanité (ce n'est par hasard si le quotidien socialiste, fondé par Jaurès en 1904, allait précisément s'appeler *L'Humanité*) sera reprise avec la plus grande clarté, en 1901, dans le célèbre roman d'Anatole France, *M. Bergeret à Paris* : « Il me semble que combattre une injustice, c'est travailler pour nous les prolétaires, sur qui pèsent toutes les injustices. À mon idée, tout ce qui est équitable est

un commencement de socialisme. » Il y a là une formulation du lien entre la *common decency* et la politique socialiste qui annonce clairement les analyses qu'Orwell développera trente ans plus tard.

[7] Notons qu'à l'époque la CGT « anarcho-syndicaliste » regroupait encore cinq fois plus de militants que la SFIO. Ce n'est qu'avec la guerre de 1914-1918 et la politique correspondante d'« union sacrée » (qui n'était, en un sens, que le prolongement inévitable de celles d'« union de la gauche » et de « défense républicaine » [**a**] – comme Lénine et Rosa Luxembourg ne se privèrent pas de le souligner immédiatement) que s'achèvera véritablement le processus de dissolution des organisations ouvrières dans le jeu politique officiel de la bourgeoisie (le congrès de Tours, de ce point de vue, doit au contraire se comprendre comme la volonté des partisans de la jeune révolution russe de reconstruire – après la « faillite de la deuxième internationale » – un mouvement ouvrier qui soit à nouveau *indépendant* des « guerres civiles de la bourgeoisie » et donc de ces stratégies de *collaboration de classe* dont « l'union de la gauche » était le symbole même). On trouvera une présentation particulièrement limpide de tous ces problèmes dans l'ouvrage de Rudolf Rocker (l'un des penseurs anarchistes les plus intéressants du XXe siècle) *Théorie et pratique de l'anarcho-syndicalisme* (cet ouvrage, initialement publié en 1938, a été réédité en 2010 – avec une préface de Noam Chomsky – aux éditions Aden) et dans le recueil d'essais de Pierre Monatte (*Trois scissions syndicales*, Éditions ouvrières, 1958) qui contient des aperçus (et également des témoignages directs) particulièrement intéressants sur la question syndicale et le congrès d'Amiens.

[**a**] Jules Guesde devait entrer dans le gouvernement d'« union sacrée » (on dirait, de nos jours, de « front républicain ») dès 1914.

[**8**] L'un des exemples les plus caricaturaux de l'usage rétrospectif du clivage gauche/droite – tel qu'il est désormais devenu indispensable au bon fonctionnement électoral du système capitaliste – est certainement l'intervention stupéfiante de Lionel Jospin, au Palais-Bourbon, en janvier 1998. Non seulement le parrain de Claude Allègre y reprenait, avec un cynisme confondant, le mensonge classique d'un ralliement immédiat de Jaurès et des socialistes à la cause de Dreyfus, mais il n'allait même pas hésiter – pour donner un peu de poids à cette reconstruction mystificatrice, destinée à impressionner les fractions les plus incultes de la droite parlementaire – à mobiliser le pauvre Gambetta, décédé en 1882 (soit douze ans avant le déclenchement de l'affaire).

[**E**]

[... *ce fut la grande affaire, en France, du mitterrandisme et de ses alliés*...]

Dans le long processus historique qui allait peu à peu conduire la gauche française à se réconcilier, sur un mode « citoyen », avec le capitalisme de consommation (processus dont François Mitterrand sera l'exécutant terminal), il convient de souligner le rôle décisif joué par le club Jean Moulin. Fondé en 1958 par Daniel Cordier et Stéphane Hessel, cet influent *think tank* – qui entendait regrouper les fractions les plus modernisatrices de l'élite « républicaine » – est, en effet, l'un des premiers cercles de pensée à avoir délibérément axé le programme de « reconstruction de la gauche » sur une politique de réformes économiques et institutionnelles qui privilégiait le rôle des « experts » (beaucoup de membres du club étaient des hauts fonctionnaires) et la nécessité corrélative de prendre enfin acte de la « fin des idéologies ». Le club Jean Moulin fournira, d'ailleurs, à la future Commission trilatérale – chargée, à partir de 1973, d'organiser la propagande idéologico-médiatique en faveur de la mondialisation capitaliste – quelques-uns de ses cadres intellectuels les plus éminents (notamment le sociologue Michel Crozier, qui rédigera lui-même – en collaboration avec Joji Watanuki et Samuel Huntington – *le Manifeste de la Trilatérale*, publié en 1975).

[F]

[... *cette nouvelle gauche libérale*...]

Invité à formuler les trois grands reproches historiques que l'on devrait adresser au quinquennat libéral de Nicolas Sarkozy, Bernard-Henri Lévy (saint patron, avec Michel Foucault, de la gauche moderne et de toutes les associations « citoyennes » et sans-frontiéristes) propose ainsi de retenir, *avant tout*, la « stigmatisation » des Roms, la déchéance de la nationalité et l'emploi du mot « guerre » à propos de la lutte contre la délinquance (*Le Monde* du 4 août 2010). Sans être un marxiste forcené, on peut penser que même un Jules Moch ou un Guy Mollet auraient su trouver des griefs plus radicaux contre la politique des patrons du Cac 40.

Quant aux enjeux philosophiques et politiques de l'œuvre de Michel Foucault, on se reportera à l'essai stimulant et iconoclaste de Jean-Marc Mandosio, *Longévité d'une imposture* (Éditions de l'Encyclopédie des nuisances, 2010). Il y a d'ailleurs fort peu de chance pour que le lecteur trouve la moindre référence à cet essai (dont les pages essentielles avaient pourtant déjà été publiées en 2008 aux mêmes éditions) dans les différents ouvrages académiques consacrés à Michel Foucault – ouvrages d'une « foucaulâtrie » inoxydable, et qui se succèdent au rythme industriel de la *cooptation* universitaire.

[**G**]

[… *le terme honni par tous les libéraux…*]

Le récent « débat » sur l'identité nationale apparaît comme un véritable cas d'école pour qui veut comprendre l'essence de la politique-spectacle moderne. On a ainsi pu voir, l'espace de quelques mois, la droite libérale *feindre* (avec une jubilation perverse) de défendre l'idée qu'aucune société au monde, quelle que soit la diversité ethnique et religieuse de ses composantes, ne pourrait vivre humainement sans un minimum de valeurs morales et culturelles partagées, dont une partie importante avait forcément été léguée par l'*histoire* (idée qui constituait, depuis le XIXe siècle, l'une des bases essentielles de la critique socialiste des théories du « contrat social » et de la *commercial society*) [**1**]. Et, en même temps, la gauche tout entière (le pauvre Olivier Besancenot en tête) fondre aussitôt sur cette idée « nauséabonde » – comme le taureau sur la muleta – sans même s'apercevoir (du fait de son inculture historique abyssale) qu'elle se retrouvait, du même coup, médiatiquement contrainte de reprendre publiquement à son compte l'idéal de neutralité axiologique du Medef (lequel, comme chacun sait, n'a jamais été un partisan acharné de la fermeture des frontières, du protectionnisme économique ou de l'« exception culturelle ») [**2**]. Moyennant quoi, la droite pouvait alors tranquillement battre en retraite (comme ses communicants l'avaient programmé dès le départ de l'opération) tout en engrangeant les bénéfices réels de cet habile psychodrame. Car cette initiative purement politicienne n'avait évidemment pas d'autre but que de prouver à l'électorat populaire que ce sont bien les élites de gauche (ses artistes, ses journalistes et ses intellectuels bien-pensants) qui sont *les seules responsables* des effets moraux et culturels désastreux de la mondialisation libérale – autrement dit, de la destruction capitaliste de toutes les identités existantes. Comme le confiait d'ailleurs cyniquement Nicolas Sarkozy, « le thème de l'identité nationale, c'est un débat très porteur pour nous. C'est un *chiffon rouge*. Il suffit de l'agiter pour que la gauche fonce dessus. Et c'est tout bénéfice pour nous » (*Le Canard enchaîné*, 11 novembre 2009) [**3**].

[**1**] On se souvient peut-être que la défense des identités culturelles (et la critique corrélative de l'*aliénation*

capitaliste ou de l'*ethnocide* colonial) se trouvait encore, dans les années 60, au centre de tous les programmes anticapitalistes révolutionnaires (on pourra ainsi relire, entre mille autres exemples, les ouvrages fondamentaux que Robert Jaulin et ses collaborateurs consacraient alors à la critique de la « décivilisation » et des « chemins du vide ») [**a**]. Il suffit de comparer ces critiques radicales – portées par l'ancien mouvement anticapitaliste – aux actuelles positions médiatico-citoyennes d'un Olivier Besancenot, d'une Cécile Duflot ou d'une Marie-George Buffet pour mesurer d'un coup l'ampleur absolument hallucinante du retournement idéologique que la nouvelle « extrême gauche » (une fois convertie aux dogmes – certes beaucoup plus simples à comprendre – du libéralisme culturel) est parvenue à négocier en quelques décennies à peine. Lorsqu'il atteint un tel niveau, le retournement de veste idéologique devient assurément un art à part entière.

> [**a**]« Le capitalisme a su faire table rase du passé en détruisant les identités collectives (qu'est-ce qu'être prolétaire ?) et en minant les identités individuelles (mort du sujet kantien et freudien, déculturation). Ce n'est pas par hasard si le seul endroit où le socialisme se conjugue encore au présent est l'Amérique latine et centrale, puisque les gauches ont su marier les cultures indigènes et la révolution socialiste » (Paul Ariès, *La Simplicité volontaire contre le mythe de l'abondance*, La Découverte, 2010, p. 203). Sur cette notion d'identité nationale, le lecteur de gauche contemporain pourra également lire, sans doute avec le plus grand étonnement, la brochure éditée par le PCF au sortir de la Résistance (*La Nation*, Section centrale d'éducation du Parti communiste français, novembre 1945).

[**2**] Il faut dire que la gauche libérale a une autre raison de vouloir récuser la notion traditionnelle d'« identité ». L'homme étant, par définition, un être

qui attache du prix à l'image qu'il a de lui-même (c'est le fondement du désir de reconnaissance), le *déracinement généralisé* qu'induit la dynamique capitaliste l'oblige logiquement à chercher ses formes d'identité compensatoire dans l'univers privilégié de la mode et de la consommation marchande (à la manière, en somme, dont on a supprimé l'ancien maillot de la sélection nationale de football – jugé un peu trop « franco-français » – pour le remplacer par une tenue inspirée de Jean-Paul Gaultier, à la fois plus conforme au *dress code* de la culture « branchée » et plus *bankable* d'un point de vue économique). C'est un point qui avait été mis en lumière, dès la fin du XIXe siècle, dans l'œuvre de Thorstein Veblen.

[**3**] Les partis de gauche ne semblent toujours pas avoir saisi l'essence de la *stratégie du chiffon rouge* que la droite libérale utilise méthodiquement contre eux. Les différentes provocations (minutieusement calculées) auxquelles cette droite se livre à intervalles réguliers ne visent jamais, en effet, à influencer *directement* l'électorat populaire (en cherchant, par exemple, à enraciner en lui ces idées « nauséabondes » qui sont, par définition, incompatibles avec les contraintes de la mondialisation). Elles visent, en réalité, à agir sur cet électorat de manière indirecte, c'est-à-dire en tablant machiavéliquement sur le caractère totalement abstrait (et, de surcroît, souvent grotesque) de la réaction politiquement correcte qu'elles ne manqueront pas de susciter mécaniquement chez les élites de la *gauche divine* (comme on dit en Espagne) et donc dans le petit monde *incroyable et merveilleux* du showbiz et des médias. Petit monde dont la morgue et la bonne conscience surréalistes ont toujours constitué pour la droite la plus efficace des publicités. En d'autres termes, la droite libérale compte en permanence sur les réflexes pavloviens de la bourgeoisie de gauche pour provoquer

la colère de l'électorat populaire (qui, lui, est évidemment confronté à la réalité quotidienne) et maintenir ainsi son emprise idéologique sur lui. Avec, bien entendu, le risque électoral majeur – lorsque les réactions des élites de gauche s'avèrent trop caricaturales ou trop déconnectées de l'expérience vécue par les classes populaires – que ces dernières manifestent alors leur *exaspération* (un sentiment promis à un bel avenir) en cherchant directement refuge auprès de partis plus radicaux. Nous retrouvons ici le célèbre *théorème d'Orwell* : quand l'extrême droite progresse chez les gens ordinaires (classes moyennes incluses), c'est d'abord sur elle-même que la gauche devrait s'interroger.

[**H**]

[… *le moindre écart (fût-il de langage)*…]

Lorsque le développement logique du libéralisme atteint le point où toute expression publique d'un jugement personnel ferme et précis (et l'existence des « nouvelles technologies » – à l'image du téléphone portable – permet aujourd'hui de rendre publique n'importe quelle conversation privée ou off) commence à être perçue comme une volonté perverse de nuire à tous ceux qui sont d'un avis différent, la société entre alors dans ce que j'ai appelé la « guerre de tous contre tous par avocats interposés ». Les effets de cette guerre juridique moderne (qui, ne nous leurrons pas, n'en est encore qu'à ses débuts) apparaissent d'autant plus inquiétants que ceux qui se sont arbitrairement institués en gardiens officiels du temple libéral (mais le nom de *policiers de la pensée* leur conviendrait mieux) semblent à présent tenir la logique (et, avec elle, le vieux principe de contradiction) pour une fantaisie purement privée qui ne saurait, à aucun titre, peser le moindre poids dans un débat public (on reconnaît là l'une des conséquences extrêmes de cette curieuse épistémologie postmoderne pour laquelle la science elle-même ne serait, en fin de compte, qu'une simple « construction sociale » arbitraire).

De ce point de vue, la récente « affaire » Éric Zemmour est assurément emblématique. Ce journaliste (l'un des rares représentants du « néoconservatisme » à la française autorisé à officier sur la scène médiatique) [**1**] ayant, en effet, déclaré, lors d'un débat télévisé, que les citoyens français originaires d'Afrique noire et du Maghreb étaient massivement surreprésentés dans l'univers de la délinquance (et notamment dans celui du trafic de drogue), la police de la pensée s'est aussitôt mobilisée pour exiger sa condamnation immédiate – voire, pour les plus intégristes, sa pure et simple interdiction professionnelle (*Beruf verboten*, disait-on naguère en Allemagne). Je me garderai bien, ici, de me prononcer officiellement sur le bien-fondé de l'affirmation d'Éric Zemmour, et ce pour une raison dont l'évidence devrait sauter aux yeux de tous. Dans ce pays, l'absence de toute « statistique ethnique » (dont l'interdiction est paradoxalement soutenue par ces mêmes policiers de la pensée) rend, en effet, légalement impossible tout débat scientifique sur ces questions (un homme politique, un magistrat ou un sociologue qui prétendrait ainsi établir publiquement que l'affirmation de Zemmour est contraire aux faits – ou, à l'inverse, qu'elle exprime une vérité – ne pourrait le faire qu'en s'appuyant sur des documents *illégaux*). Il n'est pas encore interdit, toutefois, d'essayer d'envisager toute cette étrange affaire sous l'angle de la pure logique (« en écartant tous les faits », comme disait Rousseau). Considérons, en effet, les deux propositions majeures qui structurent ordinairement le discours de la gauche sur ce sujet.

Première proposition : « la principale cause de la délinquance est le chômage – dont la misère sociale et les désordres familiaux ne sont qu'une conséquence indirecte » (comme on le sait, c'est précisément cette proposition – censée s'appuyer sur des études sociologiques scientifiques – qui autorise l'homme de gauche à considérer tout délinquant comme une victime de la crise économique – au même titre que toutes les autres – et donc à refuser logiquement toute politique dite « sécuritaire » ou « répressive »). *Seconde proposition* : « les Français originaires d'Afrique noire et du Maghreb sont – du fait de l'existence d'un "racisme d'État" particulièrement odieux et impitoyable [**2**] – les victimes privilégiées de l'exclusion scolaire et de la discrimination sur le marché du travail. C'est pourquoi ils sont infiniment plus exposés au chômage que les Français indigènes ou issus, par exemple, des différentes communautés asiatiques » [**3**]. (Notons, au passage, que cette dénonciation des effets du « racisme d'État » soulève à nouveau le problème des statistiques ethniques mais, par respect pour le principe de charité de Donald Davidson, je laisserai de côté cette objection.)

Si, maintenant, nous demandons à n'importe quel élève de CM2 (du moins si ses instituteurs ont su rester sourds aux oukazes pédagogiques de l'inspection libérale) de découvrir la seule *conclusion logique* qu'il est possible de tirer de ces deux propositions élémentaires, il est évident qu'il retrouvera spontanément l'affirmation qui a précisément valu à Zemmour d'être traîné en justice par les intégristes libéraux (« Le chômage est la principale cause de la délinquance. La communauté A est la principale victime du chômage. *Donc*, la communauté A est la plus exposée à sombrer dans la délinquance »). Les choses sont donc parfaitement claires. *Ou bien* la gauche a raison dans son analyse de la délinquance et du racisme d'État, mais nous devons alors admettre qu'Éric Zemmour n'a fait que reprendre publiquement ce qui devrait logiquement être le point de vue de cette dernière chaque fois qu'elle doit se prononcer sur la question [**4**]. *Ou bien* on estime que Zemmour a proféré une contrevérité abominable et qu'il doit être à la fois censuré et pénalement sanctionné (« pas de liberté pour les ennemis de la liberté » – pour reprendre la formule par laquelle Saint-Just légitimait l'usage quotidien de la guillotine) [**5**], mais la logique voudrait cette fois (puisque ce sont justement les prémisses de « gauche » qui conduisent *nécessairement* à la conclusion de « droite ») que la police de la pensée exige simultanément la révocation immédiate de tous les universitaires chargés d'enseigner la sociologie politiquement correcte (ce qui reviendrait, un peu pour elle, à se tirer une balle dans le pied), ainsi que le licenciement de tous les travailleurs sociaux qui estimeraient encore que la misère sociale est la principale cause de la délinquance ou qu'il existerait un quelconque « racisme d'État » à l'endroit des Africains (au risque de décourager l'une des bases militantes privilégiées de la pensée correcte).

Le fait qu'il ne se soit trouvé à peu près personne – aussi bien dans les rangs de la gauche que dans ceux des défenseurs de droite d'Éric Zemmour – pour relever ces entorses répétées à la *logique* la plus élémentaire [**6**] en dit donc très long sur la misère intellectuelle de ces temps libéraux. On en serait presque à regretter, en somme, la glorieuse époque de Staline et de Beria où chaque policier de la pensée disposait encore d'une formation intellectuelle minimale. Dans le long voyage idéologique qui conduit de l'ancienne Tcheka aux ligues de vertu « citoyennes » qui dominent à présent la scène politico-médiatique [7], il n'est pas sûr que, du point de vue de la stricte intelligence (ou même de celui de la simple moralité) le genre humain y ait vraiment beaucoup gagné.

[**1**] Grâce à la traque diligente entreprise par Raphaëlle Bacqué (*Le Monde* du 4 avril 2011), il est même désormais possible de chiffrer le nombre exact de ces néoconservateurs qui ont réussi à infiltrer sournoisement l'appareil médiatique libéral. Il y aurait ainsi, sur la centaine de professionnels reconnus du « débat » médiatique (d'Alain Duhamel à Laurent Joffrin, en passant par Edwy Plenel, Claude Askolovitch ou l'inimitable Jean-Michel Apathie), pas moins de cinq représentants de la pensée « réactionnaire » (la liste

complète est d'ailleurs affichée dans *Le Monde*). On comprend donc que certains – parmi ces valeureux défenseurs (de gauche ou de droite) de l'idéologie libérale – puissent déjà éprouver le sentiment angoissant d'être devenus politiquement minoritaires (si les chiffres stupéfiants du *Monde* sont exacts, ils ne représentent plus, en effet, que 95 % du personnel employé) voire, pour les plus exaltés d'entre eux, politiquement incorrects et soumis aux persécutions les plus terribles. Le fait, en revanche, que sur l'ensemble des chaînes de télévision existantes, il n'existe *aucun* représentant de la critique radicale du libéralisme – par exemple de la décroissance – qui soit autorisé à porter régulièrement la contradiction à tout ce joli monde, n'a jamais choqué personne (et au *Monde*, visiblement, moins que partout ailleurs).

[**2**] La notion de « racisme d'État » joue un rôle désormais central dans toutes les analyses du « système Sarkozy » proposées par le Nouveau Parti anticapitaliste. Il s'agit là, à vrai dire, d'une dérive idéologique (et morale) pour le moins inquiétante, surtout quand on sait qu'Olivier Besancenot est historien de formation. Il est bien sûr possible que le jeune leader « trotskiste » n'ait encore jamais eu le temps d'ouvrir un livre consacré à l'histoire de l'apartheid sud-africain, de la politique raciale national-socialiste ou de la situation des Noirs dans le sud des États-Unis avant les années 60 (après tout, de nos jours, l'ignorance s'enseigne aussi à l'université). Mais, dans le cas contraire, cela voudrait donc dire qu'il y a désormais – de la part de certains chefs actuels du NPA – une volonté consciente et délibérée de relativiser les horreurs du racisme réel et de faire croire aux nouvelles générations militantes – pour ne prendre qu'un exemple – que la situation et le sort des Juifs sous Hitler n'étaient pas très différents, au fond, de ceux d'un immigré clandestin dans la France

d'aujourd'hui (on sait, d'ailleurs, que dans le petit monde très trouble de cette nouvelle extrême gauche, certains n'hésitent déjà même plus à employer les termes de « rafle » et de « camp » dans les deux cas) [**a**]. On préfère donc pencher – pour l'instant encore – en faveur de la thèse de l'ignorance.

[**a**] En 1941, Orwell résumait ainsi le mode de fonctionnement psychologique des intellectuels fascinés par le totalitarisme : « Il n'y a pas *beaucoup* de liberté d'expression en Angleterre ; par conséquent, il n'y en a *pas plus* qu'en Allemagne. Être au chômage est une terrible épreuve ; par conséquent, ce n'est *pas pire* de connaître les chambres de torture de la Gestapo. Chacun sait que deux noires valent une blanche, et qu'avoir un demi-pain ou pas de pain du tout revient au même » (*Le Lion et la Licorne*, *Essais*, volume II, p. 137).

[**3**] Je prends à dessein cet exemple parce que, dans tous les travaux que la sociologie politiquement correcte consacre habituellement aux populations « issues de l'immigration », la communauté asiatique – malgré son importance numérique et le fait qu'elle doive affronter, en raison d'une évidente distance culturelle, des problèmes d'intégration beaucoup plus importants – est, en général, la grande oubliée. Il faut dire que la prise en compte des spécificités culturelles de cette communauté (elle-même très différenciée selon les pays d'origine et les dates d'arrivée sur le sol français) conduirait à remettre en cause bon nombre d'analyses sur lesquelles repose la bonne conscience (et le plan de carrière) d'une grande partie des universitaires de gauche. Et, comme on le sait, lorsque la réalité contredit le dogme (ou dérange ses ambitions personnelles), l'intellectuel de gauche préférera toujours nier la réalité – quitte à légitimer alors le pire des racismes qui soit :

celui qui conduit à refuser d'accorder à l'autre *le fait même qu'il existe.*

[4] La police de la pensée aurait, bien sûr, une solution de secours. Elle consisterait à soutenir que même si l'affirmation de Zemmour est effectivement la conclusion logique d'un raisonnement de gauche, ses *intentions réelles*, en revanche, étaient manifestement de nuire à autrui (ce qui constitue, comme on le sait, la seule définition possible du crime dans le droit libéral). Le problème, c'est que si la recherche des intentions réelles (ou des logiques cachées) est tout à fait légitime dans une analyse philosophique, elle ne saurait avoir la moindre place dans l'exercice du droit qui – comme le rappelait Spinoza – ne peut prohiber que des actes ou des appels explicites à un crime précis. En s'émancipant aujourd'hui de cette vieille limite protectrice, la police de la pensée (dont l'existence est déjà indécente en elle-même) est donc inexorablement conduite à se transformer en *police des intentions et des sentiments cachés.* C'est, sans aucun doute, l'un des signes les plus inquiétants (et les plus « nauséabonds ») de la montée en puissance de ce qu'Orwell appelait déjà les « petites idéologies malodorantes qui rivalisent maintenant pour le contrôle de notre âme ».

[5] Le combat de la gauche moderne pour abolir *toutes* les formes de discrimination et de « stigmatisation » exige, bien sûr, que soient simultanément discriminés et stigmatisés tous ceux qui ne se reconnaîtraient pas dans ce combat. C'est certainement sur ce point que les fondateurs historiques du libéralisme auraient été le plus surpris par les conséquences à long terme de leur propre philosophie. Un Voltaire, par exemple, mettait un point d'honneur à se mobiliser pour défendre la liberté d'expression de ses ennemis politiques (les Zemmour ou les Dieudonné de l'époque) chaque fois qu'elle se trouvait menacée. De nos jours,

ce genre d'attitude lui attirerait à coup sûr les foudres de SOS Racisme, de la Licra et des autres organisations libérales (pour ne rien dire, évidemment, de nos brillants journalistes). Il n'est d'ailleurs pas nécessaire de remonter aussi loin dans le temps. Qui, en 2011, pourrait croire un seul instant que ces nouveaux chasseurs de sorcières (ou ces nouveaux tartuffes) laisseraient encore un Coluche ou un Pierre Desproges s'exprimer librement ?

[**6**] Avant 1968, les futurs enseignants de philosophie devaient *obligatoirement* recevoir une formation élémentaire de logique mathématique (et parmi les professeurs qui les formaient à cette discipline, certains – comme Roger Martin ou Jean Largeault – comptaient alors parmi les plus grands logiciens européens du temps). En mai 68, l'une des premières revendications des étudiants « contestataires » fut, comme on s'en doute, d'obtenir la suppression définitive de cet enseignement obligatoire au prétexte – du moins selon les plus « radicaux » d'entre eux – qu'il risquait d'imposer à la jeunesse rebelle un mode de pensée contraignant et *par conséquent* de nature « fasciste » (inutile de dire que l'administration gaulliste s'empressa, dès la rentrée suivante, de satisfaire une revendication aussi légitime). Il est possible, quarante ans après, que ceci explique cela [**a**].

[**a**] L'affaire dite des « quotas ethniques » tendrait malheureusement à confirmer cette hypothèse pessimiste. Un projet – certes inefficace et maladroit – visant à protéger *la présence en équipe de France des joueurs issus de l'immigration* (certains des meilleurs attaquants français, comme Moussa Sow ou Gonzalo Higuain ayant déjà opté pour des sélections étrangères) a pu ainsi être lu et présenté par la quasi-totalité du personnel médiatique comme une entreprise odieuse et « nauséabonde » destinée à chasser de cette même équipe tous ceux qui n'avaient pas la « bonne couleur

de peau ». À ce niveau d'unanimité dans l'illogisme, les exigences habituelles de la désinformation (sans parler des nombreux bénéfices personnels qu'il y a toujours, dans une société libérale, à dénoncer son voisin comme « raciste ») ne peuvent pas tout expliquer. La possibilité d'un *crétinisme généralisé* des nouvelles élites médiatiques ne saurait être écartée.

[7] Sur la façon dont de nombreux militants des ligues « citoyennes » et « antiracistes » d'avant guerre (dont le pouvoir était évidemment beaucoup plus limité que celui de leurs héritières d'aujourd'hui) ont logiquement fini par se compromettre avec les différents pouvoirs totalitaires de l'époque, on lira *Hitler ou Staline. Le Prix de la paix* (Christian Jelen, Flammarion, 1988) – ouvrage qui met notamment en évidence les errements idéologiques d'une partie des cadres de la Ligue des droits de l'homme et du citoyen (tous n'ont pas eu la cohérence, et le courage, d'un Victor Basch) [**a**] – et *Un paradoxe français : antiracistes dans la Collaboration, antisémites dans la Résistance* (Simon Epstein, Albin Michel, 2008).

Quant à la psychologie profonde des chefs de ces ligues « citoyennes » (ces « eunuques dont le seul plaisir est d'en faire d'autres »), on lira avec profit le pamphlet publié en 1789 par Marie-Joseph Chénier, *Dénonciation des inquisiteurs de la pensée* (Mille et une nuits, 2011). Chénier y fustigeait déjà ces « contradicteurs de la liberté de publier sa pensée » qui entendaient « conserver ainsi un *petit coin de tyrannie* ».

[**a**] Rappelons que tel est le nom complet sous lequel cette organisation avait été fondée en 1898 (il s'agissait, à l'époque, de se conformer à la tradition révolutionnaire française dont la déclaration des « droits de l'homme et *du citoyen* » entendait ainsi maintenir l'équilibre philosophique entre les libéraux – ou Girondins – et les républicains – ou Montagnards). De nos

jours, en revanche, tout semble être fait (y compris sur le site officiel de l'association) pour qu'on puisse seulement évoquer une mystérieuse « Ligue des droits de l'homme ». Cette étonnante volonté de détourner sans bruit l'héritage des fondateurs de la Ligue en éliminant toute référence officielle au républicanisme jacobin (et donc à son anticapitalisme spécifique) doit certainement avoir un sens politique.

[I]

[… *devant les tribunaux*…]

Il ne s'agit pas de nier que la révolution permanente des mœurs – que le capitalisme porte en lui comme la nuée l'orage – ne puisse induire, à la marge, certains effets d'émancipation tout à fait réels (le statut des femmes ou des homosexuels s'est, de toute évidence, objectivement amélioré au cours des dernières décennies). Le problème, c'est que le marché ne peut émanciper les êtres humains que *selon ses propres lois* (ce que Debord formulait, à sa manière, en écrivant que dans la société du spectacle « le vrai est un moment du faux »). Cela signifie que chacune de ces « libérations » particulières demeure structurellement soumise aux lois générales de l'aliénation capitaliste (« la femme qui ne se libère de la tyrannie de la tradition que pour se plier à celle de la mode » – écrivait par exemple Christopher Lasch – ou l'adolescent qui ne se révolte contre le pensionnat religieux que pour se soumettre aux diktats, bien plus sévères encore, de la « culture jeune ») [**1**]. Seul un long travail critique, destiné à extraire ces formes d'émancipation partielles de leur gangue libérale, pourrait, par conséquent, assurer à celles-ci la *base véritablement humaine* qu'exige une société décente.

[**1**] « Le Pouvoir a décidé que nous sommes tous égaux. La fièvre de la consommation est une fièvre d'obéissance à un ordre non énoncé. Chacun, en Italie, ressent l'anxiété, dégradante, d'être comme les autres dans l'acte de consommer, d'être heureux, d'être libre, parce que tel est l'ordre que chacun a inconsciemment reçu et auquel il doit "obéir" s'il se sent différent. Jamais la différence n'a été une faute aussi effrayante qu'en cette période de tolérance. *L'égalité n'a, en effet, pas été conquise, mais est, au contraire, une "fausse" égalité reçue en cadeau* », Pasolini, *Écrits corsaires* (Champs-Flammarion, p. 95).

[J]

[... *vie commune possible*...]

Le basculement inévitable du libéralisme culturel dans le libéralisme économique possède, bien entendu, son pendant symétrique. Si la logique du capitalisme de consommation est de vendre n'importe quoi à n'importe qui (*business is business*), il lui est en effet indispensable d'éliminer un à un tous les obstacles culturels et moraux (tous les « tabous » – dans la novlangue libérale et médiatique) qui pourraient s'opposer à la marchandisation d'un bien ou d'un service (sous un capitalisme digne de ce nom, il doit être évidemment possible de louer à tout moment le ventre d'une « mère porteuse » ou de commander sur catalogue une épouse ukrainienne ou un enfant haïtien). Le libéralisme économique intégral (officiellement défendu par la droite) porte donc en lui la révolution permanente des mœurs (officiellement défendue par la gauche), tout comme cette dernière exige, à son tour, la libération totale du marché. D'un point de vue topologique, on pourrait dire que le libéralisme est structuré comme un *ruban de Möbius* : il présente toujours deux faces apparemment « opposées » [**1**], mais qui, dans les faits, n'offrent aucune solution réelle de continuité. Tel est, en définitive, le véritable fondement de la division actuelle du travail entre la « droite » et la « gauche », que seules les contraintes de la comédie électorale incitent encore à masquer sous les rhétoriques respectives des deux ailes du château libéral.

[**1**] Cela ne veut d'ailleurs pas dire que l'opposition entre les libéraux politiques et culturels (« tout pénétrés – écrivait Marx dans *Le Capital* – de la dignité professorale de leur science ») et les libéraux économiques (« gens avisés, ambitieux, pratiques ») soit purement imaginaire. Elle peut même aboutir à « une certaine hostilité des deux partis en présence » (il suffit de regarder les *Guignols de l'info* ou d'écouter un Stéphane Guillon). Mais l'important est de voir que « dès que survient un conflit pratique où la classe tout entière est menacée [que ce soit le référendum de Maastricht ou l'élection présidentielle de 2002] cette opposition tombe d'elle-même, tandis que l'on voit s'envoler l'illusion que les idées dominantes ne seraient pas les idées de la classe dominante » (Marx, *L'Idéologie allemande*).

[K]

[… *le libéralisme, en lui-même, est désormais incontestable…*]

On aura remarqué que la nouvelle gauche, quand elle conserve encore des velléités critiques, concentre généralement ses tirs sur la seule figure du « néolibéralisme ». L'idée sous-jacente à une telle stratégie est que ce dernier courant (qui serait mystérieusement apparu en 1938 – lors du colloque Lippmann – puis aurait été systématisé – à partir de 1945 – par Hayek, Friedman et la Société du Mont-Pélerin) ne doit en aucun cas être compris comme un développement *logique* de la pensée libérale classique – développement rendu possible, depuis trente ans, par le nouveau rapport de force politique qui s'est instauré à l'échelle mondiale. Il ne faudrait y voir, au contraire, qu'une interprétation abusive – voire une véritable trahison – du libéralisme originel (ce « vrai » libéralisme auquel il serait toujours bon de revenir). L'une des multiples implications de cette curieuse idée (qui doit beaucoup à Michel Foucault et à ses cours au Collège de France), c'est que la critique par les fondateurs du socialisme de la doctrine de Frédéric Bastiat (« le représentant le plus plat, partant le plus réussi de l'économie apologétique », disait de lui Karl Marx) ne devrait plus nous concerner en quoi que ce soit puisque Bastiat, par définition, ne pouvait encore être un « néolibéral » (et ces remarques voudraient tout autant pour l'œuvre d'un Jean-Baptiste Say ou d'un Charles Dunoyer). Il suffit pourtant de consulter les textes pour s'apercevoir qu'entre la métaphysique de Hayek et celle de Bastiat (qui était la cible première, encore une fois, de tous les courants du socialisme originel) il n'y a de différence que l'épaisseur d'un cheveu universitaire [**1**]. L'« antinéolibéralisme » des secteurs les plus « radicaux » de la gauche moderne est sans doute un pavillon sous lequel peuvent circuler les marchandises les plus diverses. Mais certainement pas cette critique intransigeante du capitalisme qui définissait le socialisme originel.

[**1**] On pourrait en dire tout autant de Gustave de Molinari qui proposait, dès 1849, que l'on privatise « aussi bien la justice et la police que l'enseignement, les cultes, les transports, la fabrication des tabacs » (*Journal des économistes*, février 1849). De Molinari poussait même la logique néolibérale jusqu'à défendre la *privatisation intégrale des rues.*

Question 6

Dans *Orwell anarchiste tory*, vous dites que « l'adhésion d'Orwell aux valeurs de la gauche doit [...] très peu aux séductions du langage. Elle est plutôt l'effet d'une sorte de communion originaire, opérée dans l'ordre sensible et n'ayant pas exigé une médiation particulière des mots existants » (p. 16). Est-ce à dire que ce que vous désignez comme *common decency* doit s'affirmer contre les médiations objectives extérieures (langage, symboles, institutions) ? Qu'elle existerait *a priori* ? Ne retrouve-t-on pas là une apologie de l'immédiateté aux accents post-modernes, typiques d'un certain libéralisme culturel ?

Orwell accordait une importance politique décisive à la question du langage. Sa position sur le sujet semble pourtant, à première vue, particulièrement pessimiste. Il y a toujours eu chez lui, en effet, le sentiment très net que l'entrée de l'homme sous les lois de la parole se payait d'une perte essentielle (remarquons que la psychanalyse lacanienne ne dit pas autre chose). « Les mots – écrivait-il ainsi – n'ont pas plus de rapport avec la réalité que les pièces d'un jeu d'échec avec des individus réels [1]. » Cette inadéquation initiale entre les possibilités du langage ordinaire et notre sensibilité profonde est d'autant plus ennuyeuse que ce « versant non verbal de notre esprit – ajoutait Orwell – en constitue la partie la plus importante, car c'est là que presque tous les mobiles qui gouvernent notre vie prennent leur source. Goût et dégoût (*all likes and dislikes*), sentiment esthétique,

1. *New Words*, 1940. Remarquons qu'Orwell ne dit pas qu'il n'y a aucun rapport. Là encore, nous sommes assez près de Lacan et de sa théorie des « points de capiton ».

notion du bien et du mal (*notions of right and wrong*) (et on ne peut jamais démêler dans le jugement ce qui relève de la morale et ce qui relève de l'esthétique), tout cela donc provient de sentiments que l'on s'accorde la plupart du temps à décrire comme trop subtils pour être rendus par des mots ». Pour autant, on ne trouve effectivement chez Orwell aucune « apologie de l'immédiateté ». C'est, au contraire, sa *métaphysique de l'effort* – l'un des fils conducteurs de son œuvre – qui va l'amener à élaborer une théorie de l'écriture qui se situe aux antipodes des différentes mythologies de l'« art brut » ou des facéties traditionnelles de l'avant-gardisme libéral. Pour surmonter les limites du langage (*the lumpishness of words*), il n'y a, en effet, pas d'autre solution, selon lui, que de procéder à « une attaque de flanc contre une position imprenable de front ». Sous ce vocabulaire étrangement militaire (mais nous sommes alors en 1940), Orwell désignait l'ensemble des ruses et des stratégies obliques auxquelles un écrivain doit recourir s'il veut arracher à « l'atroce chaos des mots » quelques effets de réalité (« l'effet, si effet il y a, s'obtient en manipulant les mots et en les agençant en fonction de leur cadence »). C'est pourquoi – conclut-il – « l'art de l'écriture est dans une large mesure l'art de pervertir les mots, et j'irais même jusqu'à dire que ce travail de perversion est d'autant plus accompli qu'il est moins immédiatement sensible ». Inutile de préciser que cette dernière remarque s'applique parfaitement à Orwell lui-même, dont l'écriture à « transparence de vitre » (*Why I write*, 1946), constituait, en réalité, l'aboutissement d'un travail éprouvant et dont il n'était jamais satisfait. Ce sont, bien sûr, ces mêmes principes qui vont soutenir son approche de la politique des mots.

Sans l'effort obstiné de *chacun* pour s'approprier réellement sa langue maternelle (autrement dit, pour devenir le véritable sujet de son propre discours), nous serions, en effet, condamnés, estimait Orwell, à subir la loi des mots existants, c'est-à-dire, en dernière instance, à demeurer prisonnier du langage préfabriqué de l'idéologie dominante (qu'il prenne la forme du jargon des économistes ou celle de ce « langage des cités » qui fascine tellement la bourgeoisie universitaire moderne). La « novlangue » (dont Orwell discernait les prémisses dans le parler insipide et convenu des journalistes de la BBC) ne constitue, de ce point de vue, que le passage à la limite d'une situation qui existe déjà : l'idéal, en somme, d'une langue intégralement idéologique (ou « politiquement correcte ») dont la syntaxe et le lexique obligeraient en permanence ses locuteurs à s'absenter d'eux-mêmes (« les bruits appropriés qui sortent du larynx » mais sans passer par le cerveau) et qui rendrait ainsi inutile l'existence même d'une police de la pensée. C'est pourquoi le simple souci d'enrichir son vocabulaire et de parler une langue claire, vivante et précise constituait déjà, pour Orwell, un acte de *résistance politique quotidienne* [1]. Comme on le voit, il n'y avait donc,

1. Un « lycée breton » ayant pris l'initiative de décerner un prix à ceux de ses élèves qui auraient acquis par leur travail « une bonne maîtrise du français », le journaliste de *Marianne* qui rapporte l'information (numéro du 16 avril 2011) croit bon d'ironiser lourdement (« Y étudie-t-on les œuvres de Frédéric

chez lui, aucune contradiction entre le pessimisme de l'intelligence et l'optimisme de la volonté.

Son insistance sur les origines « sensibles », voire intuitives, de son adhésion à la cause socialiste (on pense à la rencontre avec le jeune milicien italien, décrite dans *Hommage à la Catalogne*, et à laquelle il consacrera l'un de ses plus beaux poèmes, mais aussi à son extraordinaire exercice d'empathie avec la pauvre fille des taudis, fugitivement aperçue depuis le train qui l'emmenait à Wigan) appelle, par conséquent, une explication spécifique. De fait, s'il n'y a aucune trace, chez Orwell, d'un quelconque mépris pour l'activité intellectuelle, il était fermement décidé, en revanche, à combattre de toutes les façons possibles cette perversion *idéologique* du socialisme qui était déjà devenue dominante au moment de sa propre « conversion ». Pour comprendre la nature d'un tel combat, il faut se souvenir que, dans tous ses écrits, le terme « idéologie » a un sens technique extrêmement précis. Il désigne toujours un certain type de fonctionnement intellectuel et psychologique (de nature « schizophrénique » – ajoute-t-il parfois) qui permet à ceux qui en maîtrisent les codes de se rendre volontairement aveugles aux réalités qu'ils ont sous les yeux (« il ment comme un témoin

---

Lefebvre ? »). Le fait qu'un établissement scolaire qui décide d'encourager ses élèves à progresser dans l'étude de la langue française (pourquoi ne pas aussi les encourager, pendant qu'on y est, à lire *La Princesse de Clèves* ?) puisse ainsi être considéré par un journaliste de gauche comme un « lycée de droite » en dit long à la fois sur la dérive libérale de *Marianne*, sur la toute-puissance de l'idéologie « pédagogiste » et sur l'état mental désastreux de la gauche française contemporaine.

oculaire », aimaient à plaisanter les dissidents soviétiques). En ce sens, la fonction première du mode de penser idéologique est bien de neutraliser tout sens commun en enfermant ses « victimes » dans une bulle spéculative – l'adoption d'un jargon stéréotypé (ou d'une « langue de bois ») jouant évidemment un rôle essentiel dans ce processus d'autoenfermement.

Dans l'histoire du XXe siècle, le représentant le plus accompli de cette pathologie intellectuelle (ou de cette perversion) est certainement l'intellectuel stalinien. On aurait tort, cependant, de croire qu'il en représente le dépositaire exclusif. « D'après tout ce que je sais – écrit ainsi Orwell – il se peut que, lorsque *Animal Farm* sera publié, mon jugement sur le régime soviétique sera devenu l'opinion généralement admise. Mais à quoi cela servira-t-il ? Le remplacement d'une orthodoxie par une autre n'est pas nécessairement un progrès. Le véritable ennemi, c'est l'esprit réduit à l'état de gramophone, et cela reste vrai que l'on soit d'accord ou non avec le disque qui passe à un certain moment [1]. » Si le fonctionnement idéologique de l'esprit peut par conséquent s'incarner sous une multiplicité de formes – de l'inquisiteur médiéval au militant sacrificiel, en passant par le consultant en « management » ou le spécialiste des « sciences » de l'éducation – il importe de noter, en revanche, que le ressort moral et psychologique de ces différents modes de pensée robotisés est foncièrement

1. Préface inédite à *Animal Farm*, 1945. Ce que Castoriadis formulait à sa manière en écrivant (à propos, naturellement, de Bernard-Henri Lévy et des « nouveaux philosophes ») : « Ce n'est pas parce qu'on a changé de trottoir qu'on a changé de métier. »

identique. Ce qui est en jeu – nous avertit Orwell – sous chacun de ces déguisements idéologiques, c'est partout et toujours le *désir de pouvoir* et la *volonté de puissance* [**A**] (que ce désir et cette volonté soient consciemment assumés par le sujet ou, comme c'est le cas le plus fréquent, qu'ils se dissimulent à eux-mêmes sous le masque trompeur d'un « dévouement exemplaire à la Cause »).

C'est là un point absolument essentiel dans l'œuvre d'Orwell. Car s'il y a bien un thème, chez lui, qui relève incontestablement de la sensibilité anarchiste, c'est cette équivalence qu'il ne cesse de poser entre, d'un côté, le désir de pouvoir et la volonté de puissance et, de l'autre, l'*anesthésie du sens moral* (qu'elle soit locale ou générale), voire, dans les cas les plus extrêmes, la présence de pulsions sadiques conscientes ou refoulées [1]. « La vérité – écrit-il par exemple – est que les innombrables intellectuels anglais qui baisent le cul de Staline ne sont pas différents de la minorité qui fait allégeance à Hitler ou Mussolini, ni des spécialistes de l'efficacité qui, dans les années vingt, prêchaient le "punch", le "nerf", la "personnalité" et le "soyez un loup !", ou encore de la précédente génération d'intellectuels, les Carlyle, Creasy et compagnie

1. C'est cette même équivalence que Pasolini théorisera sous le concept d'« anarchisme de pouvoir » (dont Sade représentait, à ses yeux, l'exemple accompli) par opposition à l'anarchisme véritable – ou populaire – qui puise ses motivations profondes dans la décence ordinaire et non dans le cocktail habituel des passions tristes, de la volonté de puissance au ressentiment en passant par la haine ou la rage œdipienne.

qui se prosternaient devant le militarisme allemand. Tous ces gens ont le culte du pouvoir et de la cruauté efficace. Et il est important de noter qu'au culte du pouvoir tend à se mêler l'amour de la cruauté et de la méchanceté pour elles-mêmes [1]. »

On comprend alors ce qui lie ontologiquement décence commune (*common decency*) et sens commun (*common sense*). Le fait de devenir imperméable à tout bon sens (fait dont le *délire idéologique* – de Félix Guattari à Alain Badiou – représente simplement la forme académique) doit, en effet, toujours être considéré, selon Orwell, comme le signe évident d'un manque de décence personnelle de l'idéologue – manque de décence, ou mauvaise foi, qui est lui-même lié à son besoin éperdu de reconnaissance et donc à son immaturité fondamentale. « S'abstenir d'admirer Hitler ou Staline – note-t-il ainsi – n'exige pas un effort intellectuel énorme » (on pourrait évidemment ajouter Mao à la liste) mais le vrai problème c'est qu'« il s'agit en partie d'un *effort moral* » [2].

1. *Raffles and Mrs Blandish.*

2. Louis Janover a remarquablement mis en lumière tout ce qui séparait, à l'époque du stalinisme triomphant, l'adhésion des ouvriers ordinaires de celle des intellectuels. « Les travailleurs – écrit-il – trouvaient une compensation idéale à leur esclavage quotidien dans l'idée qu'il existait un pays où ils exerçaient une dictature sans partage [...]. Rien de commun, évidemment avec la fascination qu'éprouvaient les gens de culture pour les maîtres de l'appareil d'État soviétique. Ils avaient, eux, les yeux de Chimène pour les avant-gardes prolétariennes, car ils voyaient en elles l'instrument d'une ascension sociale vers les sommets du pouvoir, la revanche sur la bourgeoisie d'argent qui les confinait dans des fonctions subalternes sans rapport

Derrière l'aptitude stupéfiante des intellectuels « politiquement corrects » à nier les réalités les plus monumentales ou à les enfouir sous une montagne de statistiques absurdes ou de conceptualisations pédantes (on songe aux Incroyables et aux Merveilleuses qui ont choisi de faire carrière dans les *postmodern studies* [1]), il est donc toujours nécessaire d'entendre – nous dit Orwell – le même « vœu secret » : celui d'en finir une fois pour toutes avec « la vieille version égalitaire du socialisme » et de précipiter « l'avènement d'une société hiérarchisée dans laquelle ce serait enfin *l'intellectuel qui tiendrait le fouet* » [2] [**B**].

---

avec leur capital culturel » (*La Tête contre le mur*, éditions Sulliver, 1998, p. 40).

1. Il est assez curieux que les universitaires de gauche – toujours prompts à « déconstruire » la moindre institution – n'aient encore presque jamais relevé le lien entre ces *postmodern studies* (qui allaient se développer aux États-Unis dans les années 1970) et la révolution radicale opérée, un peu plus tôt, dans l'univers du marketing et de la publicité. C'est, en effet, en 1956 que Wendell Smith (directeur des études de marché de Radio Corporation of America), confronté à la saturation rapide du marché des biens d'équipement domestique, eut l'idée de remplacer l'ancien « marketing de masse » – dont la cible était indifférenciée – par une politique dite de « segmentation», c'est-à-dire d'adaptation méthodique aux nouvelles catégories de « genre », d'« âge », de « race », de « mode de vie spécifique » et d'« origine ethnique et culturelle ». Les premières enquêtes de sociologie empirique conduites dans ce nouveau cadre économique précédèrent donc de plus de deux décennies leur réappropriation universitaire « politiquement correcte » – sous une forme particulièrement pédante et indigeste – par des intellectuels de la gauche libérale américaine un peu trop influencés par la *french theory*.

2. *James Burnham and the Managerial Revolution*.

L'éloge du sens commun et de l'intuition morale, qui traverse comme un fil rouge l'œuvre d'Orwell, ne doit donc pas être compris comme un désaveu mystique de la science ou du travail intellectuel. Ce n'est pas tant à l'univers des concepts que s'oppose, chez lui, la sensibilité. *C'est d'abord au monde de l'idéologie*, c'est-à-dire à l'idée insensée (quoique très prisée dans les tours d'ivoire universitaires) qu'on pourrait construire un monde véritablement humain en tournant le dos à la morale quotidienne et au bon sens des gens ordinaires [**C**]. Comme le rappelle Raffaele La Capria (dont Orwell aurait sans doute beaucoup apprécié la définition du sens commun comme ce système radar qui guide l'intellectuel véritable) : « le sens commun n'est pas la mesure de toute choses, il ne serait pas bon qu'il en aille ainsi, mais il est certainement le *minimum nécessaire* pour en comprendre beaucoup [1] ». C'est précisément parce que l'intelligentsia de gauche manque cruellement de ce « minimum nécessaire » que le chemin qui a conduit Orwell au socialisme s'est trouvé si souvent parsemé d'intuitions et de rencontres silencieuses.

1. Raffaelle La Capria, *La mouche dans la bouteille. Éloge du sens commun* (traduit et présenté par Jean-Marc Mandosio, Climats, 2005).

Scolies VI

[**A**]

[… *la* volonté de puissance…]

« Les gens vénèrent le pouvoir sous la forme qu'ils sont capables de comprendre. Un garçon de douze ans idolâtrera Jack Dempsey. Un adolescent vivant dans les taudis de Glasgow idolâtrera Al Capone. Un élève ambitieux d'une école de commerce idolâtrera Lord Nuffield. Un lecteur du *New Statesman* idolâtrera Staline. S'il y a là des différences du point de vue de la maturité intellectuelle, *il n'y en a aucune du point de vue moral* » (*Raffles and Mrs Blandish*).

Le besoin de dominer ses semblables (qu'il s'exerce sur des proches ou sur la communauté tout entière) n'est donc pas, en tant que tel, lié à un régime politique particulier, ni même à des conditions historiques déterminées [**1**]. Il constitue, en fait, un *vice transversal* de l'humanité (qui possède ainsi sa propre universalité, comme en témoigne la lecture de n'importe quel mythe antique) et qui représente, de ce point de vue, le contrepoint exact de ces vertus transversales qui définissaient la *common decency*. Si l'anarchisme est d'abord une critique de tous les effets psychologiques et institutionnels de la volonté de puissance, son champ d'intervention historique ne saurait donc être limité à la dénonciation du capitalisme moderne.

[**1**] L'étudiant Jacob Marchena qui, après chaque cours, s'empressait de dénoncer aux autorités juives d'Amsterdam (l'équivalent, en quelque sorte, de la Halde de l'époque) les propos théologiquement incorrects de son professeur Juan de Prado (l'un des maîtres de Spinoza) appartient manifestement à un univers intellectuel et religieux qui nous est, en grande partie, devenu étranger. Mais d'un point de vue moral et psychologique, il ne diffère en rien du militant politiquement correct d'aujourd'hui (ou du journaliste) pour qui la délation et la chasse aux sorcières représentent un devoir « citoyen » par excellence, voire une occupation à temps plein.

Quel que soit le contexte historique, il est donc probable qu'on rencontrera toujours des corbeaux, des délateurs et des âmes policières (quoique en proportion forcément très variable, selon que ce contexte encourage ou non ce genre d'attitudes) [**a**]. Et l'expérience montre, sans la moindre ambiguïté, que l'activisme de ces derniers – chaque fois qu'il a l'occasion politique de s'exercer – n'a jamais favorisé une seule fois les progrès de la liberté ou de la justice (bien que la bonne conscience inoxydable des pharisiens les assure toujours du contraire). C'est cette *transversalité historique* du vice et de la vertu qui explique, pour une part, qu'il y ait des leçons de l'histoire.

[**a**] Un signe qui ne trompe guère de l'amoralité croissante du contexte culturel libéral, c'est qu'autrefois beaucoup de délateurs professionnels agissaient de manière anonyme (et cela *même sous le régime de Vichy*). Aujourd'hui, au contraire, la plupart d'entre eux assument fièrement leur activité et ont même fondé des associations (quand ils ne sont pas tout simplement « journalistes » ou animateurs de sites internet).

[**B**]

[… *ce serait enfin* l'intellectuel qui tiendrait le fouet…]

Il faut souligner que, dès la fin des années 30, Orwell avait perdu toute illusion sur les vertus morales de la nouvelle intelligentsia de gauche : « Dans l'Angleterre d'aujourd'hui, le monde littéraire, ou en tout cas son élite, n'est qu'une sorte de jungle empoisonnée où seules les mauvaises herbes peuvent croître et prospérer. Il est possible d'être un homme de lettres et de rester quelqu'un de convenable (*to keep your decency*) si l'on choisit d'être un auteur résolument populaire – en écrivant, par exemple des romans policiers. Mais être un penseur patenté, avec un pied dans les revues qui donnent le ton, cela signifie tirer une quantité faramineuse de sonnettes et ne pas avoir peur de faire longuement antichambre. Dans le monde des maîtres à penser, on "réussit" moins par son talent littéraire que par son aptitude à hanter les cocktails et à baiser le derrière de vermineux petits lions » (*Le Quai de Wigan*). Maintenant que la télévision existe, nous voyons encore mieux de quoi Orwell voulait parler.

[**C**]

[...*bon sens des gens ordinaires*...]

Il y aurait beaucoup à dire sur l'importation dans le domaine des « sciences sociales » du concept bachelardien (lui-même souvent très simplifié) de « rupture épistémologique » – concept construit, au départ, pour rendre compte de la naissance des *sciences de la nature*. L'idée que le travail du sociologue universitaire consisterait, avant tout, à détruire – statistiques d'État à l'appui – les « illusions du sens commun » (il faut naturellement entendre par là le point de vue des classes populaires) mériterait ainsi d'être interrogée de plus près, surtout quand on sait que la plupart des études publiées dans ce cadre élitiste et platonicien (on songe, entre autres, aux œuvres immortelles d'un Laurent Mucchielli ou d'un Éric Fassin) ne relèvent, la plupart du temps, que de l'idéologie la plus plate [**1**]. Au nom de cette disqualification « méthodologique » de l'expérience vécue on pourrait, d'ailleurs, tout aussi bien soutenir que Tolstoï, Molière ou Balzac n'ont strictement rien à nous apprendre sur la société de leur temps puisque il est notoire qu'ils ne travaillaient pas à partir des tableaux statistiques de l'Insee ou des rapports du CNRS [**2**].

[**1**] Le signe le plus net du caractère essentiellement idéologique de cette sociologie militante – dont les « experts » tournent en boucle dans tous les circuits médiatiques – c'est que, quel que soit le problème de société que ses représentants entreprendront de traiter dans leur prochain ouvrage, nous savons déjà, *avant même de l'avoir lu*, quelle est la thèse « scientifique » qu'ils ne manqueront pas de défendre (personne n'imagine un Éric Fassin arriver, dans quelque domaine que ce soit, à une conclusion politiquement incorrecte). Thèse qui sera bien sûr présentée comme le résultat péniblement acquis d'un long travail d'« enquête sur le terrain ». De la même façon, du reste, que nous connaissons d'avance les grandes lignes du compte rendu enthousiaste que *Libération* ou *Le Nouvel Observateur* donneront de ces ouvrages non encore écrits (« une avancée remarquable dans le domaine des sciences sociales, et qui permet, au passage, de tordre définitivement le coup à certains mythes réactionnaires »). Une telle situation serait naturellement tout à fait inconcevable dans le cas d'un véritable travail scientifique (c'est-à-dire dans le cas d'un travail *où les réponses ne précèdent pas les questions*). Aucun physicien, par exemple, ne peut savoir à l'avance – tant que l'expérience n'a pas été conduite à son terme – si le Large Hadron Collider (l'accélérateur de particules du CERN) finira ou non par confirmer l'hypothèse du boson de Higgs.

[**2**] On retrouverait une situation analogue dans la « science » économique orthodoxe. Ce sont les mêmes procédés statistiques (fondés, dans les deux cas, sur la manipulation de chiffres officiels dont le sens concret n'est jamais interrogé) qui permettent au sociologue de gauche d'établir que le niveau scolaire monte (ou que le taux de délinquance baisse) et à l'économiste de droite que le niveau du chômage baisse (ou que celui du pouvoir d'achat monte).

QUESTION 7

Dans les sociétés occidentales, la gauche utilise très souvent l'accusation de « populisme » lorsqu'il s'agit de qualifier cette partie des classes populaires qui se laisserait « séduire » par les discours démagogiques nationalistes ou xénophobes. Quelle est selon vous la part de vérité de ce jugement ? N'est-ce que le signe d'un fossé irrémédiable entre le peuple et une gauche convertie au libéralisme culturel et à l'apologie des « différences », ou bien doit-on accepter l'idée selon laquelle la « culture de masse », source de conformisme, d'indifférence et de privatisation, a rendu une majorité des classes populaires, jadis fidèle à la gauche syndicale et politique, perméable aux rhétoriques d'exclusion ?

Dans *La Machine à explorer le temps*, H.G. Wells décrit les conséquences sur l'humanité future des antagonismes de classe, tels qu'il pouvait les observer dans l'Angleterre capitaliste de 1895. C'est ainsi qu'en 802 701 (c'est la date où l'action est censée se dérouler) l'unité de l'espèce humaine n'est plus qu'un lointain souvenir. À la surface de la terre vivent, à présent, les seuls *Éloïs* – ultimes descendants des classes dominantes de notre temps. Doux, hédonistes, oisifs, androgynes, indifférents à la culture passée et centrés sur eux-mêmes, ces Éloïs sont, au fond, les arrière-petits-enfants d'Adam Smith (ou, si l'on préfère, des lecteurs de *Libération*). Les descendants des prolétaires, en revanche, ont beaucoup plus mal tourné. Devenus les *Morlocks*, créatures immondes et sans pitié, ils logent désormais sous terre, ne quittant leurs sordides bas-fonds que pour venir terroriser les paisibles Éloïs. Il n'aura donc fallu qu'un siècle pour que la noire prophétie de Wells devienne notre horizon quotidien. De nos jours, en effet, les Morlocks s'appellent les *Beaufs*, les *Deschiens*, les *Groseille*, les

Bidochon ou les *Dupont Lajoie*, et ils suscitent, eux aussi, le dégoût et l'horreur sacrée des Éloïs modernes, autrement dit de la gauche libérale, de ses artistes bien pensants et de ses ligues de vertu « citoyennes » [1]. Le devenir-Morlock des classes populaires a même, à présent, un nom : c'est ce que les médias libéraux appellent, de façon unanime, la « tentation populiste » [**A**].

Passons sur la *haine de classe* que trahit cette image profondément négative du peuple (il suffit d'écouter un instant les sermons venimeux d'un Bernard-Henri Lévy – ou de n'importe quel autre représentant autoproclamé du « parti de l'intelligence » – pour retrouver aussitôt la sagesse éternelle de M. Thiers). Passons également sur l'incroyable travail de *falsification* journalistique et universitaire qui aura été nécessaire pour éradiquer, en deux décennies à peine, jusqu'au souvenir de la signification politique originelle du terme de « populisme » [**B**]. Il reste que cette entreprise de diabolisation médiatique renvoie à une vraie question. Celle-là même que Thomas Frank (partant de l'exemple du Kansas, ancien bastion du syndicalisme américain, tombé aux mains de la droite républicaine) avait soulevée, en 2004, dans un essai au titre volontairement provocateur : *Pourquoi les pauvres votent à*

1. Dans *Le Canard enchaîné* du 16 février 2011, Cabu dresse ainsi le portrait type du juré *populaire* tiré au sort, tel qu'il pourrait avoir scandaleusement son mot à dire sur la justice professionnelle qui s'exerce en son nom : « Impulsif, brutal, macho, corrompu, alcoolique, xénophobe, homophobe. » Aux yeux des élites, il est donc visiblement temps – pour reprendre la vieille plaisanterie de Brecht – de « dissoudre le peuple existant et d'en élire un autre ».

droite[1]. Cette question, à vrai dire, n'est pas nouvelle. D'une certaine manière, elle est aussi ancienne que le suffrage universel (on se souvient ainsi de l'incompréhension de Marx devant le vote paysan qu'il expliquait par « l'abrutissement de la vie des champs »). Et c'est encore elle qu'Orwell, devenu socialiste, allait retrouver sur son chemin au lendemain de la grande crise économique de 1929.

Comment expliquer – se demandait-il en effet – que l'échec désormais évident du système capitaliste (du moins lorsqu'il est privé des secours d'urgence de l'État et de ses contribuables) non seulement ne conduise pas l'ensemble des classes populaires à s'unir sous le drapeau du socialisme (lequel est pourtant « si conforme au bon sens le plus élémentaire que je m'étonne parfois qu'il n'ait pas déjà triomphé ») mais en précipite, au contraire, une partie importante dans les bras de la droite et du fascisme ? Or la réponse que donne Orwell est particulièrement intéressante. Loin de se réfugier, en effet, derrière l'habituelle *hypothèse Morlock* (la seule qui viendrait, de nos jours, à l'esprit d'un intellectuel

1. Agone, 2008 (le titre original américain est : *What's the Matter with Kansas ? How Conservatives Won the Heart of America*). Comme l'écrit Serge Halimi, dans sa remarquable préface, l'un des principaux mérites de l'ouvrage de Thomas Frank est « de nous éclairer sur l'identité, les ressorts, les tourments et le dévouement du petit peuple conservateur sans jamais recourir au registre du mépris que privilégient spontanément tant d'intellectuels et de journalistes à l'encontre de quiconque ne relève ni de leur classe, ni de leur culture, ni de leur opinion. Conjugué à une écriture empreinte d'ironie et qui récuse le prêchi-prêcha, ce genre d'"intelligence avec l'ennemi" donne au livre son charme et sa portée ».

de gauche ou de ce grand corps malade qu'est le monde des peoples et du showbiz), il propose, au contraire, d'en inverser radicalement le principe. Tous ceux– observe-t-il ainsi – « qui se sont un tant soit peu penchés sur le phénomène savent que le fasciste de base (*the rank-and-file fascist*) est bien souvent un individu animé des meilleures intentions, sincèrement désireux, par exemple, d'améliorer le sort des chômeurs. Plus significatif encore est le fait que le fascisme tire sa force aussi bien des *bonnes* que des mauvaises variétés de conservatisme [1] ».

Si tant de gens modestes (ouvriers, artisans, paysans, employés ou petits entrepreneurs) [2] en viennent ainsi à placer leurs espérances dans un mouvement politique fondamentalement pervers – et, de surcroît, aussi contraire à leurs intérêts véritables – il est donc grand temps d'admettre que « la faute en incombe

1. *Le Quai de Wigan.*

2. En 1892, Karl Kautsky reconnaissait déjà qu'il n'y avait « rien de plus lamentable que l'existence d'un petit industriel ou d'un petit paysan qui lutte contre la concurrence de la grande industrie. Ce n'est pas sans raison que l'on dit que les ouvriers salariés sont aujourd'hui en meilleure situation que les petits paysans ou les maîtres artisans » (*Le programme socialiste*, Les Bons Caractères, 2004, p. 37). En bon marxiste partisan du « développement infini des force productives », Kautsky demeurait toutefois persuadé qu'« à l'époque de la vapeur et de l'électricité » il était devenu « impossible de faire refleurir le métier et la petite exploitation paysanne » (p. 40). Nous savons, à présent, quel bénéfice politique la droite et le fascisme ont su tirer de cette incapacité des marxistes orthodoxes à comprendre le rôle historiquement *indépassable* des petites entreprises locales et régionales (qu'elles soient privées ou coopératives) dans une société socialiste décente et plurielle.

très largement aux socialistes eux-mêmes ». Et de fait – note Orwell – ces derniers, « l'œil rivé sur le fait économique (*with their eyes glued on economic facts*) ont toujours agi comme si l'homme n'avait pas d'âme et, de manière explicite ou implicite, lui ont proposé comme objectif suprême l'instauration d'une Utopie matérialiste ; grâce à quoi le fascisme a pu jouer de tous les instincts en révolte contre l'hédonisme [**C**] et une conception à vil prix du « progrès » ». Autrement dit, ce n'est pas tant dans la noirceur morale d'une partie des classes populaires (ou dans leur « manque d'instruction ») qu'il faut chercher les véritables raisons de la montée de l' « extrême droite » [1]. C'est plutôt, à l'inverse, dans la *réaction d'indignation* de ces classes populaires envers un mouvement politique et intellectuel qui, au nom de la « science », de la « modernité » et de l'évolution « naturelle » des mœurs, se propose de détruire (du moins en ont-elles l'intime conviction) l'ensemble des vertus et des traditions morales auxquelles elles sont attachées – à commencer, souligne Orwell, par leur foi religieuse, leur sens de l'effort personnel et leur patriotisme) [**D**].

C'est donc à nouveau la question décisive des rapports entre la *common decency* et l'action politique qui se trouve ici posée. Et nous avons vu qu'elles étaient

1. On connaît la plaisanterie de Jamel Debouzze. « Un électeur du Front national, c'est un ancien électeur du parti communiste qui a été cambriolé trois fois. » D'un point de vue orwellien, il y a sans doute plus d'intelligence et de vérité dans cette boutade que dans l'ensemble des travaux de la « politologie » universitaire.

les données du problème. D'un côté, la *common decency* constitue bien le seul point de départ légitime des révoltes populaires contre un « monde sans limites » (Jean-Pierre Lebrun) dont toutes les boussoles philosophiques sont aimantées vers la recherche cynique du profit privé et l'apologie corrélative de toutes les transgressions morales. Mais, de l'autre, cette *common decency* ne peut devenir le véritable principe actif d'un projet socialiste qu'une fois reprise sur un plan politique et *développée* sous une forme universelle, c'est-à-dire sous une forme que tous les peuples de la Terre puissent réellement s'approprier. Or si, pour telles ou telles raisons, cette entreprise de développement politique de la *common decency* (ou d'universalisation critique) se trouve philosophiquement *enrayée* (comme c'est, par exemple, le cas dans les communautés qui choisissent de se refermer intégralement sur elles-mêmes), il peut devenir très facile à une droite autoritaire (ou simplement à une droite habile à communiquer – le temps d'une d'élection – sur la « défense des valeurs traditionnelles ») de récupérer *à son seul profit* l'indignation morale spontanée des classes populaires en lui assurant (moyennant la désignation des boucs émissaires appropriés – de l'étranger au fonctionnaire en passant par le Juif ou l'intellectuel) une traduction politique contraire aux intérêts de ces classes, voire, comme dans le cas du fascisme, intrinsèquement *perverse*.

Cette instrumentalisation purement politicienne du sentiment moral des classes populaires apparaît d'autant plus facile à mettre en œuvre qu'elle trouve paradoxalement son point d'appui le plus solide dans l'incapacité constitutive de toute gauche « progressiste » d'accorder la moindre valeur philosophique à la notion de décence commune. Soit parce que dans sa version ancienne (celle du « socialisme scientifique ») elle est conduite à défendre l'idée que « bien agir ne consiste pas à obéir à sa conscience, ni à un code moral traditionnel, mais à faire avancer l'histoire dans la direction qui est déjà la sienne [1] ». Soit parce que dans sa version moderniste (le libéralisme politique et culturel) elle considère les montages normatifs de la *common decency* et du sens commun comme autant de préjugés « réactionnaires » et « archaïques » qui seront, de toute façon, inévitablement « déconstruits » par le mouvement « naturel » de la globalisation capitaliste et de l'évolution des mœurs [**E**]. Dans les deux cas, le résultat est identique. En sapant à la base toute possibilité de légitimer un quelconque jugement moral (et, par conséquent, en refusant simultanément de comprendre l'*usage populaire* des notions de mérite et de responsabilité individuelle), la gauche progressiste se condamne inexorablement à livrer à ses ennemis de droite des pans entiers de ces classes populaires qui ne demandaient pourtant, *à leur manière*, qu'à vivre honnêtement dans une société décente [**F**]. « Il est donc trop facile – conclut Orwell – de rayer d'un trait de plume le fascisme en parlant de « sadisme de masse » ou en recourant à toute autre formule facile du même acabit [...]. La seule démarche possible, c'est

1. *Editorial to Polemic*, mai 1946. C'est la thèse défendue par le célèbre scientifique stalinien J.D. Bernal (« ce qui est politiquement efficace est moralement juste ») qui est ici visée par Orwell.

d'ouvrir le débat sur le fascisme, *d'entendre ses arguments*, et ensuite de proclamer à la face du monde que tout *ce qu'il peut y avoir de bon dans le fascisme* est aussi implicitement contenu dans le socialisme [1]. » Il est certain qu'une conclusion aussi hérétique scandalisera, de nos jours, les innombrables « Vigilants » dont la chasse aux Morlocks est devenue le fonds de commerce attitré et la clé de leur existence médiatique.

C'est pourtant ce souci obstiné de retrouver les fondements moraux oubliés du socialisme originel (et du bon sens qui en découle) qui conduira, en 1937, George Orwell à affronter le fascisme réel *les armes à la main* [2]. Quand tant d'autres, aujourd'hui, se

1. *Le Quai de Wigan*. À ceux qui s'étonneraient, aujourd'hui, de cette proposition d'Orwell, on pourra renvoyer, entre autres témoignages d'une époque disparue, à la conférence organisée en septembre 1898 par Sébastien Faure (l'un des premiers anarchistes à avoir pris la défense de Dreyfus). « Mes conférences – prévenait-il ainsi – sont toujours contradictoires. J'invite tout spécialement à celles-ci et pour y prendre la parole si bon leur semble, les *nationalistes* et les *antisémites*. S'ils ont confiance en leurs affirmations, qu'ils viennent les soumettre à la discussion publique » (Cf. Jean-Marc Izrine, *Les Libertaires dans l'affaire Dreyfus*, Alternative libertaire/Le Coquelicot, 2004, p. 24). On imagine ce que serait aujourd'hui la réaction d'un éditorialiste de la presse hebdomadaire devant une telle proposition. C'est à ce genre de détail qu'on peut mesurer ce qu'a été l'« évolution naturelle des mœurs » en matière de débat politique et de liberté d'expression (et ce qu'un homme de gauche moderne appelle le « progrès »).

2. « Si vous m'aviez demandé pour quelle raison je m'étais engagé dans les milices, je vous aurais répondu : "pour combattre le fascisme", et si vous m'aviez demandé pour quel idéal positif je combattais, je vous aurais répondu : "*common decency*" » (*Hommage à la Catalogne*, appendice 1).

contentent de bomber le torse devant un fascisme *imaginaire* sous l'œil complaisant de la classe médiatique et de ses « éditorialistes » interchangeables.

Quant à la question des effets politiques que la « culture de masse » pourrait avoir sur les classes populaires, elle est assurément centrale à partir du moment où l'on a admis que le capitalisme n'était pas seulement un système économique mais qu'il constituait, en réalité, un « fait social total » (pour reprendre le terme de Marcel Mauss) dont les principes ont fini par irradier toutes les sphères de l'existence humaine. De fait, l'imposition délibérée, dans l'Amérique des années 20, d'une nouvelle manière de vivre fondée sur la consommation (ce qui incluait l'*obsolescence programmée* – initiée, en 1925, par le cartel des fabricants d'ampoules électriques – de toutes les marchandises produites), le crédit, et le mouvement perpétuel de la mode et du spectacle, ne doit pas être comprise comme une simple réponse économique à la nécessité de trouver des débouchés intérieurs à la production industrielle de masse. En réalité, comme Stuart Ewen l'avait établi il y a déjà plus de trente ans [1], il s'agissait *tout autant*, dans l'esprit des hommes d'affaires libéraux et des premiers théoriciens du marketing, de construire une alternative politique crédible au « bolchevisme » alors menaçant (France A. Kellor, 1919) et d'imposer aux travailleurs américains « l'abandon de toute pensée de classe » (Edward Filene, 1931).

---

1. Stuart Ewen, *Consciences sous influence. Publicité et genèse de la société de consommation*, Aubier, 1983 (l'édition américaine est parue en 1977).

Du reste, Edward Bernays (neveu de Freud et « père fondateur des relations publiques modernes », selon le jugement d'Ewen) avait, dès 1928, énoncé sans fioritures les principes stratégiques de cette *révolution culturelle libérale*. « Si nous comprenons – écrivait-il – les mécanismes et les mobiles propres au fonctionnement de l'esprit de groupe, il devient possible de contrôler et d'embrigader les masses selon notre volonté et sans qu'elles en prennent conscience [1]. » Or le principal obstacle moral et culturel que rencontrait ce programme de contrôle politique des masses populaires par la consommation et le divertissement n'était évidemment pas le mode de vie déjà « libéré » des nouvelles élites urbaines de la côte Est. C'était le fait – comme le rappelle Stuart Ewen – que « les structures familiales traditionnelles, les styles de vie ruraux, les codes éthiques des immigrés, avaient largement façonné les attitudes des classes laborieuses en Amérique ; elles donnaient traditionnellement un sens à leurs expressions esthétiques, progressivement empreintes d'un mélange d'autonomie, d'esprit communautaire, de culture populaire spécifique, de prudence ménagère, dans un vécu fait de liens sociaux et d'expériences personnelles [2] ». L'imposante croisade médiatique et publicitaire destinée à encourager le nouveau mode de vie capitaliste (dont le mythe de la réussite individuelle et celui du *rôle symbolique dirigeant de*

---

1. Sur le rôle clé de Bernays dans le développement de la société libérale moderne, on se reportera à l'essai de Dany-Robert Dufour, *Le Divin Marché. La révolution culturelle libérale* (Denoël, 2007).

2. Stuart Ewen, *Consciences sous influence*, *op. cit.*, p. 69.

la jeunesse étaient, dès cette époque, des rouages essentiels)[1] avait donc pour corollaire logique l'éradication préalable de ces cultures populaires autonomes et des habitudes de sobriété et de solidarité qui en constituaient encore le support anthropologique.

Le problème c'est que cet appel à liquider *en bloc* les modes de vie de l'Amérique populaire (ou « profonde ») était précisément celui que la gauche progressiste américaine liée aux nouvelles classes moyennes « intellectuelles » (la « minorité civilisée » comme elle se définissait fièrement elle-même)[2] avait décidé, au

1. « Le psychologue publicitaire J.B. Watson avait cautionné cette stratégie par l'argument suivant : si les enfants étaient élevés sur le mode "libéral" qui caractérisait le monde moderne et industriel, alors les grandes sociétés seraient en mesure d'intervenir dans la définition et les valeurs de la culture familiale. Il rejetait la "licence du libertin" (c'est-à-dire les attitudes autonomes par rapport à la réalité industrielle) et voulait éduquer les enfants selon les catégories de la vie moderne. Il pensait ainsi circonvenir les parents qui ne se montraient pas à la hauteur des exigences du processus industriel [...]. Alfred Poffenberger, psychologue très écouté des publicitaires, leur recommandait de s'adresser directement aux enfants. Ayant l'expérience des "difficultés considérables qu'on rencontre lorsqu'on s'attaque aux habitudes" des adultes, il insistait sur "l'importance qu'il y avait à *faire passer l'innovation par le truchement des enfants*" » (Stuart Ewen, *Consciences...*, *op. cit.*, p. 145. Signalons que les textes de ces précurseurs américains de Philippe Meirieu ont été écrits en 1925).

2. Les partisans de la nouvelle gauche progressiste (ou « minorité civilisée ») affirmaient ainsi « que *rompre avec le passé* était la condition préalable à l'avancée culturelle et politique. Le fait que les Américains refusaient de franchir le pas témoignait de l'arriération et de l'immaturité du pays, de sa haine de la liberté artistique, de sa crainte des idées nouvelles, de son intolérance à l'égard de tout ce qui mettait en question les

même moment, d'inscrire sur tous ses drapeaux (drapeaux qui flottaient tous, inutile de le préciser, dans « le sens de l'Histoire »). L'ironie de la chose – observe Stuart Ewen – « c'est donc que le capitalisme trouva dans ces discours qui souvent lui étaient hostiles les pierres qui devaient lui permettre de construire un monument à sa propre gloire. Il ne faut pas prendre à la légère ce que disaient les hommes d'affaires dans les années 20, à savoir que fabrication et consommation de masse étaient seules capables de conjurer la peur lancinante du "bolchevisme" et de tout ce qu'on y associait hâtivement. Dans l'idéologie des patrons de cette époque, les biens étaient vendus sur le marché à un public qui maniait le jargon "libertaire" et "démocratique" et qu'on entendait surtout chez ceux qui menaient l'attaque contre le patronat et l'économie de marché. *De telle sorte qu'on associait le mouvement de libération à celui de la croissance et au processus de commercialisation à grande échelle qui s'ensuivait* [1] ».

Il ne fait donc aucun doute que la volonté politique délibérée de contrôler le « temps de cerveau disponible » par la propagande publicitaire et l'industrie du divertissement (contrôle qui, de nos jours, est

---

anciennes manières, de son obsession puritaine pour la liberté sexuelle, et, pire que tout, de sa méfiance envers les intellectuels [...]. La démocratie, telle qu'ils la comprenaient, signifiait le progrès, l'émancipation intellectuelle, et la liberté personnelle, pas le gouvernement du peuple par lui-même. Le gouvernement du peuple par lui-même était manifestement incompatible avec le progrès » (Christopher Lasch, *Le seul et vrai paradis*, Flammarion, 2002, p. 516).

1. Stuart Ewen, *Consciences sous influence*, *op. cit.*, p. 194.

réellement devenu *totalitaire*) a joué un rôle important dans l'atomisation des catégories populaires et le déclin corrélatif de leur conscience de classe (même si ce déclin et cette atomisation trouvent leurs causes parallèles dans la destruction organisée des quartiers traditionnels [1] et dans la standardisation capitaliste du travail, destinée à remplacer l'ancienne logique du *métier* – qui protège encore, dans certaines limites, l'autonomie du travailleur – par celle de l'*emploi*, que le nouveau « management » libéral peut restructurer à sa guise en fonction du seul critère de profit maximal) [**G**]. Pour autant, rien ne permet d'affirmer que ces catégories populaires (si on met à part le cas très spécifique du *lumpenproletariat*) seraient globalement plus aliénées par la culture de masse que les nouvelles classes moyennes ou l'intelligentsia médiatique et universitaire (c'est même parmi ces dernières, comme on le sait, que les mythologies du « nomadisme » et du « village global » – mythologies qui sont au cœur de la *world culture* – trouvent, d'ordinaire, leurs partisans les plus convaincus et les plus naïfs). Et, d'autre part, nous avons vu que c'est justement la conversion moderne de la gauche au libéralisme politique et culturel des nouvelles classes moyennes – classes dont la culture *mainstream* diffuse désormais en continu l'imaginaire aliéné – qui explique, en grande partie,

1. Sur les transformations sociales et politiques induites par l'urbanisation libérale (et particulièrement sur le développement de l'*idéologie parisienne*), on lira avec profit l'ouvrage de Jean-Pierre Garnier, *Un violence éminemment contemporaine. Essais sur la ville, la petite bourgeoisie intellectuelle et l'effacement des classes populaires* (Agone, 2010).

la désaffection croissante des classes populaires à son endroit – que cette désaffection se manifeste à présent sur le mode de l'abstention électorale ou sur celui du vote pour les partis de droite et d'extrême droite [1].

Ce n'est donc pas tant le peuple qui serait, à la longue, devenu infidèle à la gauche traditionnelle et à ses organisations syndicales sous l'effet irrésistible de la culture de masse (c'est, du reste, dans la jeunesse, *moment de la vie* le plus exposé à cette culture aliénante, que la gauche contemporaine trouve précisément ses bataillons les plus enthousiastes et les plus manipulables). En réalité, c'est bien la gauche elle-même qui a choisi, vers la fin des années 70, d'abandonner à leur sort les catégories sociales les plus modestes et les plus exploitées en se voulant désormais « réaliste » et « moderne », c'est-à-dire en renonçant par avance à toute critique radicale du mouvement historique qui, depuis maintenant plus de trente ans, ensevelit l'humanité sous « une immense accumulation de marchandises » (Marx) et transforme la nature en désert de béton et d'acier. De toute évidence, Billancourt ne s'est pas désespéré tout seul [**H**].

1. C'est ce qu'on pourrait appeler le « principe d'Audiard », en souvenir de sa célèbre déclaration : « Moi, c'est la gauche qui me rend de droite. » Quant au principe complémentaire, il avait déjà été formulé, de façon prophétique, par l'un des personnages du regretté Reiser (dans l'un de ses derniers albums) : « Moi, c'est la haine du peuple qui me fera voter, un jour, à gauche. »

Scolies 7

[**A**]

[... *la tentation populiste*...]

Dans le catéchisme libéral, et par conséquent dans celui du journalisme moderne, il existe trois tentations majeures : la « tentation totalitaire », la « tentation protectionniste » et la « tentation populiste ». La liste de ces péchés mortels ne doit rien au hasard. Si nous supposons, en effet, que la société libérale est la moins mauvaise possible, toute critique de son idéologie ne peut reconduire qu'au pire, c'est-à-dire à une forme ou une autre de l'enfer totalitaire (« on a déjà vu, dans le passé, où menait ce genre de propositions sur la nationalisation des banques »). Or la société libérale se fonde officiellement sur deux piliers. D'un côté, la « concurrence libre et non faussée », dont toute limitation réintroduirait, par définition, un certain degré de protectionnisme [**1**]. Et de l'autre, l'État représentatif, qui repose sur la professionnalisation de l'activité politique et dont la souveraineté directe du peuple – ou démocratie –

impliquerait forcément la remise en cause. Il est donc compréhensible que les néojournalistes aient docilement intériorisé ces trois interdits fondamentaux, c'est-à-dire qu'ils aient renoncé – probablement au nom de leur « éthique » professionnelle – à critiquer les fondements mêmes de l'ordre capitaliste qui les emploie. Pour le reste, entièrement libres de se répartir entre les sensibilités complémentaires de TF1 et de Canal Plus, ces néojournalistes pourront théoriquement « débattre » de tout – qu'il s'agisse des mères porteuses, de la légalisation du cannabis ou des moyens de « relancer la croissance » (sous réserve, bien entendu, qu'aucune ligue de vertu n'ait déjà obtenu la criminalisation *a priori* de certaines opinions concernant ces sujets). Seuls pourront varier l'heure à laquelle ces « débats » seront programmés (dans une société libérale moderne, les enfants doivent, bien entendu, être protégés dès leur plus jeune âge contre tout ce qui menacerait de favoriser leur intelligence critique) et le nombre de coupures publicitaires qui devront interrompre le raisonnement des protagonistes (au cas où l'animateur ne s'en chargerait pas lui-même).

[**1**] Il aura ainsi suffi à Maurice Allais (seul Français à avoir jamais reçu le « prix Nobel » d'économie – ce qui, pour des journalistes modernes, aurait dû, théoriquement, être une référence) de réhabiliter l'hypothèse protectionniste (tout comme celle de la sortie de l'euro) pour se voir aussitôt fermer les portes de tous les médias officiels (comme il s'en est, du reste, lui-même plaint dans ses derniers écrits). On en appréciera d'autant mieux l'humour très particulier d'un Alain Guédé (*Le Canard enchaîné* du 6 avril 2011) qui

– afin de délégitimer d'avance tous ceux qui pourraient être tentés de reprendre à leur compte cette critique de la mondialisation et du laisser-faire – s'abrite curieusement derrière le fait imparable que Maurice Allais « mort en 2010, ne répliquera pas » (il suffisait pourtant à Alain Guédé d'ouvrir n'importe lequel des livres de Maurice Allais – tâche visiblement au-dessus de ses pauvres forces – pour découvrir par lui-même ce que ce dernier aurait pu « répliquer »). En somme, vivant ou mort, un critique du capitalisme devrait toujours avoir l'élégance de rester silencieux. Henri Jeanson et Morvan Lebesque doivent certainement se retourner dans leurs tombes.

[**B**]

[… *la signification politique originelle du terme de « populisme »*…]

Il suffit de relire l'ouvrage polémique que Lénine leur consacrait en 1894 (*Ce que sont les « amis du peuple » et comment ils luttent contre la social-démocratie*) pour comprendre aussitôt l'intérêt philosophique des populistes russes. En rejetant le déterminisme historique et la « théorie des stades » de Marx (dont ils acceptaient, en revanche, l'analyse du capitalisme), ils permettaient non seulement de penser l'alliance révolutionnaire des ouvriers et des paysans sur une base beaucoup plus solide (et beaucoup plus égalitaire) que celle imposée par les bolcheviks, mais également de remettre en question, dès la fin du XIXe siècle, une partie des mythologies de la croissance et de l'industrialisation forcenée du monde, auxquelles

Lénine, pour sa part, adhérait sans réserve. (Sur l'histoire du populisme russe au XIXe siècle, l'ouvrage de référence reste celui de Franco Venturi, *Les Intellectuels, le Peuple et la Révolution*, Gallimard, 1972.)

Quant au mouvement populiste américain, fondé sur l'alliance privilégiée des ouvriers d'usine et des petits fermiers indépendants, il se proposait de remplacer le « gouvernement de Wall Street, par Wall Street et pour Wall Street » – selon la formule de Mary Elisabeth (1850-1933) [**1**] – par le « gouvernement du peuple, par le peuple et pour le peuple ». On comprend qu'un programme aussi irréaliste et démagogique puisse encore donner aujourd'hui la chair de poule à tous les « politologues » officiellement chargés de désinformer le grand public. Sur la façon dont ce mouvement populaire radical a marqué en profondeur l'ensemble de la culture démocratique américaine – notamment chez Martin Luther King – on se reportera à l'ouvrage fondamental de Christopher Lasch, *Le seul et vrai paradis*, Flammarion, 2002).

Soulignons enfin qu'il existe toujours, en France, un *prix populiste* (fondé en 1929 par André Thérive et Léon Lemonnier et dont le jury actuel comprend, entre autres, François Cavanna, Georges Wolinski et Gérard Mordillat). Parmi les lauréats qui ont été légitimement récompensés par ce prix, figurent, entre autres, Jules Romains, Jean-Paul Sartre, Louis Guilloux et Jean-Pierre Chabrol. Nul doute que les « politologues » officiels (Pascal Perrineau et Dominique Reynié en tête) sauront reconnaître dans cette liste de lauréats le visage éternel de la bête immonde.

[**1**] À en croire les « politologues » libéraux contemporains, l'un des traits constitutifs de l'abject mouvement populiste serait toujours l'existence d'un *führer* charismatique et patriarcal. Or non seulement le mouvement populiste américain n'a jamais connu ce type de figure, mais il comptait, au contraire, parmi ses dirigeants les plus populaires des militantes *féministes* (à l'image, précisément, de Mary Elizabeth).

[**C**]

[... *en révolte contre l'hédonisme*...]

Chez Orwell, l'hédonisme désigne toujours une idéologie de la « jouissance » (et non du plaisir, pour reprendre la distinction lacanienne). À ses yeux, la grande faiblesse de cette idéologie (qui allait, quelques décennies plus tard, submerger définitivement la gauche traditionnelle) était justement d'ignorer le véritable travail du désir, c'est-à-dire *l'effort* que chaque sujet doit déployer pour persévérer dans son être, en construisant sa propre réponse singulière au manque structural qui définit la condition humaine (« être humain – écrivait-il – consiste essentiellement à ne pas rechercher la perfection »). Il n'y a donc aucune trace de puritanisme dans cette critique permanente de l'hédonisme par Orwell, pas plus que dans sa célébration parallèle de l'effort (ou du *conatus*, si l'on préfère Spinoza). On peut même dire que son analyse armait préventivement les individus contre ce capitalisme de consommation (ou cette société du spectacle) qui, en instrumentalisant la « jouissance », allait déferler sur l'Europe occidentale au lendemain de la Seconde Guerre mondiale.

[**D**]

[… *et leur patriotisme*…]

« Le fascisme est dépeint comme une manœuvre de la classe dirigeante, ce qu'il est effectivement en substance. Mais ceci explique uniquement l'attirance que le fascisme peut exercer sur les capitalistes. Que dire des millions de gens qui ne sont pas des capitalistes, qui, sur le plan matériel, n'ont rien à attendre du fascisme, qui bien souvent s'en rendent parfaitement compte, et qui pourtant sont fascistes ? De toute évidence, leur choix est purement idéologique. S'ils se sont jetés dans les bras du fascisme, c'est uniquement parce que le communisme s'est attaqué, ou a paru s'attaquer, à des valeurs (patriotisme, religion) qui ont des racines plus profondes que la raison économique. En ce sens, il est parfaitement exact que le communisme fait le lit du fascisme. Il est navrant que les communistes s'obstinent à sortir des lapins économiques de chapeaux idéologiques » (Orwell, *Le Quai de Wigan*).

[**E**]

[… *l'évolution des mœurs*…]

Il convient de remarquer qu'il existe désormais, dans l'arsenal de la gauche progressiste et libérale, une position de repli rhétorique assez curieuse et vraisemblablement réservée aux cas d'urgence électorale. Lorsque, par exemple, l'écœurement qui s'empare des gens ordinaires devant l'indécence et l'arrogance des élites capitalistes devient trop difficile à disqualifier sur le mode universitaire habituel (cette déconstruction ironisante de la morale et des « bons sentiments » qui demeure l'un des exercices favoris de la caste des lettrés ou de la presse « branchée »), il reste encore possible d'en désamorcer les effets critiques en réinscrivant cette protestation éthique dans le cadre politiquement correct d'une *idéologie morale*. Le sentiment de colère et d'indignation des classes populaires – sentiment qui est, par définition, spontané – peut alors tranquillement céder la place à un *mot d'ordre « citoyen »* (indignez-vous !), voire à une simple posture idéologique génératrice d'une bonne conscience à toute épreuve (ce qui donne alors tout son sens à la formule de Nietzsche selon laquelle « nul ne ment autant qu'un homme indigné ») [**1**]. Les plus fanatiques (ou les plus tartuffes) pourront même pousser cette professionnalisation des sentiments [**2**] jusqu'à organiser triomphalement des *fêtes de l'indignation* (à quand des « fêtes de l'écœurement » ?) afin de briser définitivement tous les liens qui pourraient encore subsister entre cette « indignation citoyenne » et la colère morale spontanée des gens ordinaires. Sur ce concept de « fêtes de l'indignation » – probablement sorti du cerveau fatigué d'un publicitaire ou d'un « artiste » citoyen (et qui aurait forcément enchanté Philippe Muray) – on lira l'excellent article d'Éric Conan (« L'indignation : toujours nécessaire, jamais suffisante ») dans *Marianne* du 1er janvier 2011).

[**1**] Sur l'idée que la morale ne peut pas commander des sentiments mais seulement des conduites, il n'y a pas grand-chose à ajouter à l'analyse que donnait Kant du « aimez-vous les uns les autres » évangélique (cf. *Fondements de la métaphysique des mœurs*). Žižek a, du reste, clairement établi que l'« obligation » signifiée à un sujet d'éprouver tel ou tel sentiment particulier ne pouvait définir qu'une injonction du surmoi pré-œdipien (et certainement pas une « loi symbolique » ou un impératif éthique) [**a**].

[**a**] Le dernier ouvrage de Stéphane Hessel (qui a visiblement compris toutes les ficelles du marketing) a pour titre *Engagez-vous !* Mais, cette fois-ci, l'usage de l'impératif est parfaitement légitime (l'engagement étant bien un acte volontaire). Même si on peut trouver la formule un tantinet militariste sous la plume d'un « citoyen sans frontières ».

[**2**] On songe au statut professionnel des « pleureuses » dans certaines sociétés traditionnelles.

[**F**]

[... *dans une société décente*...]

C'est sur la question de la délinquance que le *parti du mouvement et de la transgression* trouve, depuis l'origine, ses limites morales les plus évidentes (pour le plus grand bonheur, cela va sans dire, des habiles communicants de la droite libérale). Du point de vue du libéralisme culturel il est, en effet, philosophiquement impossible d'établir qu'il serait *en soi immoral*, par exemple, de voler ses voisins ou de spéculer avec leur argent (on connaît la célèbre pétition des « lettristes de gauche » en 1953 : « plusieurs de nos camarades sont en prison pour vol. Nous nous élevons contre des peines infligées à des personnes qui ont pris conscience qu'il ne fallait absolument pas travailler ») [**1**]. Il est intéressant de comparer ce positionnement structural de la gauche libérale et progressiste (dont on connaît, du reste, la fascination constitutive pour le *lumpenproletariat*) à la nouvelle constitution que s'est donnée la Bolivie révolutionnaire d'Evo Morales. L'article 8 de cette dernière (en accord avec le *suma qamaña* et les valeurs indigènes traditionnelles) précise, en effet, que l'État socialiste « assume et défend en tant que principes éthiques et moraux de la société plurielle le "ne sois pas lâche" et le "ne sois pas menteur et voleur" » (cf. *La Décroissance*, décembre 2010). Il doit certainement être très difficile à un lecteur de *Libération* de ne pas voir dans cette invitation politique à l'honnêteté l'exemple même d'une démarche réactionnaire ou fascisante (en un mot « populiste ») [**2**].

[**1**] De nos jours encore, l'un des pamphlets les plus régulièrement réédités par l'extrême gauche libérale est celui du « rebelle » américain Robert C. Black, *Travailler, moi ? Jamais !* On remarquera que cet appel élitiste à vivre aux crochets d'autrui (car c'est, en définitive, ce à quoi conduit pratiquement la décision infantile de n'accepter de contribuer à l'effort collectif que si la tâche demandée – par exemple faire le ménage ou la vaisselle – à la forme d'un « jeu » distrayant) [**a**] a fini par connaître, en 1996, son développement moral logique. Robert C. Black est ainsi devenu l'un des indicateurs de la police de Seattle, dénonçant notamment ses propres « amis » Jim et Heidi Hogshire pour une sombre histoire de trafic de drogue (un « détail » dont beaucoup d'éditeurs jugent généralement inutile d'informer ses lecteurs).

[**a**] On a presque oublié, aujourd'hui, à quel point – dans les années qui avaient suivi Mai 68 – la *fauche* était considérée par la jeunesse bourgeoise « contestataire » comme un geste émancipateur et révolutionnaire (la librairie Maspero allait l'apprendre à ses dépens). Et, de toute évidence, ce n'est pas le chômage – ou la « discrimination » – qui aurait pu expliquer ici un tel désir de transgression de la part de ces jeunes privilégiés. Contrairement aux clichés misérabilistes de la sociologie d'État, il est clair que la délinquance a *aussi* des conditions psychologiques et culturelles.

[**2**] Notons que les anciens Grecs avaient pressenti, à leur manière, la nature profonde de ce qui unirait, des siècles plus tard, toutes les composantes philosophiques (de droite comme de gauche) du libéralisme développé. Hermès n'était-il pas, à la fois, le dieu des voleurs, des

marchands et de la communication ? En ce sens, on pourrait dire que le capitalisme moderne est une société *hermétique*.

[**G**]

[... *critère de profit maximal...*]

Dans la mesure où la maîtrise d'un *métier* suppose, par définition, un apprentissage très long et l'acquisition d'une expérience spécifique (que ce soit celle de l'imprimeur, du menuisier, du médecin ou du professeur de mathématiques), elle confère toujours à ceux qui le pratiquent la possibilité d'exercer un véritable contrôle sur tout le cycle de leur activité et de disposer ainsi d'une large autonomie. C'est précisément cette autonomie – et le savoir-faire sur lequel elle repose – que le Capital a perçue, dès l'origine, comme un obstacle majeur à son emprise totale sur les travailleurs qu'il employait à son service [**1**]. Depuis Frederick Taylor (à la fin du XIXe siècle) l'objectif de l'entreprise capitaliste a donc toujours été de la réduire au maximum, d'abord en séparant, pour chaque activité professionnelle, les tâches de conception et d'exécution (l'ancien ouvrier de métier devenait dès lors *dépendant* du bureau d'études et du bureau des méthodes) ; ensuite en s'efforçant de décomposer ces tâches d'exécution en autant de gestes simples et chronométrés dont l'accomplissement pouvait se prêter à un contrôle précis par l'encadrement et les contremaîtres, et qui n'exigeait plus que des compétences générales (ou qui, du moins, pouvaient être acquises en un temps limité).

Cette nouvelle forme d'organisation du travail (la chaîne de montage en est le symbole historique mais l'informatisation des tâches produit aujourd'hui des effets comparables) ne permettait cependant pas de régler tous les problèmes rencontrés par Taylor. Elle laissait, en effet, aux travailleurs – même dépossédés de leur ancienne culture de métier – la possibilité d'agir encore de façon solidaire et de faire politiquement front lorsque leur dignité collective était en jeu. C'est pourquoi l'étape suivante du processus de standardisation du travail – franchie au cours des années 70 (avec la CFDT dans le rôle de l'idiot utile) – consistera à déléguer aux travailleurs eux-mêmes (travailleurs dont l'autonomie avait déjà été considérablement réduite, même si, paradoxalement, ils étaient souvent plus *diplômés* que leurs prédécesseurs) le soin d'« autogérer » leur propre exploitation et de devenir, en quelque sorte, leurs propres contremaîtres. À cette fin, chaque collectif de travail (l'ensemble étant désormais organisé *en réseau*) était invité à définir lui-même son « projet » et ses « objectifs » et à entrer ainsi, pour les réaliser, en compétition avec tous les autres. Avec cette nouvelle manière de diriger l'entreprise – fondée sur la mise en concurrence systématique de tous les travailleurs – la classe dominante espérait substituer définitivement l'« esprit d'équipe » (dont la célébration est désormais au cœur de toutes ses propagandes) à l'ancienne conscience de classe [**2**].

C'est donc dans le cadre de ce « nouveau management » que l'ouvrier de métier [**3**] – dont l'autonomie et le savoir-faire avaient longtemps permis de créer des *valeurs d'usage de qualité* – doit progressivement céder la place au *prolétaire intégral* (qu'il soit en col bleu ou en col blanc) dont l'activité à présent interchangeable (sur fond d'« évaluation » permanente par sa hiérarchie) n'a plus d'autre but que de générer de la *valeur d'échange* (de « faire du chiffre », selon l'expression consacrée), c'est-à-dire de dégager le plus grand profit possible pour ceux qui l'emploient (profit que l'entrepreneur contemporain devra à son tour apprendre à partager avec ses propres actionnaires ou ses « donneurs d'ordre »). Naturellement, à partir du moment où le travail en vient ainsi à se réduire – pour l'essentiel – à une pure dépense abstraite d'énergie physique ou nerveuse au service de l'entreprise (il restera toujours, bien sûr, une élite scientifique et technicienne, formée dans les « grandes écoles » et dont l'économie de marché ne peut se passer, quitte à en prélever une partie – financièrement moins exigeante – parmi les diplômés que réussissent à former les pays pauvres ou « émergents »), il change inévitablement de forme et de signification. C'est alors seulement que nous quittons définitivement la logique du *métier* (le travail concret qui produit des valeurs utiles) pour entrer peu à peu dans celle de l'*emploi* (le travail abstrait qui produit des valeurs d'échange) – logique de l'emploi dont l'ensemble des partis de gauche (et la plupart des syndicats) ont d'ailleurs intériorisé depuis longtemps le caractère à la fois « moderne » et « inéluctable ».

C'est d'abord à la lumière de cette transformation du métier en emploi (lequel – du fait de son « abstraction » constitutive – n'est plus, en réalité, qu'un *job*, un *taff* ou un *boulot*) que nous pouvons comprendre la logique qui gouverne l'évolution des conditions de travail à l'ère du capitalisme mondialisé. À la différence du métier (fondé sur l'autonomie relative du travailleur spécialisé), l'emploi moderne est, en effet, condamné à devenir *flexible* et *précaire*, puisque tout le monde (ou presque) peut désormais être remplacé *à n'importe quel moment* – sur son « poste » éjectable – *par n'importe qui* (au besoin après un stage de formation accéléré), et cela d'autant plus que ce n'importe qui sera disposé à « travailler plus » ou à gagner moins. Il tend également à devenir psychologiquement épuisant (même là où il ne demande pas d'effort physique particulier) dans la mesure où, par définition, il se voit progressivement privé de tout sens humain pour celui qui l'exerce (sauf à être un drogué du travail, un jeune loup ambitieux ou un pervers qui ne s'épanouit que dans la *rivalité mimétique*). Enfin, la substitution d'une logique de l'emploi à celle du métier offre au système capitaliste la possibilité de mettre sur le marché un nombre croissant de produits standardisés, dont l'obsolescence a été volontairement programmée et dont l'utilité réelle apparaît de plus en plus problématique (quand encore ils ne s'avèrent pas nuisibles pour la santé physique, morale ou intellectuelle des êtres humains). Bien entendu, ces remarques s'appliquent tout autant au « secteur public », pour lequel il ne s'agit plus, depuis déjà longtemps, de rendre aux *usagers* les services de qualité auxquels ils ont droit, mais de transformer ces usagers en simples *clients* d'entreprises rentables et capables, à ce titre, de soutenir le choc de la guerre économique mondiale.

C'est fondamentalement cette indifférence structurelle du système capitaliste à l'utilité réelle de ce tout ce qu'il est amené à produire (le principe de « neutralité axiologique » – pierre angulaire du libéralisme – se retrouvant naturellement au cœur même de la croissance) [**4**] qui explique l'impact désastreux de l'économie de marché aussi bien sur le plan écologique que sur la structure même des sociétés humaines. C'est pourquoi il est tout à fait absurde d'imaginer (à la manière naïve d'un Negri ou d'un Badiou) que le développement d'un mode de production – fondé sur la substitution méthodique du travail abstrait au travail concret – pourrait annoncer, en quoi que ce soit, les conditions matérielles et morales d'une société socialiste (même en incluant Facebook ou Twitter dans la corbeille de mariage) [**5**]. En réalité, c'est exactement l'inverse qui doit se produire. Plus, en effet, le renversement de l'économie capitaliste mondialisée se fera attendre, et plus la remise en place des conditions d'un monde décent et habitable – dans lequel les biens fondamentaux seraient d'abord produits en fonction des besoins humains réels et en tenant compte, région par région, de l'empreinte écologique du travail collectif – se révélera longue, difficile et coûteuse. Et cela, d'autant plus que la planète que les êtres humains auront alors la charge complexe de faire revivre sera probablement marquée par des lésions écologiques irréversibles (à l'image de ces terres cultivables détruites par le béton ou irradiées pour des siècles) [**6**].

[**1**] Dans la légende dorée des économistes, la division du travail instituée par le capitalisme naissant (la fameuse manufacture d'épingles d'Adam Smith) était censée obéir à des impératifs purement technologiques. Mais, en réalité, comme l'avait déjà établi, en 1974, le critique radical américain Stephen Marglin dans son célèbre *À quoi servent les patrons ?* (réédité, en 2004, aux Éditions de l'ENS, avec une présentation de Bruno Tinel) « la division capitaliste du travail [...] a été le résultat d'une recherche non pas d'une organisation de travail techniquement supérieure, mais d'une organisation qui garantissait à l'entrepreneur un rôle essentiel dans le procès de production, celui de rassembler les efforts séparés de ses travailleurs en un produit marchand ». On trouvera une confirmation éclatante de cette thèse iconoclaste dans l'ouvrage de Jean-Louis Peaucelle, *Adam Smith et la division du travail. La naissance d'une idée fausse* (L'Harmattan, 2007). L'auteur y démontre, en effet, sur la base d'une érudition étourdissante (il a visiblement lu toute la littérature du XVIIIe siècle sur la fabrication des épingles) que la manufacture décrite par Adam Smith ne constituait, pour l'essentiel, qu'une reconstruction imaginaire opérée pour les besoins de la cause libérale, et qui n'aurait pu tenir, dans les conditions de l'époque, aucune des promesses formulées par le dogme. Il s'agit, en somme, de l'un des tout premiers buzz de la « science » économique.

[**2**] On aura aucune peine à retrouver, dans cette nouvelle organisation capitaliste du travail, l'origine véritable de toutes les idées d'un Philippe Meirieu et du Sgen-CFDT sur la réforme de l'école : terminologie empruntée au « nouveau management » de l'entreprise libérale (« projet », « objectifs », « savoir-être », etc.) ; invitation à substituer à l'enseignement des disciplines et des métiers une bouillie « pédagogique » fondée sur

les notions de « compétences transversales», d'« interdisciplinarité » et de « polyvalence » des enseignants ; enfin, et surtout, l'idée que la fonction première de l'école ne doit plus être de développer la culture et l'intelligence critique des élèves à travers la maîtrise de connaissances précises et organisées (et, en premier lieu, de la langue française) mais d'« apprendre à apprendre », c'est-à-dire de préparer les élèves à la nouvelle flexibilité du marché capitaliste et au fait qu'il ne connaîtront plus, pour la grande majorité d'entre eux, que des petits boulots intermittents qui ne solliciteront effectivement qu'un nombre réduit de « compétences transversales ». C'est, d'ailleurs, à partir de la réforme de l'enseignement agricole mise en œuvre par Michel Rocard en 1984 – réforme qui symbolisait de manière exemplaire le tournant libéral de la gauche et dont l'objectif premier était d'adapter cet enseignement aux exigences politiques du lobby agro-industriel – que Philippe Meirieu et son armée de disciples aux dents longues (à l'image de l'incroyable inspecteur Frackowiak) ont commencé à investir l'enseignement des « sciences » de l'éducation et à contrôler progressivement tous les postes de commande *effectifs* de l'Éducation nationale (de même que toutes les rubriques correspondantes des médias officiels). Tout en continuant à se présenter, dans la meilleure tradition des idéologues de gauche, comme de courageux militants « désobéissants », « minoritaires » et « persécutés ».

[**3**] Bernard Moss a bien montré comment le socialisme, au XIXe siècle, trouvait sa base sociale et culturelle beaucoup plus chez les *ouvriers de métier* que chez les travailleurs déqualifiés de la grande industrie – encore très minoritaires avant 1914 (cf. *Aux origines du mouvement ouvrier français. Le Socialisme des ouvriers de métier 1830-1914*, Les Belles Lettres, 1985). Nous trouvons

ici l'une des racines majeures du conflit entre les léninistes (c'est le dénuement radical des prolétaires qui fonde leur « mission historique ») et les anarcho-syndicalistes (c'est la capacité d'autonomie des travailleurs qui les rend effectivement aptes à contrôler eux mêmes la production sociale, et donc à se passer de la domination parasitaire des classes bourgeoises).

[4] L'un des exemples les plus révélateurs de la « neutralité axiologique » *constitutive* du concept de croissance, est le fait que toute catastrophe qui frappe désormais l'humanité (ouragan, tremblement de terre, éruption volcanique, explosion d'une centrale nucléaire, etc.) peut simultanément être interprétée – d'un point de vue libéral – comme une excellente nouvelle pour l'économie (ou, plus précisément, pour les grandes sociétés capitalistes qui contrôlent cette économie). C'est ainsi que l'économiste japonais Takuji Okubo – après le séisme de mars 2011 – se réjouissait du fait que « la reconstruction devrait générer un surcroît d'activité, avec notamment le renouvellement des biens endommagés » (Takuji Okubo rappelait, au passage, qu'après « le tremblement de terre de 1995, le PIB japonais avait crû de 1,9 % en 1995, puis de 2,6 % en 1996 »). Commentant, à son tour, le fait que « les secteurs du BTP, de la sidérurgie et des télécommunications devraient *bénéficier à plein de l'activité postséisme* » (et cela, d'autant plus que l'industrie du bâtiment est, en grande partie, contrôlée par les yakuzas), la journaliste française qui l'interviewait concluait allégrement, quant à elle, que les catastrophes qui venaient ainsi de s'abattre sur le peuple japonais représentaient effectivement « une *bonne nouvelle* pour la consommation, qui constitue le maillon faible de l'économie japonaise » (*Le Journal du Dimanche*, 13 mars 2011). Sur cette inquiétante capacité du système capitaliste moderne à transformer toutes les catastrophes qui surgissent de nos

jours (y compris celles – comme les crises financières ou les « guerres humanitaires » – dont il est *directement* responsable) en moteur, désormais indispensable, de sa propre croissance, on lira avec profit *La Stratégie du choc* de Naomi Klein (Actes Sud, 2008).

[**5**] Il faut dire, à la décharge de Badiou, que Marx lui-même n'avait pas su éviter ce piège. Après avoir ainsi distingué le « travail utile et concret » (celui qui produit des valeurs d'usage) et le travail comme simple « dépense, dans le sens physiologique, de force humaine » (celui qui produit de la « valeur » – dont la valeur d'échange ne représente, pour Marx, que la forme d'apparition concrète) il en vient à écrire qu'« aucun objet ne peut être une valeur s'il n'est une chose utile » (*Le Capital*, Livre 1, Première section, chapitre I). Cette formule est pour le moins ambiguë. Ou bien elle signifie qu'aucune marchandise ne peut être vendue si elle ne trouve pas un acheteur qui en a fait l'objet de son désir *subjectif*, mais c'est alors une pure banalité (qui ouvre, de surcroît, la porte au marginalisme de Jevons et de Walras). Ou bien elle signifie que toute marchandise produite par le capitalisme réellement existant correspond *objectivement* à un authentique besoin humain (c'est alors l'idée d'une marchandise gadget – par exemple un iPhone ou un iPad – dont la consommation serait purement ostentatoire, qui devient impensable) et l'on comprend alors que le développement globalisé de l'économie de marché puisse effectivement préparer la « base matérielle du socialisme ». L'excuse de Marx, c'est que le capitalisme auquel il avait affaire n'était pas encore, pour l'essentiel, un capitalisme de consommation (c'est-à-dire un capitalisme dans lequel, par définition, la majorité des marchandises produites sont d'abord désirées pour leur seule fonction de signes – fonction définie et instituée par la propagande publicitaire.

Badiou, en revanche, n'a évidemment plus cette excuse. Si, dans ces conditions, il ne parvient toujours pas à comprendre que « l'immense accumulation de marchandises » (ainsi que l'organisation technologique et culturelle qui en constitue le support mondialisé) qui définit la « richesse des sociétés où règne le mode de production capitaliste » (Marx) est, dans la plupart des cas, désormais privée de tout intérêt humain véritable (c'est d'ailleurs cette subordination croissante de la vie humaine aux seules lois mécaniques de la mise en valeur capitaliste qui rend possible ce que Žižek appelle « le règne de l'abstraction réelle »), cela ne peut donc signifier qu'une chose : c'est que par son mode de vie quotidien effectif, il se trouve entièrement intégré au monde de la marchandise et à son imaginaire nomade et transgressif. C'est donc à la lumière de cette situation particulière qu'il conviendra d'expliquer la signification véritable de son « hypothèse communiste » néopaulinienne, ainsi que les raisons de sa récente starification médiatique et universitaire.

Mais sans doute certains lecteurs trouveront-ils un peu trop « matérialiste » cette idée que la conscience philosophique des individus gagne toujours à être éclairée par leur mode de vie réel (ou, si l'on préfère, que les spéculations métaphysiques les plus abstraites conservent toujours d'étranges rapports avec les ressources matérielles – et notamment la consommation de kérosène – de leurs auteurs).

[**6**] On comprend ainsi pour quelles raisons parler du travail en général (que ce soit pour le célébrer ou pour le maudire) ne peut que rendre impossible toute critique radicale du système capitaliste. On trouvera à ce sujet une mise au point absolument remarquable dans le dossier de la revue anarchiste *Offensive* (« Travail : quel sens ? » n° 25, mars 2010) ainsi, bien entendu, que dans les ouvrages classiques d'André Gorz

et d'Ivan Illich. Quant aux enjeux philosophiques de la logique du métier (et quant à son importance pour toute société socialiste décente), on se reportera à deux essais particulièrement stimulants (et d'une lecture, de surcroît, très agréable) : *Éloge du carburateur* de Matthew B. Crawford (La Découverte, 2010) et *Ce que sait la main* (Richard Sennett, Albin Michel, 2010).

[**H**]

[... *Billancourt ne s'est pas désespéré tout seul...*]

On sait qu'au cœur de la croisade antipopuliste (ou *démophobe*, si l'on veut employer un terme susceptible d'être compris par les journalistes de gauche) menée par Bernard-Henri Lévy et l'ensemble des médias officiels, il y a l'idée que toute velléité d'opposer les élites au peuple constitue un crime de pensée impardonnable qui ne pourrait que nous ramener « aux pages les plus sombres de notre histoire ». Nos valeureux défenseurs de la liberté seront sans doute ravis d'apprendre que le camarade Leonid Brejnev ne pensait pas autrement. « Chercher à opposer le Parti au peuple – affirmait-il ainsi – cela revient à opposer le cœur au corps humain » (discours au Soviet suprême du 4 octobre 1977).

Comme quoi tous les chiens de garde de la planète se ressemblent (ou ne diffèrent entre eux que par la couleur de la niche).

QUESTION 8

Vous avez associé le pessimisme moral au libéralisme, à la fondation d'un « empire du moindre mal ». Mais la critique du progressisme que vous proposez ne suppose-t-elle pas également un certain pessimisme moral ? En effet, cette critique n'insiste-t-elle pas sur l'importance de penser l'institution du sujet (ce qui suppose des lieux indissociables d'un rapport fondé sur l'autorité : par exemple l'éducation), manifestant par là une méfiance à l'égard de la représentation d'un sujet considéré comme « naturel » et qu'il s'agirait de laisser à lui-même afin qu'il s'« épanouisse » librement ? Est-ce à dire que le pessimisme moral est ambigu, qu'il puisse par exemple orienter dans une voie qui n'est pas celle empruntée par le libéralisme ?

Le « pessimisme moral », c'est-à-dire l'idée que l'homme serait par nature « incapable de vrai et de bien » (selon la formule de Pascal) n'est pas spécifique au libéralisme, ni à la philosophie moderne en tant que telle. Sans même parler de la tradition augustinienne de *l'homme déchu* (qui jouera, du reste, un rôle essentiel dans la constitution de l'anthropologie capitaliste), il suffit de rappeler tout ce que la représentation de l'« état de nature » chez Hobbes doit à sa lecture de Thucydide (dont il fut, d'ailleurs, le premier traducteur anglais) [1]. Il est néanmoins révélateur que l'image négative que l'historien grec proposait de la nature humaine – l'idée que l'homme ne pouvait avoir que deux guides, la cupidité (ou *pleonexia*) et l'ambition (ou *philotimia*) – lui ait été inspirée par le spectacle de la guerre civile grecque et, plus particulièrement, par le terrible épisode des massacres de Corcyre [2]. Or, comme nous le savons, c'est justement

1. Cf. Marshall Sahlins, *La nature humaine, une illusion occidentale* (Éditions de l'éclat, 2009).

2. Il est vrai que Thucydide rapproche, par ailleurs, les effets de la guerre civile de ceux engendrés par la peste qui avait

l'ampleur du traumatisme collectif provoqué par les effroyables guerres civiles de religion du XVIe siècle [1] qui a progressivement conduit les élites intellectuelles de l'époque – en rupture avec la tradition humaniste de la Renaissance – à retrouver le pessimisme de Thucydide (ou de saint Augustin) et à élaborer cette *anthropologie noire* sur laquelle nous vivons encore (de la « science » économique au roman policier).

Pour autant, le pessimisme moral des libéraux se distingue de cette tradition désespérée sur un point essentiel. Alors que les premiers théoriciens de la modernité (dont Hobbes est la figure emblématique) se contentaient de définir les principes d'une politique « réaliste », c'est-à-dire d'une politique qui tiendrait compte (à la différence des Utopistes) de la

---

ravagé Athènes en 429 avant notre ère (« Nul n'était retenu ni par la crainte des dieux, ni par les lois humaines ; on ne faisait pas plus de cas de la piété que de l'impiété depuis que l'on voyait tout le monde périr indistinctement ; de plus on ne pensait pas vivre assez longtemps pour avoir à rendre compte de ses fautes »). On peut, du coup, se demander dans quelle mesure le souvenir de l'épouvantable peste noire (qui, au XIVe siècle, avait fait disparaître près d'un Européen sur trois – désorganisant ainsi tous les systèmes anthropologiques de filiation sur lesquels repose une grande partie de la socialité primaire et de la logique du don) n'a pas contribué à préparer les esprits au futur pessimisme des Modernes et à l'individualisme possessif qui en est le complément logique.

1. Notons que le terme de « massacre » est précisément entré dans la langue française à l'occasion des guerres de religion : « C'est justement à cette époque que le mot "massacre" acquit son sens moderne. Le terme désignait en effet d'abord la tête du gibier, découpée après la chasse et exhibée en trophée. Massacrer des êtres humains, c'était donc non seulement les mettre à mort, mais aussi les réduire à l'état

nature foncièrement amorale de l'homme (ce qui revenait toujours, en pratique, à faire de la crainte d'un pouvoir absolu le ressort de l'obéissance civile), la force des libéraux, au contraire, a été, dès l'origine, d'imaginer un mécanisme à double engrenage destiné à utiliser de façon positive cette énergie amorale (le « fait » que l'homme ne pourrait comprendre que le langage de l'intérêt) afin de faire tourner tous les rouages de la nouvelle société dans le sens supposé de la paix civile et de la liberté individuelle.

C'est dans ce cadre métaphysique particulier – *pessimiste quant à la nature morale de l'homme, mais optimiste quant aux pouvoirs de sa raison* [1] – que les mécanismes parallèles du marché et de l'État de droit (lequel est théoriquement organisé de manière à ce que chacun ait un intérêt privé à obéir à ses lois) [**A**] ont pu être présentés comme le moyen miraculeux de transformer le vil plomb de l'égoïsme humain en or pur de la paix civile et de la prospérité collective. Et cela, du fait même de leur « neutralité axiologique » constitutive (*business is business* ; « la loi c'est la loi »), autrement dit, du fait qu'ils étaient censés opérer *par-delà le Bien et le Mal* [**B**].

de bêtes de boucherie. Il fallait leur retirer leur humanité pour mieux les exterminer » (Nicolas Le Roux, *Les Guerres de Religion 1559-1629*, Belin, 2009, p. 69).

1. Dans un de ses textes de jeunesse (*Aims of Socialist Education*), Karl Polanyi soulignait que la culture libérale est un mélange « de pessimisme puritain par rapport à la nature humaine et d'optimisme utopique concernant les vertus harmonisatrices du laisser-faire » (cité par Marguerite Mendell dans l'ouvrage collectif *La Modernité de Karl Polanyi*, L'Harmattan, 1998, p. 43).

Plus de deux siècles après Adam Smith, et à la lumière des nombreux travaux de l'anthropologie contemporaine [1], il est devenu difficile de continuer à voir dans l'idée que l'homme serait égoïste par nature autre chose que le « mythe originel de la pensée capitaliste » (Marshall Sahlins) et, au-delà, de l'Occident moderne lui-même. Cette critique du mythe capitaliste appelle, cependant, quelques précisions. D'une part, la dénonciation de l'égoïsme libéral (qui était *au centre* des premières théories socialistes) n'implique évidemment pas qu'on adhère aux mythologies du « bon sauvage » et de la Cité parfaite. L'entrée dans l'ordre humain impliquant une série de renoncements structuraux (« tu auras beau parcourir le monde dans tous les sens – dit un proverbe indien – tu ne rentreras jamais à nouveau dans le ventre de ta mère [2] »), il va de soi qu'une société décente ne

1. Les travaux accomplis, depuis plus de trente ans, par les chercheurs du MAUSS (Mouvement antiutilitariste dans les sciences sociales) sont ici irremplaçables. On en trouvera une synthèse magistrale dans trois ouvrages de Jacques T. Godbout : *L'Esprit du don* (en collaboration avec Alain Caillé, La Découverte, 1992), *Le don, la dette et l'identité* (La Découverte, 2000) et *Ce qui circule entre nous* (Seuil, 2007). Il convient également de souligner l'importance des études de Frans de Waal (notamment *Primates et philosophes*, Le Pommier, 2008, et *L'Âge de l'empathie*, Les liens qui libèrent, 2009) sur les lointaines origines animales de la solidarité (on pourra également se reporter, à ce sujet, au dossier consacré à « la nature et l'animalité » par l'excellente revue anarchiste *Offensive* (décembre 2009).

2. Proverbe qui projette à nouveau une lumière intéressante sur les racines psychologiques inconscientes de l'imaginaire « nomade » et « sans-frontiériste » des intellectuels libéraux contemporains.

saurait s'identifier à un monde idyllique dans lequel, comme l'écrivait Orwell, « rien ne peut aller de travers » (*a world in which nothing goes wrong*) [1]. L'être humain est, à l'évidence, capable du meilleur comme du pire (les anciennes religions ne disaient rien d'autre) et tout ce que l'on doit espérer, sur le plan politique, c'est l'institution d'un monde dont les structures collectives inciteraient les individus à donner le meilleur d'eux-mêmes en encourageant en permanence leur sens des autres, plutôt que l'amour du pouvoir et des privilèges, ou l'envie de « réussir » à tout prix (un monde, autrement dit, qui serait donc à l'opposé de celui dans lequel nous sommes, aujourd'hui, tenus de vivre).

C'est ici, bien entendu, que la question d'une société décente rencontre celle de l'éducation. Question effectivement centrale dans toutes les communautés humaines bien qu'elle soit également la source d'inépuisables confusions. Car si rien n'autorise à parler d'un égoïsme « naturel » de l'être humain *adulte* (son rapport singulier à l'égoïsme, ou au narcissisme, est toujours le résultat d'une histoire et d'un contexte particuliers), il est clair, en revanche, que l'on ne saurait nier son égocentrisme *initial.*

L'un des enseignements les plus constants de la psychanalyse – et que chacun peut vérifier par sa propre observation – est, en effet, que le petit d'homme est nécessairement guidé, au départ de sa vie, par son économie pulsionnelle et donc par une volonté de

1. *Le Quai de Wigan.*

puissance illimitée (volonté de puissance qui n'est que l'envers de son état originel de dépendance). C'est bien pourquoi le sujet humain doit toujours être « institué », et c'est précisément le rôle d'une éducation que de lui apprendre ainsi à renoncer à son idéal initial de toute puissance pour pouvoir entrer progressivement sous les chaînes socialisantes du don et de la réciprocité (processus qui implique, bien entendu, l'exercice d'une certaine autorité – quelle qu'en soit la forme – et l'imposition d'un minimum de contraintes).

Lorsque Hobbes écrivait que le méchant est un enfant dans un corps d'adulte (*malus puer robustus*), il donnait donc à comprendre que l'immoralité visible de certains adultes n'était, en somme, que la continuation logique de leur égoïsme infantile (à ceci près que l'égoïsme étant naturel pour Hobbes, l'éducation ne pouvait être pour lui qu'un dressage destiné à contenir cet égoïsme par la crainte ou à le masquer sous des conventions apprises) [**C**]. En revanche, à partir du moment où une éducation véritablement humaine lui a été transmise (la démission parentale consistant précisément dans le refus – ou l'incapacité – d'effectuer ce don), le sujet se trouve à même de dépasser son narcissisme et son égocentrisme originels, et d'accéder ainsi à cette *maturité* – ou, si l'on préfère, à cette autonomie – dont le critère le plus précis a toujours été, *quelles que soient les sociétés*, la triple capacité psychologique et morale (qui peut tout à fait devenir, avec le temps, une « seconde nature ») de *donner, recevoir et rendre* [**D**].

On peut donc dire, en résumé, qu'un individu adulte – ou réellement autonome [**E**] – est d'abord un individu qui est devenu personnellement capable (grâce à une forme ou une autre d'éducation, ce qui veut dire – dans tous les cas – avec l'aide bienveillante d'autrui) [**F**] de se sentir reconnu autrement qu'en exploitant ses semblables (sachant – c'est une des grandes leçons de Freud – que notre désir de pouvoir, ou possessivité, peut parfaitement s'exercer de façon inconsciente) ou en cherchant à les dominer et les humilier d'une façon ou d'une autre. Il est donc absolument incontestable qu'aucun être humain ne saurait devenir décent et autonome par ses seuls moyens (« on ne peut pas jouer au football tout seul », disait Orwell) [**G**]. Mais je ne vois pas pourquoi on devrait appeler « pessimiste » l'idée que la contrainte éducative (déjà présente, sous des formes embryonnaires, dans le monde animal) est la condition la plus indispensable pour que l'être humain devienne ce qu'il est.

Scolies VIII

[**A**]

[… *obéir à ses lois…*]

Un des problèmes philosophiques auquel un État libéral est nécessairement confronté vient de ce qu'il exclut, par définition, toute notion de dévouement à sa communauté d'appartenance et, *a fortiori*, toute idée de sacrifice (à l'image, par exemple, de celui du résistant). Lorsque la « patrie est en danger », l'État libéral ne peut donc compter sur aucun de ses citoyens pour assurer sa défense au péril de sa vie (le sourire moqueur – ou l'horreur – que provoquent généralement, chez les intellectuels libéraux français, les paroles du vieil hymne révolutionnaire constitue le symptôme le plus connu de cet état d'esprit). D'un point de vue libéral, en effet, les seules solutions conformes à « l'intérêt bien compris » de l'individu – en cas d'invasion par une puissance étrangère – ne peuvent être que l'émigration vers des « sites » nationaux plus avantageux (c'est, au fond, une des multiples variantes de l'exil fiscal) ou, à défaut (car il faut évidemment beaucoup de moyens et de relations pour pouvoir émigrer) [**1**], une forme de collaboration plus ou moins rentable avec l'occupant du moment. Dans *L'Empire du moindre mal*, je m'interrogeai donc logiquement sur la nature des motivations métaphysiques qui pouvaient animer une armée libérale (c'est-à-dire une armée professionnelle) et conduire ses membres à risquer leur vie en temps de guerre. Dans sa remarquable *Histoire des amphétamines* (PUF, 2009), Pascal Nouvel a, depuis, soulevé un coin du voile en montrant le rôle central (voire, comme aux États-Unis, souvent encouragé par la hiérarchie militaire elle-même) de la consommation de drogues et de psychotropes parmi les unités envoyées au front. Ce n'est donc, apparemment, que *dans un état second* qu'un militaire libéral (tous ne le sont évidemment pas) est censé pouvoir mettre sa vie en jeu (celle des populations civiles étrangères – ou de son propre peuple, en cas de coup d'État – ne lui posant évidemment pas les mêmes problèmes).

[**1**] Quand on sait que près de la moitié de la population mondiale vit avec moins de deux dollars par jour et quand on connaît, par ailleurs, les sommes astronomiques exigées par les mafias de passeurs pour offrir leurs services (elles peuvent atteindre plusieurs milliers de dollars), on peut mesurer l'ampleur du cynisme d'un Michel Rocard (et celui des associations libérales de défense de l'immigration clandestine) lorsqu'il prétendait que la toute petite minorité d'individus issus des pays du « Sud » (quelques dizaines de millions tout au plus) qui a

décidé de tenter l'*aventure capitaliste* dans les pays du Nord était représentative de « la misère du monde ».

[**B**]

[... par-delà le Bien et le Mal...]

Dans ses *Éléments d'économie pure* (1874), Léon Walras rappelait que, du point de vue de l'économie libérale, « il n'y a pas à tenir compte de la moralité ou de l'immoralité du besoin auquel répond la chose utile et qu'elle permet de satisfaire. Qu'une substance soit recherchée par un médecin pour guérir un malade, ou par un assassin pour empoisonner sa famille, c'est une question très importante à d'autres points de vue, mais tout à fait indifférente au nôtre. La substance est utile pour nous dans les deux cas, et peut-être plus dans le second que dans le premier ». C'est à la lumière de cette indifférence libérale pour tous les « tabous » – quels qu'ils soient – que l'on peut comprendre les appels d'une grande partie de l'extrême gauche contemporaine à libéraliser le commerce de la drogue [**1**] ou à traiter la prostitution comme une activité économique parmi d'autres. On remarquera d'ailleurs que l'argument chaque fois mis en avant par les représentants de cette extrême gauche (qu'il s'agisse de Cécile Duflot ou d'Olivier Besancenot) sort tout droit de l'arsenal libéral. À les en croire, en effet, ce seraient « les faits eux-mêmes » qui imposeraient ces solutions – tout comme ils « imposent » – aux yeux des libéraux de droite – le recul de l'âge de départ à la retraite ou l'utilisation généralisée de l'énergie nucléaire. Très significatif, de ce point de vue, est l'éditorial que Nicolas Demorand consacrait au débat sur la prostitution dans le numéro du 14 avril 2011 de *Libération*). Après avoir cité élogieusement le philosophe Ruwen Ogien (qui est, avec Guy Sorman et Philippe Manière, l'un des défenseurs les plus extrémistes de l'idéologie libérale), le directeur du quotidien d'Édouard de Rothschild prévenait d'entrée le lecteur que c'était là un de ces débats piège où l'argumentation – sous couvert d'être rationnelle – conduit très vite à prendre appui sur des « jugements de valeur » qui ne sauraient « qu'empêcher au final, de penser et d'agir ». On ne saurait formuler de façon plus claire l'essence de la pensée capitaliste et son idéal de « neutralité axiologique » (ce qui n'étonnera évidemment personne, s'agissant d'un Nicolas Demorand, pur produit de l'école de commerce des *Inrockuptibles*).

[**1**] D'autant qu'il faut vraiment avoir la naïveté d'une Cécile Duflot ou d'un Olivier Besancenot pour croire un seul instant que la libéralisation du commerce de la drogue pourrait porter un coup mortel aux mafias qui l'organisent. Celles-ci, en bonnes entreprises capitalistes, seraient alors simplement conduites à réorganiser leur activité économique (elles en ont l'habitude) en la redirigeant aussitôt vers des secteurs tout aussi profitables (immobilier, trafic de migrants ou de marchandises contrefaites, paris clandestins, etc.). Les États-Unis en sont d'ailleurs, depuis longtemps, l'exemple classique. À peine, en effet, la prohibition de l'alcool y avait-elle été levée, en 1933, que les différentes mafias

impliquées dans ce trafic clandestin s'étaient déjà tournées vers d'autres activités (dont, précisément, le commerce de la drogue). Pour traiter ce problème dans une optique anticapitaliste, il serait, de toute façon, nécessaire de prendre en compte le fait que la consommation de drogue, notamment chez les jeunes générations, a quelque chose d'essentiel à voir avec le désir œdipien de *transgresser une limite* (c'est en quelque sorte un rituel de passage d'autant plus compréhensible que nous vivons dans une société qui est officiellement axiologiquement neutre). Il serait donc pour le moins logique de s'interroger philosophiquement sur les éventuelles conséquences anthropologiques et psychologiques de cette décision libérale de reculer d'un cran la limite existante (mais c'est, sans doute, beaucoup trop demander, sur le plan intellectuel, aux stars médiatiques de l'extrême gauche libérale).

[**C**]

[... *sous des conventions apprises*...]

L'anthropologie de Hobbes éclaire, par contraste, le principe de toute pédagogie libérale. À partir du moment, en effet, où l'on s'est convaincu que l'égoïsme est la véritable source de toutes les « vertus publiques » (*private vices, public benefits*, selon la formule célèbre de Mandeville), il devient absolument nécessaire de laisser la nature du petit d'homme s'exprimer « librement », sous l'œil admiratif de ses néoparents – tout appel à la notion d'effort ou d'autorité étant immédiatement discrédité comme « patriarcal » ou « réactionnaire » [**1**]. Si l'objectif d'une école enfin « ouverte sur la vie » doit être de produire à la chaîne des Vincent Bolloré, des Jacques Séguéla ou des Jérôme Kerviel (ainsi que les consommateurs dociles qui devront les enrichir ou leur confier leurs économies), il est donc recommandé de placer à tous les postes de commande de l'Éducation nationale des clones de Claude Allègre et de Philippe Meirieu (ou même des ministres directement formés par l'Oréal) [**2**].

[**1**] Dans l'ensemble des civilisations humaines, l'idée qu'il existe une différence fondamentale entre l'enfant et l'adulte se trouve au cœur de tous leurs montages symboliques et culturels (d'où l'importance qu'elles accordent aux différents « rites de passages », destinés à permettre aux nouvelles générations d'accéder à l'âge adulte par étapes successives). C'est seulement dans la civilisation capitaliste que cette différence a fini par être pensée comme une « discrimination » inacceptable et que, par exemple, l'autorité de l'enseignant sur l'élève a pu être présentée par les tenants du « pédagogisme » comme une négation scandaleuse de l'égalité de tous les êtres humains (la pratique, qui se généralise dans les pays capitalistes anglo-saxons, d'une notation des enseignants par leurs élèves ne constituant qu'un cas parmi d'autres de cette inexorable dérive libérale). Il convient néanmoins, de remarquer que si l'on développait jusqu'à son terme logique l'idée libérale (ou « pédagogiste ») d'une égalité de principe entre l'enfant et l'adulte, la pédophilie cesserait aussitôt d'être une pratique condamnable. On peut, dès lors, se demander dans quelle mesure la promotion récente de cette forme de sexualité au rang de crime absolu (au lieu et place de l'ancien parricide) ne constitue pas une sorte de mécanisme de défense inconscient (et, à ce titre, révélateur) de la société libérale contre ses propres tendances fondamentalement pédocentriques. On aurait, d'ailleurs,

presque fini par oublier que, jusqu'à la fin des années 70, la légalisation de la pédophilie (autrement dit, pour reprendre la terminologie de Michel Foucault, la reconnaissance officielle des « sexualités périphériques ») constituait l'une des revendications majeures des partisans du libéralisme culturel et qu'elle était soutenue à ce titre par de nombreuses organisations de gauche. De nos jours, on retrouve d'ailleurs régulièrement cette revendication dissimulée sous l'appel récurrent de certains politiciens de gauche à ramener la majorité civique à 16 ans, afin de pouvoir ainsi abaisser mécaniquement l'âge de la majorité sexuelle à 12 ou 13 ans.

[**2**] Il ne faudrait évidemment pas croire que les idées pédagogiques attachées, en France, au nom de Philippe Meirieu lui seraient, en quoi que ce soit, spécifiques. En réalité, elles constituent, pour une grande part, une simple adaptation locale des conceptions libérales de l'enseignement appliquées aux États-Unis dès la fin des années 50 et adoptées, depuis, par les principaux pays capitalistes. Il faudra cependant attendre la révolution du « management » capitaliste des années 70, pour que la classe dominante se décide enfin à les mettre en pratique.

[**D**]

[... donner, recevoir et rendre...]

En reprenant la devise que Beaumarchais prêtait aux courtisans (et qui s'applique intégralement aux élites modernes), on pourrait dire que la maxime enfantine par excellence a toujours été « demander, recevoir et prendre » (*Le Mariage de Figaro*). Permettre au petit d'homme de s'élever progressivement de ce comportement égocentrique initial aux logiques de la réciprocité et du don (savoir donner, recevoir et rendre) constitue donc l'objectif de toute éducation véritablement humaine, quelle que soit la société concernée (ce qui peut varier, nous l'avons vu, c'est uniquement le contenu concret des obligations prescrites par la logique du don et la nature de leurs différents destinataires). À l'opposé, une éducation manquée (ou désirée comme telle, dans le cas d'une éducation libérale) ne pourra donc aboutir qu'à former, dans la plupart des cas, des exploiteurs, des manipulateurs ou des « tapeurs » (c'est-à-dire, d'une façon générale, des « jouisseurs » égoïstes, incapables de s'intégrer d'eux-mêmes dans un mode de vie convivial et solidaire). Le fait que l'acte de recevoir figure à la fois dans le schéma de Beaumarchais et dans celui de Mauss s'explique facilement. Dans le premier cas (celui de l'enfant ou de l'adulte immature), le don est toujours reçu comme un dû ou un droit. Dans le second, au contraire, le don (du moins s'il s'agit vraiment d'un don – et non d'une façon détournée d'exercer son emprise, comme dans le « cadeau empoisonné ») est reçu conformément à sa signification véritable. L'art de recevoir (ou, à l'inverse, celui de refuser un don – par exemple une invitation – tout en veillant à préserver la solidité du lien) constitue donc bien l'une de ces vertus transversales de la *common decency* qui fondent, comme le voulait Orwell, la possibilité même d'une vie quotidienne socialiste. On pourrait même aller jusqu'à voir dans cette triple capacité acquise de donner, recevoir et rendre l'un des critères les plus précis de l'équilibre psychologique et de l'accord avec soi-même. Comme l'écrit ainsi François Flahault – en s'appuyant sur les travaux de Jacques Godbout –, « un patient qui va mieux est un patient qui se meut avec plus d'aisance, de vitalité et de bonheur dans les multiples modalités du donner-recevoir-rendre » (« Pourquoi la philosophie n'a-t-elle pas tiré profit de la psychanalyse ? », *Revue du Mauss*, 1er semestre 2011, p. 210).

[**E**]

[... *qu'un individu adulte – ou réellement autonome*...]

L'idéal d'autonomie n'est évidemment pas étranger aux libéraux. C'est même, au contraire, l'idée que tout homme est toujours assez grand pour décider par lui-même de la façon dont il doit conduire sa vie qui légitime leur combat économique et culturel permanent contre toute intervention « paternaliste » de l'État, des Églises ou de la collectivité. Le seul problème, c'est qu'en fondant ainsi cet idéal d'autonomie sur la nature supposée égoïste de l'homme (sur la conviction, en d'autres termes, que la libre poursuite par chacun de son intérêt bien compris est la clé d'une société bien ordonnée), le libéralisme ne peut qu'encourager le maintien de ces conditions d'une enfance éternelle (l'égoïsme initial du sujet humain étant perçu comme « naturel ») qui rendent justement problématique, voire impossible, l'accès à la maturité et à l'autonomie véritables.

La moindre connaissance du football (ou de n'importe quel sport collectif) suffirait, du reste, à dissiper cette conception simpliste des relations entre l'individu et la collectivité (« mes idées sur la morale et les hommes – disait Camus – c'est au football que je les dois »). Chacun sait, en effet, qu'un joueur sera d'autant plus à même de s'épanouir individuellement (un Messi, un Xavi ou un Iniesta) que ses prestations s'inscrivent dans un collectif organisé – et fondé sur une philosophie du jeu partagée par toute l'équipe – où chacun songe d'abord à jouer pour les autres (la passe constituant, de ce point de vue, la forme footballistique du don et le une-deux la meilleure illustration du *donner, recevoir, et rendre*) [**1**]. C'est toute la différence qui existe entre le jeu merveilleux du FC Barcelone (héritier, sur ce point, du « football socialiste » de Gusztàv Sebes) et le football libéral d'un Raymond Domenech (qui a visiblement la préférence de Mediapart), où chaque monade isolée semble jouer pour elle-même, un casque MP3 sur les oreilles, et la seule obsession du prochain contrat en tête.

[**1**] Il est philosophiquement intéressant de noter que, dans l'Angleterre de la fin du XIXe siècle, les clubs de l'élite aristocratique et bourgeoise (qui, à l'origine, dominaient ce nouveau sport) pratiquaient le *dribbling game* (jeu uniquement fondé sur le dribble et l'exploit individuel). Ce sont les premiers clubs ouvriers qui inventèrent le *passing game* (jeu fondé, à l'inverse, sur l'art de la passe et le primat de l'organisation collective). Le 31 mars 1883 (autrement dit, pour les amateurs de coïncidences, quelques jours seulement après la mort de Marx), la victoire en finale de la Cup du Blackburn Olympic (le club des ouvriers du textile et de la métallurgie) sur les Old Etonians (le club des élites libérales) constitue, de ce point de vue, une date symbolique, aussi bien dans la mémoire du prolétariat anglais que dans l'histoire tactique du football.

[F]

[… *avec l'aide bienveillante d'autrui*…]

L'éducation des sujets n'est jamais l'œuvre exclusive de la « famille » ni, là où elles existent, des institutions « scolaires ». Les structures d'ensemble d'une société jouent un rôle tout aussi central dans le processus de socialisation des individus. Et il suffit parfois d'une désorganisation brutale de ces structures pour compromettre les bases mêmes du processus d'humanisation. Dans la littérature anthropologique contemporaine, l'un des exemples les plus célèbres d'une désocialisation accélérée d'un peuple autrefois pacifique est celui des Iks (une communauté du nord-est de l'Ouganda). La transformation soudaine – par décision gouvernementale – de leur territoire de chasse traditionnel en « parc national » a rapidement eu pour conséquence de substituer à l'ancienne logique du don (qui s'appuyait précisément sur cette territorialité traditionnelle) une guerre de tous contre tous particulièrement abominable, détruisant jusqu'aux liens familiaux les plus élémentaires. Sur cet épisode dramatique, on lira l'étude classique de Colin Turnbull, *Les Iks. Survivre par la cruauté : Nord Ouganda* (Stock, 1973) [**1**].

[**1**] Dans la mesure où la société libérale se fonde sur des structures économiques et juridiques qui sapent en permanence les conditions mêmes du processus de socialisation (l'atomisation des individus constituant le principe et la fin d'une telle société), la famille moderne

se trouve donc placée dans une situation inédite. Pour la première fois dans l'histoire, en effet, les enfants y sont officiellement invités à devenir *l'œil du système* à domicile (à travers, notamment, la logique de la consommation permanente dont ils constituent la cible privilégiée) et à surveiller ainsi la correction pédagogique de leurs propres parents (au besoin avec l'aide de « travailleurs sociaux »), voire, en dernier recours, à les rééduquer (l'embrigadement de la jeunesse par les différents systèmes totalitaires n'a représenté, de ce point de vue, qu'un galop d'essai du capitalisme de consommation – comme Pasolini n'a cessé de le souligner). Tout parent qui, pour d'obscures raisons humanistes, accorderait encore un sens au projet de rendre ses enfants véritablement autonomes (quitte à affronter pour cela l'inévitable rébellion œdipienne) se retrouve donc, de ce simple fait, automatiquement placé à contre-courant de toutes les évolutions de la société capitaliste moderne. C'est pourquoi, dans l'histoire de la civilisation, jamais *l'art* d'être parent (qui ne saurait être un « métier », contrairement au credo propagé par la très libérale Fédération des conseils de parents d'élèves) n'avait autant ressemblé à un parcours du combattant.

[G]

[… *« on ne peut pas jouer au football tout seul »,*
disait Orwell…]

Il y a une grande différence entre le fait de *responsabiliser* un sujet (autrement dit, de l'inviter à faire ce qui dépend effectivement de lui) et celui de le *culpabiliser* (c'est-à-dire de le contraindre à porter le poids de péchés dont il n'est pas responsable). Il suffit, dès lors, de rabattre méthodiquement le premier niveau (celui de l'exigence morale – telle que les classes populaires, en général, en saisissent immédiatement le principe) sur le second (celui du moralisme sadique des pervers, des puritains ou des tartuffes) pour obtenir, d'un côté, la « culture de l'excuse » (tout appel à la notion de mérite et de responsabilité individuelle relèverait d'une entreprise de culpabilisation) et, de l'autre, la culture du combattant de la guerre économique (chacun devrait être tenu pour intégralement responsable de la place qu'il a « choisi » d'occuper dans la compétition sociale – qu'il s'agisse d'un seigneur de Wall Street ou d'une ouvrière exploitée aux Philippines). Derrière cet affrontement parfaitement rodé entre les libéraux économiques – qui détournent cyniquement l'idée de mérite individuel afin de légitimer les inégalités de classe auprès des classes populaires – et les libéraux politiques et culturels – qui dénoncent de façon pavlovienne « l'idéologie du mérite » (alors même que le sentiment que les élites s'approprient indûment l'essentiel de la richesse produite par ceux qui travaillent a toujours été – aussi loin qu'on remonte dans l'histoire – le fondement moral privilégié du concept *populaire* de justice) [**1**] –, il n'est pas difficile de retrouver à l'œuvre cette même indifférence à l'égard des exigences réelles de la morale commune qui caractérise l'idéologie libérale dans sa logique d'ensemble. C'est d'ailleurs sur cette question du « mérite » – cruciale pour toute théorie socialiste de la répartition des richesses – que nous pouvons sans doute mesurer de la façon la plus nette à quel point *sociologues de gauche* et *économistes de droite* ne représentent que les deux faces académiquement « opposées » du *ruban de Möbius* libéral.

[**1**] Lorsque le monde aura « changé de base », proclame fièrement l'*Internationale*, l'« oisif ira loger ailleurs ». On comprend donc que l'idée d'une « allocation universelle de citoyenneté » qui ne tiendrait *aucun* compte du désir de chacun de contribuer à l'effort collectif (idée qui – dans l'état de prolétarisation généralisée qui devient le nôtre – mérite assurément d'être soutenue et développée) ne puisse être introduite *telle quelle* auprès des classes populaires (qui auraient, alors, d'excellentes raisons d'y voir une nouvelle tentative des élites intellectuelles libérales pour substituer aux principes du don et de la moralité ordinaire – fondements de toute vie collective réellement solidaire – les seules règles *abstraites* et *impersonnelles* du droit procédural bourgeois). Il est d'ailleurs révélateur que le premier penseur moderne qui ait radicalement critiqué « l'idéologie du mérite » – et donc du « salut par les œuvres » – soit précisément Martin Luther (dont tout lecteur de Max Weber connaît les liens avec l'esprit du capitalisme). Et il suffit de lire trois pages de Bourdieu – notamment lorsqu'il analyse l'institution scolaire – pour saisir aussitôt tout ce que la sociologie française de gauche doit (consciemment ou non) à l'idée luthérienne de « serf arbitre » et, d'une manière générale, aux critiques protestantes (ou janséniste et pascalienne) de la notion de mérite individuel.

Question 9

La plupart des explications « marxistes » (notamment autour de Robert Brenner) qui planchent sur la transition féodalisme-capitalisme s'intéressent aux questions d'organisation de la production et aux luttes d'intérêts concurrents qui auraient donné naissance au nouveau mode de production. Vous choisissez plutôt de vous intéresser aux justifications ou prémisses philosophiques, voire morales, que le libéralisme trouve dans le pessimisme que le Grand Siècle et le jansénisme affichent quant à la perfectibilité de l'humain. Selon vous, la mise en place d'une « logique libérale » serait à comprendre comme le résultat d'un projet philosophique, déployé chez Hobbes, et dont l'aboutissement est la désubstantialisation de la société et sa ressaisie par un capitalisme naturalisé, voire cybernétique, dénué de tout référent moral ou éthique. Pourquoi les explications économiques ne suffisent-elles pas à expliquer la modernité et le libéralisme ? Pourquoi faudrait-il s'intéresser aux discours philosophiques et théologiques pour comprendre ce qui est arrivé ? N'est-ce pas là une approche que certains pourraient taxer d'idéalisme ? Quel est le rapport entre la philosophie libérale et l'émergence du capitalisme comme système ?

À l'image du roi Midas qui transformait en or tout ce qu'il touchait, jusqu'à mettre en péril les conditions de sa propre survie, la dynamique du marché libéral le conduit inexorablement à soumettre à ses lois l'ensemble des activités humaines, et à les vider ainsi de tout sens autre qu'économique ou juridique [**A**]. Comme l'écrivait Marx, « la bourgeoisie a dépouillé de leur auréole toutes les activités qui passaient jusque-là pour vénérables et qu'on considérait avec un saint respect. Le médecin, le juriste, le prêtre, le poète, le savant, elle en a fait des salariés à ses gages ». Ce processus historique ne peut connaître aucune *limite interne* puisque, pour « réguler » le vampirisme transcendantal du marché, il faudrait faire appel à des critères moraux, esthétiques ou religieux – ce que le libéralisme exclut par principe, au nom de la liberté individuelle. L'idée d'un capitalisme « moralisé » apparaît, de ce point de vue, aussi saugrenue que celle d'un nazisme à visage humain ou d'un stalinisme sans camps de concentration. Guy Debord était donc parfaitement fondé à écrire que « l'économie transforme le monde, mais seulement en monde de l'économie » [**B**]. C'est pour cette raison que le marxisme demeure un outil théorique irremplaçable quand il s'agit d'analyser quelques-uns des aspects les plus fondamentaux du monde où nous vivons. Pour comprendre l'essence de la mondialisation libérale, *Le Capital* est assurément un livre plus actuel que la plupart des ouvrages produits à la chaîne par la « science » économique moderne [1].

C'est une tout autre question, en revanche, de savoir si ce rôle décisif que joue le « développement économique » (ou la « croissance ») dans la société bourgeoise contemporaine vaudrait pour *l'ensemble de l'histoire humaine*. Telle était, en tout cas, la thèse centrale du « matérialisme historique ». Pour Marx, en effet, le secret ultime de l'aventure humaine résidait dans le développement supposé autonome, et sans limite assignable, des « forces productives » – développement qui devait déterminer à chacun de ses « stades » une configuration sociale précise (un « mode de production » fondé sur des « rapports de production » spécifiques) dont chacune était censée représenter un progrès humain par rapport à celles qui l'ont précédée. Comme il l'écrit, dans *Misère de la philosophie* (ce texte si souvent injuste envers Proudhon), « le moulin à bras vous donnera la société avec le suzerain, le moulin à vapeur, la société avec le capitaliste industriel ». L'ironie de l'histoire, c'est que le

1. On se reportera, par exemple, à l'ouvrage remarquable de Michel Husson, *Un pur capitalisme*, Cahiers libres, Éditions Page Deux, 2008.

véritable fondateur de ce « matérialisme historique » n'est autre qu'Adam Smith lui-même. C'est, en effet, le philosophe écossais (Christian Marouby l'a minutieusement établi) qui, le premier, a assigné à la croissance économique le rôle de moteur du développement humain, fondant ainsi cette « théorie des stades » (du « stade des chasseurs » à celui de la *commercial society*) sur laquelle reposerait la légitimité historique du capitalisme – et que Marx ne fera que reprendre et aménager dans le cadre de son « socialisme scientifique » [1].

Or, en introduisant ainsi le loup libéral dans la bergerie socialiste, cette lecture technicienne et économiste de l'histoire humaine exposait la critique du capitalisme à deux conséquences politiques désastreuses que le léninisme se chargera de radicaliser et de mettre en application. D'une part, en effet, la thèse marxiste selon laquelle « la production capitaliste engendre sa négation avec la fatalité qui préside aux métamorphoses de la nature » (*Le Capital*, Livre 1, chapitre XXXII) accréditait l'idée que la dynamique du marché libéral mettait d'elle même en place la « base matérielle » du socialisme, dont il ne resterait plus, dès lors, qu'à briser politiquement l'« enveloppe » passagère (la propriété privée des moyens de production) pour obtenir miraculeusement le communisme universel. Cela revenait, en d'autres termes, à soutenir que l'idéal communiste n'était que la continuation du projet capitaliste par d'autres moyens (ou sur une

1. Christian Marouby, *L'économie de la nature. Essai sur Adam Smith et l'anthropologie de la croissance*, Seuil, 2004.

autre base) et que la « mission historique » du prolétariat était d'abord d'*achever* le travail émancipateur commencé par la bourgeoisie européenne – classe qui, selon Marx, avait « joué dans l'histoire un rôle éminemment révolutionnaire ». Comme si, en somme, la destruction industrielle de l'environnement et le développement exponentiel d'un complexe économique, technologique, urbanistique et culturel essentiellement configuré selon les lois de la mise en valeur capitaliste, pouvait constituer un héritage historique *globalement positif* qu'une société décente n'aurait aucun mal à se réapproprier à des fins universelles (on sait les implications délirantes qu'un Toni Negri ou un Badiou, en bons deleuziens, ont tiré de cette thèse léniniste en présentant leur « communisme » à venir comme l'enfant naturel de la globalisation libérale) [**C**].

D'autre part, en attribuant à l'économie le rôle de cause « déterminante en dernière instance » de l'évolution historique, Marx (comme Louis Dumont est un des premiers à l'avoir mis en évidence) contribuait implicitement à valider cette figure de l'*homo economicus* qui est précisément la clé de voûte de toutes les constructions libérales (quels que soient, paradoxalement, les efforts obstinés d'Adam Smith pour trouver à la poursuite égoïste de ses seuls intérêts un fondement psychologique dans la « sympathie » et le désir de reconnaissance). Or, nous l'avons déjà souligné, cette axiomatique de l'intérêt ne permet absolument pas de rendre compte de la complexité anthropologique effective des sociétés précapitalistes (et notamment des sociétés dites « primitives »). Dans ces dernières, en effet, non seulement la logique du don opère le plus souvent à ciel ouvert (en soutenant, par exemple, l'idéal d'une vie honorable ou prestigieuse), mais la nature même de leur existence concrète apparaît définitivement inintelligible (sauf à y projeter nos catégories modernes) tant qu'on ne prend pas en compte le rôle central qu'y jouent le politique et le religieux et, à travers ceux-ci, l'imaginaire spécifique que chacune d'elles a réussi à instituer [1]. « Magma de significations imaginaires » – selon la formule de Castoriadis (cf. *L'Institution imaginaire de la société*) – dont le processus de « création social-historique » ne peut jamais s'expliquer par une simple mécanique des intérêts matériels (même si l'écosystème singulier de chaque société limite évidemment le champ des constructions imaginaires possibles) [2].

---

1. « La religion, loin de se réduire à ce que nous autres modernes la réduisons aujourd'hui, c'est-à-dire des croyances avec les conduites qui s'y rattachent, était une organisation d'ensemble de l'espace humain. C'est ce que notre invincible ethnocentrisme, en particulier notre ethnocentrisme économiciste, nous dissimule comme clef de la structuration des sociétés du passé. Nous ne comprenons pas les sociétés du passé parce que nous ne saisissons pas la place ordonnatrice qu'y tenait le fait religieux. Et nous comprenons mal l'originalité de nos sociétés et leurs propres architectures, parce que nous ne discernons pas le renversement de l'ancienne forme religieuse qui s'y opère » (Marcel Gauchet, in *Histoire du sujet et théorie de la personne*, Presses universitaires de Rennes, 2009, p. 14).

2. « La découverte la plus marquante de la recherche historique et anthropologique récente est que les relations sociales de l'homme englobent, en règle générale, son économie. L'homme agit de manière, non pas à protéger son intérêt individuel à posséder des biens matériels, mais de manière à garantir sa position sociale, ses droits sociaux, ses avantages sociaux. Il n'accorde de

La véritable question est donc de comprendre dans quel contexte politique imprévisible (ou par quel « concours fortuit de causes étrangères », selon la formule de Rousseau) la sphère des activités économiques en est venue, pour la première fois dans l'histoire, à être pensée comme autonome et à jouer le rôle central qui est désormais le sien dans les sociétés modernes. Cela ne signifie pas, bien entendu, que l'échange économique soit une idée neuve en Europe. Les mécanismes marchands et monétaires existent depuis la plus haute antiquité et pour certains, comme le commerce à longue distance, depuis la préhistoire [**D**]. Rome, par exemple, possédait un système bancaire sophistiqué (les *argentarii* y avaient un statut social reconnu) et, comme le remarque Jean Andreau, la place « des traditions anthropologiques de prêt gratuit et de réciprocité » était déjà restreinte dans les cercles de l'aristocratie impériale [1].

Pour autant, le principe d'un marché unifié et autorégulateur (et de prix théoriquement formés sur cette seule base) ne possède à peu près aucun sens dans les sociétés « précapitalistes ». Les activités économiques y demeurent toujours, au contraire, « encastrées » (selon l'expression célèbre de Karl Polanyi) dans un cadre moral, politique et religieux – il est vrai très variable – qui a longtemps rendu impossible (et, plus encore, inconcevable, malgré les intuitions négatives d'Aristote) le projet d'une société

valeur aux biens matériels que pour autant qu'ils servent cette fin » (Karl Polanyi, *La Grande Transformation*, Gallimard, 1983, p. 75).

1. Jean Andreau, *Banques et affaires dans le monde romain*, Seuil, 2001.

reposant sur un progrès technologique continu et dont le seul l'évangile fondateur aurait été l'appât du gain. De ce point de vue, le récit téléologique des économistes libéraux qui « encore aujourd'hui, écrivent une histoire des faits sociaux débutant par un penchant supposé pour le troc et finissant par le marché mondialisé [1] » reste, avant tout, une simple expérience de pensée (souvent fondée, de surcroît, sur des erreurs de traduction des textes antiques) dont les présupposés ethnocentriques compromettent inévitablement les prétentions « scientifiques ».

En revanche, une fois écarté le paradigme économiste qui est commun aux historiens libéraux et aux marxistes orthodoxes, le problème de la naissance du monde moderne se présente forcément sous un jour moins déterministe. Certes, depuis la fin du Moyen Âge, le développement des activités marchandes, et donc d'une classe bourgeoise aux traits spécifiques, avait atteint un niveau impressionnant (bien que d'autres civilisations aient connu, à plusieurs reprises, un développement comparable – à l'image de la Chine classique ou de l'Empire romain). Pour autant, comme Albert Hirschman l'a bien établi, il est impossible de voir dans l'autonomisation politique croissante de cette bourgeoisie européenne un simple « assaut donné de l'extérieur à un système préexistant

1. Jérôme Maucourant, *Avez-vous lu Polanyi ?* (La Dispute, 2005, p. 100). Soulignons que cet ouvrage, qui constitue une introduction irremplaçable à l'œuvre fondamentale de Karl Polanyi, est republié en Champs-Flammarion.

d'idées et de rapports socio-économiques »[1]. En réalité, le désenclavement continuel des activités d'échange (privilèges concédés, entraves féodales levées, etc.) et l'interconnexion progressive des marchés locaux et internationaux ont été, en grande partie, organisés ou encouragés par la monarchie elle-même. D'abord en raison du besoin classique de financer les entreprises indispensables à sa propre gloire, quelles soient guerrières ou autres (comme on le sait, c'est dans ce cadre que s'est formée la doctrine mercantiliste, berceau de la réflexion économique moderne). Ensuite, et surtout, en raison de la situation historiquement inédite engendrée par l'ampleur et la durée des guerres civiles de religion, situation qui allait placer le problème de la *pacification idéologique* de la société – et donc celui de la raison d'État – au cœur de toutes les préoccupations politiques. C'est, en grande partie, parce que la poursuite tranquille (et tenue pour inoffensive) des seuls intérêts économiques privés avait fini par apparaître, dans l'état de lassitude qui était celui des hommes du temps, comme l'antidote le plus efficace aux débordements des passions guerrières et idéologiques que la figure du marchand (jadis universellement méprisée)[2]

1. Albert Hirschman, *Les Passions et les Intérêts*, PUF, 1980.

2. La logique de l'échange marchand s'opposant à celle du don (un don n'est un don que si aucun retour n'est tenu pour automatique), elle est évidemment entièrement étrangère aux lois de l'honneur. Il est ainsi intéressant de noter que, lorsque Covielle entreprend de montrer à M. Jourdain que le père de ce dernier exerçait une profession parfaitement honorable (il était, en réalité, marchand de tissu), il est conduit à en retraduire ironiquement la pratique économique sous les catégories traditionnelles

s'est trouvée peu à peu investie par les élites intellectuelles et politiques du XVIIIe siècle d'une valeur philosophique positive (le voyage en Hollande [1] – ou en Angleterre – constituant souvent un rituel de passage obligé dans cette réhabilitation).

C'est donc dans ce contexte très précis que les premiers théoriciens du libéralisme ont pu commencer à convaincre une partie croissante de ces élites que le principe du laisser-faire et de l'État minimal était le meilleur garant pratique de la paix civile et de la richesse des nations (les premières tentatives pour libérer le prix des céréales, base de l'alimentation des classes populaires, ont d'ailleurs eu lieu – avec les conséquences catastrophiques que l'on sait – sous la monarchie). C'est pourquoi Albert Hirschman a tout à fait raison de présenter l'avènement du capitalisme comme un processus essentiellement « endogène » et non « comme la lutte victorieuse d'une idéologie autonome et rebelle contre une éthique naguère dominante, mais en voie de déclin ». Il prend, certes, la précaution d'ajouter que les cercles politiques qui avaient contribué à mettre en route ce processus historique inédit « auraient frémi, et modifié leurs jugements s'ils avaient su quelles seraient leurs ultimes

du don : « Lui marchand ? C'est pure médisance, il ne l'a jamais été. Tout ce qu'il faisait c'était qu'il était *fort obligeant*, *fort officieux* ; et comme il connaissait fort bien les étoffes, il en allait choisir de tous les côtés, les faisait apporter chez lui, et en *donnait* à ces amis pour de l'argent » (*Le Bourgeois gentilhomme*, acte IV, scène 3). Tout le génie comique de Molière est là : « donner pour de l'argent », ce n'est pas donner. C'est vendre.

1. On sait que les libéraux de gauche ont toujours gardé une tendance très prononcée à mythifier l'Amsterdam marchande

conséquences ». Il n'en reste pas moins que, sans ce faisceau de décisions politiques en elles-mêmes contingentes (et qui étaient effectivement portées par des débats philosophiques et théologiques acharnés) [1], rien ne permet d'affirmer qu'une mystérieuse « nécessité historique » aurait, de toute façon, obligé l'humanité à sortir, tôt ou tard, de ses rails traditionnels et à adopter le mode de vie capitaliste (qui ne représente, du reste, qu'une période infime à l'échelle de l'histoire humaine). Bien des civilisations, encore une fois, avaient déjà connu par le passé un développement comparable de la « sphère économique » (et même, parfois, des avancées technologiques spectaculaires) [**E**] sans que jamais ce développement ne débouche sur le type de société qui est aujourd'hui le nôtre, et

---

du XVIIe siècle (quitte à envelopper cette mythification dans un « spinozisme » de bon aloi et du meilleur effet universitaire).

1. Dans tous ces débats, l'affrontement entre les libéraux et les républicains (le célèbre débat « commerce contre vertu ») a joué, au XVIIIe siècle, un rôle absolument central. L'idée qu'il existerait un antagonisme fondamental entre ces deux courants philosophiques est cependant impensable dans le cadre du matérialisme historique. Comme le souligne Jean-Fabien Spitz, « pour Marx lui-même, la phraséologie antiquisante et républicaine qui culmine avec Robespierre et Saint-Just n'était qu'un déguisement sous le masque duquel les représentants de la bourgeoisie montante s'étaient cachés pour réaliser leur tâche de transformation de la société en "vaste marché" et les hommes en "libres concurrents". Une fois cette tâche achevée, dit Marx, la bourgeoisie a jeté le masque et les héros antiques – les Gracchus, les Publicola et les Brutus – ont cédé la place au prosaïsme mesquin et calculateur des Say, Cousin, Royer-Collard et autres Guizot. Le langage républicain n'aurait donc été qu'une illusion » (Préface au *Moment machiavélien* de J.G.A. Pocock, PUF, 1997).

qui est, désormais, en voie de dominer entièrement le monde. Contrairement à ce que pense la gauche moderne, la maxime libérale qui veut qu'*on n'arrête pas le capitalisme* est d'abord un postulat métaphysique.

Pour autant, ces analyses ne doivent pas nous conduire à transférer purement et simplement aux « superstructures » politiques et idéologiques le rôle que Smith et Marx assignaient naguère à l'« infrastructure » économique. En réalité, chaque société constitue un ensemble spécifique et ce qui vaut pour l'une ne vaut pas nécessairement pour l'autre [1] (même si certains problèmes que l'humanité doit affronter sont visiblement éternels et qu'il existe incontestablement des invariants anthropologiques). Tout ce qu'on peut dire, c'est que dans le cas de la société capitaliste les projets d'expérimentation sociale, portés ou repris par une partie des élites dirigeantes de la monarchie, ont joué un rôle majeur dans son émergence. Et, de toute évidence, ce processus politique singulier s'est trouvé largement favorisé par la constitution – au XVIIe siècle – de l'imaginaire de la science galiléenne

1. L'un des exemples les plus extraordinaires d'institution imaginaire d'une société (au sens où l'entendait Castoriadis) est probablement la fondation par les Vikings – dans l'Islande du IXe siècle – d'un État indépendant où presque toutes les hiérarchies traditionnelles scandinaves avaient été abolies – y compris entre les hommes et les femmes – et dans lequel avaient été mises en place des procédures non violentes de règlement des conflits. Aucune explication de type déterministe – qu'elle se fonde sur l'économie ou la technologie – n'a jamais pu rendre compte de cet étonnant phénomène historique (Cf. Jesse Byock, *L'Islande des Vikings*, Aubier, 2007).

(ou newtonienne) qui a modifié en profondeur la nature des débats politiques en conférant un statut philosophique positif à la figure de l'« expert » et à l'idée de technocratie ou de « science » économique.

Si, malgré cela, on s'obstinait à trouver « idéaliste » toute interprétation qui met en avant le rôle décisif de l'idéologie (ou de l'utopie – comme l'écrivait Polanyi à propos de l'idéal libéral du marché autorégulateur) dans l'apparition et le développement de certaines formations sociales, il faudrait alors pouvoir expliquer de façon strictement « matérialiste » l'étrange parenthèse « communiste » du XXe siècle. Nous avons là, en effet, un type d'organisation de la société particulièrement homogène (fondée sur le principe du Parti-État), qui a étendu son empire, pendant des décennies, sur presque un quart du globe et qui, pourtant, a manifestement été implanté de manière volontariste dans un ensemble de nations que tout distinguait, par ailleurs, quant au degré de développement économique et technologique (pour ne rien dire des différences culturelles) [1]. Je ne vois pas

1. Pendant près d'un siècle – et sous l'influence du marxisme orthodoxe –, de nombreux intellectuels de gauche ont défini le capitalisme par la seule « propriété privée des grands moyens de production » (c'est d'ailleurs cet « oubli » du rôle central de la logique *marchande* et de la consommation de masse dans la dynamique réelle de l'accumulation capitaliste moderne, qui a longtemps rendu ces critiques aveugles, d'une part, à l'unité philosophique du libéralisme économique et du libéralisme politique (le capitalisme comme *fait social total*) et, de l'autre, au rôle culturel décisif que la nouvelle gauche « contestataire » allait elle-même jouer – à partir des années 60 – dans la radicalisation de cette dynamique). Il pouvait donc sembler raisonnable, de ce point de vue, de présenter le modèle soviétique

comment on pourrait rendre compte d'une expérience politique aussi curieuse sans accorder un rôle central – dans certaines circonstances historiques – aux pouvoirs de l'idéologie [**F**].

---

comme un « capitalisme d'État ». Mais si l'on veut bien admettre qu'il n'y a strictement *aucun sens* à parler de capitalisme (ou de libéralisme) dès lors que l'on a supprimé toute référence à l'institution centrale du marché (comme à ses implications morales et culturelles), il est clair que la notion de capitalisme d'État constitue une contradiction logique. Il serait donc préférable de décrire le système soviétique comme une *imitation d'État du capitalisme* (ou plus exactement de ses formes spécifiques de croissance dans le domaine de l'industrie de base, du développement technologique et de l'urbanisation), imitation rendue possible par cet imaginaire du « développement des forces productives » qui est commun aux libéraux et aux marxistes orthodoxes.

Scolies IX

[A]

[... *les vider ainsi de tout sens autre qu'économique ou juridique*...]

Pour qui veut imaginer ce que signifierait concrètement un monde centré sur les seules valeurs de l'économie et de la consommation, la République de Nauru offre un exemple privilégié. Cette petite île du Pacifique (21 kilomètres carrés et 4 000 habitants) contenait effectivement dans son sous-sol des gisements de phosphate d'une pureté extraordinaire que les puissances impérialistes (comme l'Angleterre ou l'Allemagne) s'empressèrent d'exploiter à leur profit dès le début du XXe siècle. Il faudra donc attendre 1968, date de son accession à l'indépendance, pour que l'île de Nauru puisse enfin obtenir le contrôle de ses ressources naturelles et bénéficier ainsi, pour la première fois de son histoire, des gigantesques retombées financières liées à l'exploitation de son minerai – devenu, entre-temps, indispensable à l'agriculture chimique et industrielle des pays occidentaux. Bien entendu, en décidant ainsi de poursuivre la politique d'extraction intensive du phosphate inaugurée par les puissances coloniales (et donc de soumettre le destin du pays aux aléas du marché capitaliste mondial), la jeune République se condamnait inévitablement à aggraver dans des proportions encore plus dramatiques la destruction écologique de l'île (disparition accélérée de la flore et des arbres, puis des terres cultivables et, au final, de toutes les activités d'autosubsistance traditionnelles). Mais, d'un autre côté, c'était une occasion unique, pour les habitants de Nauru, de découvrir l'univers enchanté de la consommation capitaliste et de commencer à imaginer – pour eux et pour leurs enfants – des formes de vie merveilleuses qui ressembleraient enfin aux images dont la télévision occidentale abreuve en continu les populations du « tiers-monde ». L'exploitation et la vente du phosphate allaient, en somme, leur conférer le privilège rarissime de pouvoir *émigrer sur place*. De fait, la République de Nauru ne mit qu'un temps très court pour rejoindre le camp des pays les plus riches de la planète. Au bout de quelques années, le revenu par habitant y était devenu comparable à celui des États pétroliers de la péninsule arabique (et l'un des signes les plus spectaculaires de cette entrée dans le mode de vie capitaliste avait d'ailleurs été la progression foudroyante du taux d'obésité, à présent l'un des plus élevés au monde). Comme l'écrit Luc Folliet « dans les années 1970, Nauru est un paradis pour une population qui n'a pas besoin de se lever pour aller travailler [...]. Ils sont des rentiers et se comportent comme tels. Oisifs et consommateurs » [**1**]. Une telle *success story* ne pouvait cependant pas durer éternellement dans la mesure où l'idée d'une *croissance infinie* dans un *monde fini* est taillée dans l'étoffe dont sont faits les rêves des économistes libéraux. Et ce qui est déjà devenu évident pour la planète l'était *a fortiori* pour une petite nation insulaire. C'est ainsi que les années 1990 vont sonner « comme le réveil brutal pour tout un pays ». À cette époque, « 80 % de la surface de l'île a été creusée » [**2**] et l'exploitation du phosphate commence à donner ses premiers signes de déclin. En quelques années seulement (sous le capitalisme global – où tout, par définition, est connecté avec tout – les moindres changements de situation peuvent naturellement induire des *réactions en chaînes* aussi soudaines que catastrophiques), ceux qui avaient cru pouvoir intégrer définitivement le cercle étroit des riches [**2**] vont ainsi découvrir la réalité du mur écologique et devoir, peu à peu, faire l'apprentissage traumatisant de la véritable pauvreté. Car entre-temps, bien sûr, l'île a été presque entièrement détruite par les travaux de forage industriel [**3**] : l'agriculture et les activités d'autosubsistance y ont devenues impossibles, les traditions morales et culturelles qui auraient pu donner un sens à une autre manière de vivre ont sombré dans l'oubli progressiste, et les citoyens-consommateurs, en perdant l'habitude de travailler (conformément aux mœurs des pays riches, ils avaient évidemment passé commande de centaines de travailleurs étrangers afin d'être déchargés de toutes les corvées quotidiennes), ont fini par désapprendre les gestes les plus élémentaires d'une vie adulte et autonome [**4**]. À tel point que le gouvernement se voyait désormais réduit à envoyer les jeunes Nauruanes en « stages de reconditionnement » aux îles Fidji (situées à des centaines de kilomètres) afin qu'elles puissent « réapprendre à passer le balai, nettoyer la cuisine, changer des couches » [**5**].

Aujourd'hui, la brève parenthèse consumériste s'étant refermée, l'île apparaît donc comme une « immense casse à ciel ouvert. Il n'y a pas un endroit sans une voiture abandonnée. Des cimetières de ferraille et d'acier sont disposés çà et là dans tous les districts de Nauru : voitures, camions, pneus, matériel électroménager défectueux. Des centaines de magnétoscopes, téléviseurs, chaînes hi-fi s'y entassent aussi. Les vestiges d'un passé prospère forment désormais des monticules de rouille » [**6**]. En un mot, Nauru est désormais un pays ruiné et sans âme, que seule l'aide internationale contribue encore à maintenir à flot.

L'histoire de cette petite île du Pacifique – autrefois paradisiaque – a évidemment valeur de fable pour l'humanité tout entière. Elle offre un concentré spectaculaire de tous les méfaits engendrés par les politiques de « croissance » (ou, plus exactement, d'accumulation du capital) [7] – telles qu'elles ont été définies par les idéologues arrogants et bornés de la Banque mondiale, de l'OMC ou du FMI, et appliquées sans réfléchir par presque tous les politiciens de la planète (si l'on met à part quelques dirigeants de certains pays du tiers-monde, comme l'Équateur, la Bolivie ou le Venezuela). Elle nous confirme en même temps – à travers l'étrange folie passagère qui s'est emparée de son peuple – que l'imaginaire hypnotisant de la consommation moderne n'est rien d'autre que « le soleil illusoire qui se meut autour de l'homme, tant que l'homme ne se meut pas autour de lui-même » (Marx, *Critique de la philosophie du droit de Hegel*), et que sans une critique radicale de cet imaginaire aucune émancipation humaine ne saurait être envisagée [**8**].

Si la morale de cette histoire devait nous rester étrangère, il se pourrait donc que nous découvrions un jour que le destin de cette petite île des mers du Sud n'était, au fond, que la bande-annonce de celui qui attend l'humanité tout entière [**9**]. Un simple modèle réduit, en somme, de ce futur *Nauru planétaire* qui est l'horizon inévitable de *toutes* les politiques de croissance.

[**1**] Luc Folliet, *Nauru, l'île dévastée. Comment la civilisation capitaliste a détruit le pays le plus riche du monde* (La Découverte, 2009, p. 46). Pendant cette époque faste et prospère les Nauruans vont recourir à toutes les formes possibles de placement de l'argent qui leur était tombé du ciel : produits financiers « directs » et dérivés, investissements dans les compagnies d'aviation ou l'immobilier australien, etc. C'était l'époque – note Luc Folliet – où certains habitants, lors des fêtes, « utilisaient des dollars australiens comme papier toilette » (p. 49).

[**2**] *Ibid.*, p. 65.

[**3**] Comme l'écrit Folliet, « Nauru appauvrissait son sol pour mieux enrichir celui des autres. Et pendant que son phosphate nourrissait les champs australiens ou néo-zélandais, Nauru se désintéressait de sa terre éventrée » (p. 56). Cet avertissement devrait d'autant plus nous concerner que nous connaissons à présent les

nouveaux projets des gouvernements occidentaux concernant l'exploitation suicidaire du gaz de schiste.

[**4**] L'île de Nauru était devenue, au fond, le paradis du « pédagogisme » moderne. Un monde dans lequel toutes les conditions de la transmission ayant été détruites, chacun s'était retrouvé, par la force des choses, transformé en « sujet de son propre apprentissage ».

[**5**] *Ibid.*, p. 128. « Puisque plus rien ne poussait sur l'île, Nauru importait alors tous les produits dont les habitants avaient besoin, issus d'une agriculture australienne dopée au phosphate : pain, œufs frais, viandes, salades, produits congelés par containers entiers. Les cargos apportaient aussi voitures, bateaux, motos, magnétoscopes, autoradios, chaînes hi-fi. Tout cela coûtait extrêmement cher – 7 dollars pour une salade – mais les Nauruans pouvaient se le permettre. On ne fabriquait plus. On jetait. On ne réparait plus. On remplaçait. On ne produisait plus. On ne cuisinait plus. On consommait » (p. 57). Nauru était, en résumé, un pays libéral modèle, dont ni le FMI ni la commission européenne n'avaient eu à dénoncer le « nationalisme économique » ou les coupables « tentations protectionnistes ».

[**6**] *Ibid.*, p. 137.

[**7**] Ainsi que Marx ne manque jamais de le rappeler, le capital n'est pas une chose (à l'image d'un gâteau – c'est la comparaison préférée des économistes – dont l'augmentation régulière de la taille permettrait de garantir à chacun une part toujours plus grande), mais un *rapport social.* C'est ce qui explique que l'accumulation du capital (puisque tel est le nom véritable de ce que les médias préfèrent célébrer sous celui de « croissance ») ne puisse jamais tenir – du moins très longtemps – les promesses d'abondance infinie des économistes officiels. Comme chacun a eu mille fois l'occasion de le vérifier, l'accumulation du capital tend toujours, au contraire, à *concentrer*

une part croissante de la richesse collectivement produite entre les mains de minorités privilégiées, et donc à accroître mécaniquement les inégalités, aussi bien entre les nations qu'à l'intérieur même des nations. Si on veut bien admettre que les économistes ne sont, dans l'immense majorité des cas, que les serviteurs intellectuels des riches et des puissants (c'est un simple constat empirique), on comprendra alors pour quelles raisons le seul mot de décroissance suffit à les faire entrer en transe et perdre le peu de sérieux qui pourrait leur rester.

[**8**] Parmi la vaste littérature consacrée à la critique de l'imaginaire de la croissance – et donc à la question parallèle de la décroissance –, on accordera un intérêt particulier à l'œuvre pionnière de Serge Latouche. Chacun de ses ouvrages, marqué par la double influence de Marcel Mauss et de Karl Polanyi, représente une merveille d'érudition et d'intelligence critique, souvent jointe – ce qui est plus rare – à l'expérience pratique du terrain (notamment africain).

[**9**] *De te fabula narratur* (« C'est de toi que parle la fable »). C'est par cette sentence d'Horace que Marx avertissait son lecteur, au tout début du *Capital.*

[**B**]

[… *« l'économie transforme le monde, mais seulement en monde de l'économie »*…]

Pour comprendre le rôle moteur que joue – dans la croissance économique moderne – la marchandisation accélérée des activités humaines, on pourrait reprendre l'exemple classique proposé par Bertrand de Jouvenel et qu'André Gorz résumait dans ces termes :

« Deux mères gardent chacune les enfants de l'autre et se paient mutuellement pour ce service ; aux yeux des économistes, le PNB s'accroît alors de deux salaires alors qu'en fait rien n'a été produit, *au contraire*. Des pans entiers de notre économie répondent déjà à ce type d'échange et, *pour accroître l'emploi*, on nous promet pis encore : chacun exécutera à plein temps des tâches sans attrait au service des autres afin de pouvoir se payer les services tout aussi fastidieux que d'autres exécutent pour lui » (*Adieux au prolétariat*, Galilée, 1980, p. 200). André Gorz décrivait ici, avec une prescience étonnante, le rôle décisif que les « services à la personne » (autrement dit, le développement de la néodomesticité) seraient inexorablement appelés à jouer dans l'économie de croissance mondialisée. Et encore ne pouvait-il imaginer que, trente ans plus tard, une partie importante de l'extrême gauche libérale verrait dans la prostitution un service à la personne « comme un autre » et de nature, à ce titre, à régler de façon définitive la question du chômage des jeunes (les « compétences transversales » exigées étant, en effet, très minimales et donc, de ce fait, à la portée de n'importe quel sujet – même en situation d'*échec scolaire*).

[**C**]

[... *l'enfant naturel de la globalisation libérale...*]

« La thèse de Deleuze est que le capitalisme n'a pas été assez déterritorialisé, que la logique du capital veut une re-territorialisation alors même que son autre tendance, sa tendance à la déterritorialisation, c'est-à-dire à l'invention et à la reconnaissance de nouvelles possibilités, allait dans le bon sens. Je crois, pour des raisons strictement politiques, qu'il y a cette illusion chez Deleuze, Guattari, et surtout Negri, que *le capitalisme contemporain est déjà presque le communisme.* On peut appeler cela l'"accélérationisme" : il suffit d'accélérer le mouvement, de se débarrasser du dernier obstacle, qui est la forme même du profit » (Slavoj Žižek, *À travers le réel*, p. 131, Lignes, 2010). On ne saurait mieux décrire les fondements deleuziens de toutes les politiques « progressistes » contemporaines.

[**D**]

[... *depuis la préhistoire*...]

L'une des formes les plus curieuses de l'échange économique primitif est sans doute le « troc muet ». Dans une étude sur le concept de marché (publiée dans l'ouvrage collectif *La Modernité de Karl Polanyi*, L'Harmattan, 1998), Serge Latouche décrit ainsi cette pratique : « les places de marché sont porteuses d'une force d'anonymat et cela dès l'origine. La forme la plus *primitive* de ces marchés-rencontre, le *troc muet*, est peut-être celle où cet anonymat est poussé le plus loin. On sait que cette pratique décrite par Hérodote, attestée par de nombreux explorateurs au cours des siècles et pratiquée encore récemment en Nouvelle-Guinée a fasciné tous les observateurs. Là, le face-à-face est refusé.

Les objets sont déposés et enlevés en cachette. Les taux d'échange sont coutumiers et ne varient que par des tâtonnements savamment calculés. La volonté de refuser le rapport intersubjectif est manifeste. Selon la formule de Mauss, le *bien* remplace le *lien* ».

Cette pratique étrange s'explique manifestement par le fait que, dans les sociétés traditionnelles, les relations en face à face (celles qui définissent la socialité primaire) sont essentiellement commandées par la logique du don. Dans ces communautés, l'importation d'une logique purement économique dans les relations avec ses proches est donc nécessairement perçue comme une menace pour la cohésion du groupe (et serait, d'ailleurs, vécue comme déshonorante). Dans ces conditions, le partenaire privilégié des relations marchandes – quand elles existent – est forcément l'*étranger* (voire, comme dans le troc muet, l'inconnu *dont on ne voit pas le visage*). On comprend alors où l'utopie libérale d'un monde intégralement régi par la logique utilitariste (que ce soit sur le plan du droit ou sur celui de l'échange) pourrait conduire l'humanité. Elle exige, en effet, que chacun devienne *étranger à ses proches* et, par conséquent, étranger à lui-même. On trouve sans doute là une des sources philosophiques majeures du rôle rédempteur désormais assigné à la figure de l'*étranger en tant que tel* dans toutes les mythologies « antiracistes » et « sans-frontiéristes » de l'extrême gauche libérale-citoyenne (il se pourrait même que la logique du troc muet éclaire, en partie, la fascination de cette extrême gauche pour la cagoule et le voile intégral). Mythologies dont le corollaire est la diabolisation obligée de toutes les formes d'appartenance à une communauté indigène (ou d'«origine non immigrée », selon la formule surréaliste désormais employée par la statistique officielle pour désigner les populations de souche) encore régie par des solidarités traditionnelles (« près des yeux, loin du cœur » est la maxime véritable de tous les globalisateurs). Il serait, du reste, très instructif d'analyser dans une telle perspective le développement croissant des cyber-relations (de Twitter à Facebook) au détriment des relations vécues en face à face. Le temps passé devant un écran (qui, comme son nom l'indique, est d'abord ce qui fait obstacle et sépare) est, à coup sûr, l'un des indicateurs les plus pertinents pour mesurer le degré d'invasion libérale de la vie [**1**].

[**1**] L'e-commerce représente sans doute l'équivalent moderne le plus proche du troc muet primitif (en supprimant toute forme de face à face, il permet, en effet, aux échangistes de demeurer entièrement *étrangers* l'un à l'autre). Étant donné le mouvement « sinistrogyre » du capitalisme développé (le fait, en d'autres termes, que le consommateur de gauche en constitue le vecteur culturel privilégié), cette forme extrême du libre-échange – qu'on pourrait également appeler l'échange *voilé* ou *cagoulé* – est donc logiquement appelée à connaître un essor considérable.

[**E**]

[… *des avancées technologiques spectaculaires…*]

On a souvent fait remarquer que les trois grandes inventions occidentales qui, selon Bacon, ont « changé la face du monde » (la boussole, l'imprimerie et la poudre à canon) étaient déjà connues des Chinois. Quant à l'expansion des activités économiques en dehors du monde occidental, il convient de noter qu'« un nombre croissant d'universitaires » – comme l'écrit Giovanni Arrighi – ont « découvert (ou redécouvert) qu'au XVIIIe siècle le commerce et les marchés étaient plus développés en Asie de l'Est en général, et en Chine en particulier, qu'ils ne l'étaient en Europe » (*Adam Smith à Pékin*, Max Milo, 2009, p. 54). C'est même, en partie, la nécessité de rendre compte de cette « grande divergence » (pour reprendre le titre d'un ouvrage célèbre de Kenneth Pomeranz) entre l'évolution ultérieure de la Chine et celle de l'Europe occidentale qui a conduit Robert Brenner à développer sa propre théorie néo-marxiste de la genèse du capitalisme.

[**F**]

[... *aux pouvoirs de l'idéologie*...]

L'idée qu'un système capitaliste (loin d'être la conséquence « historiquement inéluctable » d'une logique marchande préexistante – voire pour certains « naturelle ») peut être artificiellement introduit dans une nation donnée sous l'action délibérée de certaines fractions de sa classe dominante trouve l'une de ses confirmations empiriques les plus éclatantes dans la Chine contemporaine. C'est bel et bien, en effet, la nomenklatura « communiste » au pouvoir (« il est beau de s'enrichir » avait froidement proclamé Deng Tsiao Ping) qui a *décidé*, il y a un peu plus de trente ans, de construire un « léninisme de marché », nom sous lequel se dissimule désormais une économie capitaliste particulièrement féroce [**1**]. En revanche, une fois les bases matérielles de cette économie installées, il devient très difficile pour n'importe quel pouvoir en place de contrôler entièrement la « libération des mœurs » qui en est l'accompagnement logique [**2**]. Commence alors, dans toutes les nations du monde confrontées à ce genre de situation, cette lutte classique entre « libéraux » et « conservateurs » (les premiers recevant généralement l'appui immédiat de la « communauté internationale » et des défenseurs des « droits de l'homme ») dont l'issue est, à terme, presque toujours identique, étant donné le mouvement « sinistrogyre » (Albert Thibaudet) qui définit la pente naturelle du capitalisme. On trouvera, sur ce point, des indications intéressantes dans l'ouvrage déjà mentionné de Giovanni Arrighi, *Adam Smith à Pékin*.

[**1**] Tout ce qu'on peut dire, c'est que la politique de Mao – en détruisant méthodiquement tous les fondements traditionnels de la *common decency* (et quelques millions de Chinois au passage) – avait préparé la base anthropologique idéale d'une société capitaliste.

[**2**] Encore faut-il – naturellement – tenir compte des structures concrètes de chaque capitalisme. On pourrait ainsi, dans l'absolu, imaginer une société libérale dont l'économie serait entièrement tournée vers l'exportation et dont la consommation intérieure serait

donc réduite au minimum (sauf, bien sûr, pour la bourgeoisie exportatrice et les catégories sociales qui lui seraient liées). Une coexistence relativement pacifique entre cette forme d'économie de marché et un pouvoir fondamentalement autoritaire (voire « conservateur ») serait alors théoriquement possible (notons que c'est d'ailleurs encore partiellement le cas de la Chine « communiste », puisque la consommation privée n'y représente que 37 % du PIB contre – par exemple – 71 % aux États-Unis). En revanche, sitôt que la consommation intérieure *ostentatoire* (c'est-à-dire le développement d'un mode de vie capitaliste fondé sur la mode, le spectacle et la *movida*) commence à dépasser un certain pourcentage du PIB, il est inévitable – à plus ou moins long terme – que les « mœurs » évoluent dans un sens individualiste, narcissique et libéral (autrement dit, « de gauche », au sens contemporain du terme) et que le contrôle strictement totalitaire de la population devienne progressivement problématique, voire définitivement impossible. C'est alors que, dans l'intérêt même de l'élite au pouvoir, le vieux système du parti unique doit peu à peu céder sa place à une forme ou une autre de « régime représentatif », adoubé par la « communauté internationale » et désormais fondé – comme tous ses semblables – sur le principe de l'*alternance unique* (autrement dit, du « combat » savamment mis en scène par les médias officiels – sur le modèle « TF1 contre Canal Plus » – entre une gauche « citoyenne » et moderniste, chargée de reprendre systématiquement à son compte toutes les transformations morales et culturelles engendrées par la dynamique capitaliste, et une droite libérale qui doit, à l'inverse, *feindre* en permanence d'être « conservatrice » et de défendre les valeurs éthiques anticapitalistes auxquelles les classes populaires sont encore massivement attachées). Cette division du travail entre les deux faces opposées du ruban de Möbius libéral s'est toujours avérée incomparablement plus efficace que le vieux système du parti unique (et l'on comprend que la gauche et la droite libérales aient désormais un intérêt commun à présenter leur « antagonisme » électoral comme indépassable).

Question 10

Certaines de vos analyses sur la société contemporaine peuvent être lues comme un jugement sévère à l'encontre de la « désinstitutionnalisation », par laquelle se trouve idéologiquement évacuée la fonction du « tiers », que cela soit en matière d'éducation, d'organisation familiale ou de respect d'une moralité commune. Vous retrouvez-vous dans la critique menée par des philosophes, des sociologues et des psychanalystes (Gauchet, Dufour, Lebrun, Melman) qui voient dans la société postmoderne l'émergence d'un « nouveau type anthropologique », fondé sur un narcissisme de toute-puissance incapable d'intérioriser les limites et interdits que suppose toute vie collective ? Faites-vous un lien direct entre cet individualisme radical et l'hégémonie grandissante du marché dans toutes les sphères sociales ?

Lorsqu'on se penche sur la longue histoire des civilisations humaines, on doit toujours éviter deux écueils. Ne voir que l'unité là où il y a aussi la différence (la conscience comme « principe inné de vertu » et « instinct divin, immortelle et céleste voix ») ou ne voir que la différence là où il y a aussi l'unité (« Vérité en deçà des Pyrénées, erreur au-delà »). Soit, en d'autres termes, ce que François Jullien a appelé « l'universalisme facile » et le « relativisme paresseux ». Pour contourner ces deux écueils, il faut comprendre que l'unité du genre humain ne repose pas tant sur la permanence d'une hypothétique « nature » (même si l'éthologie et la biologie ont beaucoup de choses à nous apprendre à ce sujet) que sur l'existence d'un certain nombre de situations auxquelles l'homme est inéluctablement confronté et qui définissent sa *condition*. Comme l'écrivait Maurice Godelier, « dans toutes les sociétés, à toutes les époques, les humains se sont interrogés sur ce que signifie, pour un être humain, de naître, de vivre, de mourir, sur les formes de pouvoir qui sont légitimes et celles qui ne le sont pas ». « Si être "relativiste" dans les sciences sociales – ajoutait-il – c'est reconnaître que les questions posées et les réponses données par différentes sociétés à différentes époques sont toutes spécifiques et prennent sens dans des univers culturels distincts, alors on voit mal comment les anthropologues pourraient échapper au relativisme. Mais si l'on veut pousser le relativisme plus loin et affirmer que tous ces univers sociaux sont radicalement étrangers les uns aux autres et que, n'ayant rien de commun entre eux, ils restent incomparables et inaccessibles à d'autres que ceux qui les ont produits et vécus, alors on en vient à nier ou à détruire la possibilité même qu'il existe des sciences sociales [1]. »

Parmi toutes les situations invariantes qui caractérisent ainsi la condition humaine, l'une des plus fondamentales, et des plus étranges, est sans doute la manière spécifique dont l'animal humain doit se séparer de la mère qui l'a enfanté. Alors que chez les autres mammifères cette séparation advient naturellement, elle requiert chez l'être humain l'intervention d'un *tiers séparateur* qui ne peut être institué que par le langage – autre spécificité de l'animal humain. Dans l'histoire des civilisations, « père » est habituellement le nom qui a été donné à cette figure tierce, en sorte que l'homme pourrait être défini comme l'animal qui ne peut devenir ce qu'il est (autrement dit s'humaniser) sans la médiation d'un « père », quel que soit l'individu (ou l'instance sociale) qui viendra occuper

1. Maurice Godelier, *Au fondement des sociétés humaines. Ce que nous apprend l'anthropologie* (Flammarion, 2010, p. 62).

la place correspondant à ce nom. Si la fonction paternelle – inconnue des autres animaux – ne désigne ainsi « rien d'autre que ce qui va contraindre, mais aussi aider un sujet à se séparer de la mère [1] », on comprend alors non seulement quel est le prix redoutable que tout être humain doit acquitter pour advenir à lui-même (c'est-à-dire pour devenir un sujet autonome), mais également quels en seront les effets de structure sur sa manière personnelle d'affronter la vie. Il lui faudra nécessairement accepter, en effet, de s'extraire de la relation fusionnelle qui l'unissait à l'origine à l'autre maternel – à la fois secourable et menaçant – et, pour cela, de renoncer définitivement à la forme de « jouissance » archaïque que ce collage incestueux à la mère garantissait primitivement – avant même l'apparition du langage articulé (ce qui rend proprement ineffable le souvenir de ce paradis perdu).

L'interdiction de l'inceste – qu'on la saisisse par sa face anthropologique ou par sa face psychanalytique [2] – possède donc toujours un double aspect. D'un côté, elle conduit à inscrire au cœur de la condition humaine un manque structural, et, par là même, le principe d'une insatisfaction « ontologique » (l'*uneasyness* de Locke). Mais, de l'autre, c'est précisément cette incomplétude constitutive de l'être

1. Jean-Pierre Lebrun, *La condition humaine n'est pas sans conditions* (Denoël, 2010, p. 86).

2. S'il existe, chez certaines espèces animales, des formes embryonnaires de prohibition de l'inceste, elles ne peuvent relever que d'un refoulement de fait (de nature sans doute biologique) et non d'un d'interdit symbolique explicitement porté par le langage.

humain qui rend possible le « travail de se confronter à ce manque pour se constituer sujet désirant [1] », c'est-à-dire comme sujet autonome, capable d'inventer sa manière singulière d'habiller ce manque ou, avec le temps, de s'accommoder sagement de lui. C'est, en dernière instance, ce qui explique que la plupart des pathologies individuelles (celles qui ne tiennent ni à la biologie du sujet ni au contexte social dans lequel il est inscrit) [**A**] trouvent leur origine première dans les différentes façons de manquer cet indispensable travail de deuil (ou, en termes lacaniens, d'assumer la « castration »). Et leur noyau commun est toujours, d'une manière ou d'une autre, une forme particulière d'égocentrisme (la « folie » représentant la forme extrême de cet enfermement sur soi – d'où sa mythification dans la culture romantique libérale), c'est-à-dire de maintien du sujet (ou de régression) à un stade infantile de son propre développement.

Pour l'essentiel, le contenu normatif, ou éthique, de la psychanalyse devrait s'arrêter là – ce qui est déjà apparemment beaucoup trop pour ces analystes libéraux qui entendent placer l'intégralité de la cure sous le signe exclusif de la « neutralité axiologique » [**B**]. Quant aux formes concrètes de la fonction paternelle, elles doivent naturellement être définies indépendamment des limites propres à une culture donnée (à commencer par la culture viennoise de l'époque de Freud). Rien n'autorise, en effet, à soutenir que le *tiers*

1. Jean-Pierre Lebrun, *La condition...*, *op. cit.*, p. 93.

séparateur doit nécessairement être le géniteur biologique de l'enfant, ni, *a fortiori*, que l'autorité patriarcale soit la seule forme concevable d'exercice de cette fonction. La moindre connaissance de l'anthropologie suffit à balayer ces préjugés.

Ce qui, en revanche, a modifié en profondeur les données du problème, c'est assurément la mise en œuvre expérimentale, depuis maintenant plus de deux siècles, de l'hypothèse capitaliste. Avec celle-ci, en effet, nous avons clairement affaire à une remise en question radicale de tous les montages symboliques qui avaient jusqu'ici permis à l'espèce humaine de survivre et d'évoluer [1]. Remise en question *qui n'en est encore qu'à ses débuts* et dont aucun des pères fondateurs de l'utopie libérale (à l'exception, peut-être, du marquis de Sade) n'aurait pu imaginer la nature, l'ampleur ou même la simple possibilité. Cette mutation anthropologique en cours tient fondamentalement à l'essence de cette utopie. Dans la cité qu'elle exhorte à construire, les seules institutions qui soient, en effet, philosophiquement fondées à limiter le pouvoir que chacun posséderait « par nature » de « vivre comme il l'entend » sont le marché autorégulateur (autrement dit, la libre concurrence entre les agents économiques aux intérêts opposés) et le droit procédural (autrement dit, la libre concurrence entre les plaideurs aux intérêts opposés). Soit, en d'autres

1. L'idée que le capitalisme de consommation est inséparable d'une « révolution anthropologique » – c'est-à-dire de la formation d'un homme nouveau – est au centre de toutes les analyses de Pasolini.

termes, deux processus par définition *sans sujet* destinés à remplacer le gouvernement « idéologique » des hommes par l'administration « technique » des choses [1], et conçus à ce titre comme des dispositifs « axiologiquement neutres », pilotés par des « experts » (la seule valeur philosophique commune que le libéralisme reconnaisse – à savoir la « liberté » – étant précisément définie comme le droit pour un individu de choisir arbitrairement ses propres valeurs privées, à charge pour lui de respecter le choix symétrique des autres).

Dans une société libérale devenue intégralement conforme à son concept (la gauche moderne représente le mouvement idéologique qui milite avec le plus d'ardeur et de constance pour la réalisation de cet objectif encore lointain), toute limitation signifiée aux désirs ou aux caprices privés des individus ne pourrait donc être vécue que comme une intervention inadmissible de la collectivité, une « discrimination » inacceptable, ou une « stigmatisation »

1. Le projet de substituer l'« administration des choses » au « gouvernement des hommes » (pour reprendre la formule de Saint-Simon) fonde ce que Jean-Claude Milner nomme la « politique des choses ». « Dans sa version de gauche et dans sa version de droite, au point de bifurcation entre utopie sociale et technocratie, le gouvernement des choses a connu bien des variantes et bien des légitimations. Tantôt les sciences de la nature, tantôt l'idéologie du progrès technique, tantôt la planification, tantôt la pure et simple mise en forme administrative ou comptable. Toutefois le mouvement est toujours fondamentalement le même : les choses décident à la place des hommes » (*La Politique des choses*, Verdier, 2011, p. 25).

scandaleuse, contre lesquelles, au nom des « droits de l'homme », il est nécessaire de s'insurger. On comprend, dès lors, pour quelles raisons structurelles la *question de l'éducation* (qu'elle soit scolaire ou familiale) devait devenir l'un des points de cristallisation majeurs de toutes les contradictions de la société capitaliste. Au nom de quelle autorité, en effet, un « tiers » pourrait-il s'immiscer entre la loi du marché (ou celle du droit procédural et des « travailleurs sociaux » qui en sont la main la plus visible) et la liberté de l'enfant ? Autoriser ce tiers à poser le moindre interdit philosophique ou moral reviendrait forcément à imposer à l'enfant (ou à l'élève) les valeurs arbitraires d'un choix purement idéologique qui devrait toujours demeurer privé (dans le jargon des disciples de Philippe Meirieu, on dira que toute forme d'éducation non libérale constitue une insupportable « violence symbolique » exercée à l'endroit de l'enfant (ou de l'élève) et une négation de son droit fondamental à être le « sujet de son propre apprentissage »)[1]. La récente croisade des intégristes

1. Pour un développement particulièrement surréaliste de ce dogme libéral, on lira *La Fabrique de l'impuissance, 2*, de Charlotte Nordmann (Éditions Amsterdam, 2007). L'auteur, productrice à France Culture, y dénonce à chaque page une « école républicaine » dont l'esprit et les méthodes conservatrices seraient demeurés inchangés, pour l'essentiel, au cours des trois dernières décennies (l'idée que le mouvement perpétuel est la loi réelle du système capitaliste semble tout à fait étrangère à cette dame) et dont les enseignants (qui n'auraient visiblement choisi ce métier que pour assouvir leur volonté de puissance) n'ont apparemment pas d'autre souci que de détruire l'esprit critique spontané de leurs élèves (sans doute avons-nous affaire ici à un simple phénomène de projection, au sens psychanaly-

libéraux sur la question symbolique de la « gifle » – assimilée, pour les besoins de la cause, au fait de « battre » l'enfant – ne constitue que la forme la plus médiatique de cette manière de voir.

Ce principe du *tiers exclu* – qui se trouve ainsi au cœur de l'idéologie capitaliste développée – rend donc, à terme, inévitable la délégitimation de toutes les figures de l'autorité qui ne sont pas fondées sur une compétence strictement « technique » – à commencer par celles qui prétendent s'appuyer sur l'expérience de la vie [**C**]. Les conséquences anthropologiques d'une telle délégitimation sont faciles à imaginer. De fait, la civilisation libérale est la première, dans l'histoire de l'humanité, qui tende *par principe* à priver le sujet individuel de tous les appuis symboliques collectifs nécessaires à son humanisation et qui rende ainsi de plus en plus problématique ce décollage indispensable d'avec la mère [**D**], sans lequel il n'est pas d'autonomie personnelle concevable (et cela d'autant plus que la dissolution parallèle des relations sociales primaires par le développement de la logique juridico-marchande permet de moins en moins aux structures locales – comme, par exemple, la vie de quartier – de jouer pleinement leur ancien

tique du terme). Pour un démontage radical de ce chef-d'œuvre d'aveuglement idéologique libéral (d'inspiration foucaldienne – doxa universitaire oblige), on se reportera à l'analyse impitoyable de Florent Gouget, parue dans le numéro 10 de l'excellente revue *Notes et morceaux choisis. Bulletin critique des sciences, des technologies et de la société industrielle* (La Lenteur, hiver 2010).

rôle correcteur). On connaît à présent l'effet principal de cette reconfiguration anthropologique. C'est l'apparition progressive, dans le paysage humain, d'un nouveau type d'individu artificiellement maintenu en enfance, dont le *consommateur* compulsif représente la figure emblématique et dont l'addiction à la jouissance immédiate (opposée, comme telle, à tout sens de l'effort – et donc à toute recherche épicurienne du plaisir) est devenue le signe distinctif. Bien entendu, et comme Polanyi l'avait déjà souligné, ce qui s'avère ainsi désastreux pour l'autonomie et le bonheur des êtres humains se révèle, en revanche, excellent pour l'économie et la « croissance ». Ce que j'ai ainsi appelé le « nouveau *mater*-ialisme » (en référence aux fondements archaïques et pré-œdipiens de cette volonté de jouissance) constitue assurément le moteur le plus puissant de la quête toujours recommencée – à travers la consommation de gadgets inutiles qui se succèdent à l'infini [1] – de l'objet maternel premier auquel il a fallu

1. L'une des plus grandes forces du capitalisme développé est d'avoir appris à convertir en permanence les insatisfactions qu'il engendre (ou les crises et les catastrophes qu'il suscite) en moteurs fondamentaux de sa propre expansion indéfinie. Chaque monade humaine y est en effet dressée à consommer toujours plus (et donc à diriger sans cesse son désir sur les derniers gadgets que la propagande publicitaire lui présente comme indispensables), aiguillonnée par l'espoir chimérique qu'elle pourra mettre ainsi un terme au calvaire moral d'une vie invivable puisque précisément fondée sur la seule consommation. Ce mouvement en spirale est évidemment sans fin. Si le capitalisme moderne exerce une telle emprise psychologique sur les individus qu'il a atomisés et déracinés, c'est donc bien d'abord parce qu'il s'appuie sur les mêmes ressorts affectifs et émotionnels que ceux qui gouvernent l'addiction à la drogue. En ce sens, la religion de la consomma-

renoncer pour accéder au langage et à la liberté et qui, quoi qu'on fasse (fût-ce avec l'assistance chimique des drogues), *ne reviendra jamais.*

On saisit alors pour quelles raisons l'individu que la civilisation libérale *commence* seulement à produire en série éprouve les pires difficultés à intérioriser les limites et les interdits, pourtant indispensables à la construction d'une vie autonome. Faute de pouvoir prendre appui sur une quelconque autorité tierce – que tout le discours réel du capitalisme tend désormais à discréditer – il est, en effet, condamné à tourner indéfiniment en rond dans l'« arène de l'illimitation » (pour reprendre l'une des images de la société idéale telle que la conçoit Alain Badiou) en demeurant, d'un côté, rivé au souvenir inconscient de la mère fusionnelle et, de l'autre, pris entre l'enclume du marché et le marteau du droit. Il apparaît donc très difficile, dans ces conditions, de prendre à la lettre les fières proclamations « libertaires » et « citoyennes » sous lesquelles cet *homo liberalis* abrite généralement son désir éperdu de reconnaissance et son besoin pathétique de consolation.

En fait, et comme Christopher Lasch et Slavoj Žižek l'ont amplement démontré, cet individu

---

tion apparaît comme le véritable *opium des peuples modernes.* C'est pourquoi la construction d'un monde décent ne saurait être envisagée sans un travail parallèle d'auto-désintoxication de l'âme humaine et sans l'élimination correspondante de toutes ces substances « personnicides » (selon la belle expression de Lucien Sève) dont le capitalisme de consommation a su faire un commerce rentable.

pitoyable ne parvient à contourner – tant bien que mal – les interdits symboliques les plus élémentaires (ceux qui sont portés par une parole interpellant explicitement le sujet, à l'image, par exemple, des obligations de la logique du don ou de la décence commune) que dans la mesure où il se trouve toujours déjà soumis au contrôle direct, *et autrement plus sévère*, de son « surmoi archaïque » (ou pré-œdipien) et des féroces figures *maternelles* qui en constituent l'étoffe ultime [**E**]. On conçoit que le climat intérieur de rage envieuse, de culpabilité profonde et de frustration narcissique qui accompagne inévitablement cette tyrannie de l'inconscient ne soit guère propice à cet accord avec soi-même qui définit l'autonomie adulte et rend, par conséquent, possible l'intériorisation des principes de la *common decency* ou de la logique du don.

Bien entendu, le nouvel Adam libéral, dont je viens ainsi d'esquisser à grands traits la psychologie « rebelle » et narcissique, ne constitue qu'un modèle simplifié ou, si l'on veut, une forme limite et tendancielle des transformations anthropologiques en cours. Il s'agit, avant tout, d'un prototype expérimental – certes déjà testé avec un succès foudroyant dans des secteurs toujours plus vastes de la jeunesse moderne (il suffit d'écouter le témoignage des enseignants ou d'ouvrir soi-même les yeux) – mais dont la *mise définitive sur le marché* rencontre encore de nombreux obstacles, notamment dans les classes populaires (pour les enfants gâtés de l'« élite » la question ne se pose évidemment pas puisque, par définition, seul un être immature peut aimer le pouvoir, la richesse ou la « célébrité »).

En réalité, et malgré le pessimisme qui guette souvent les esprits les plus radicaux [1], il est clair que l'« homme ordinaire » – *the ordinary decent man*, comme l'appelait Orwell – est encore très loin d'avoir cédé sa place à cet *homme nouveau* que le capitalisme porte inévitablement en lui (la bourgeoisie, disait Marx, ne peut se développer sans « façonner un monde à son image »). Si tel n'était pas le cas, cela signifierait d'ailleurs que nous sommes déjà plongés dans un univers à la *Mad Max* ou à la *Blade Runner* (dont certaines mégapoles du « tiers-monde », il est vrai, offrent dès maintenant une image plausible) et cela voudrait dire que le capitalisme a *intégralement* triomphé. Ce qui explique, au contraire, le « retard » relatif de la révolution culturelle libérale sur ses propres objectifs historiques, c'est paradoxalement la nature essentiellement « parasitaire » (selon l'expression de Slavoj Žižek) du système capitaliste. Non pas tant au sens premier du terme – bien qu'il soit clair que la fortune des grands de ce monde repose, avant tout, sur un rapport de force politique favorable qui leur permet de déplacer à leur profit (et sans trop d'efforts personnels) une part croissante de la richesse

1. Comme on le sait, c'était la position extrême que Guy Debord avait fini par défendre dans ses *Notes sur la question des immigrés* (1985). Pour lui, la puissance du système capitaliste était désormais telle que « l'immense majorité de la population » française se trouvait déjà « enfermée et abrutie » dans le « ghetto du nouvel apartheid spectaculaire » (*Œuvres*, Quarto, Gallimard, p. 1591). Notons, cependant, que Debord consentait encore à faire une exception pour des pays comme l'Espagne, l'Italie ou l'Algérie.

créée par le travail des autres [1]. Mais d'abord au sens où, en biologie, on appelle « parasitaire » un organisme qui se nourrit et se développe aux dépens des principes vitaux d'une autre espèce.

De fait, et comme Castoriadis n'a cessé de le rappeler, le système libéral n'a réussi, jusqu'à présent, à fonctionner de façon à peu près efficace – du moins selon ses propres critères – que parce qu'il « avait hérité d'une série de types *anthropologiques* qu'il n'avait pas créés et *n'aurait pas pu créer lui-même* : des juges incorruptibles, des fonctionnaires intègres et weberiens, des éducateurs qui se consacrent à leur vocation, des ouvriers qui ont un minimum de conscience professionnelle, etc. Ces types ne surgissent pas et ne peuvent pas surgir d'eux-mêmes, ils ont été créés dans des périodes historiques antérieures, par référence à des valeurs alors consacrées et incontestables : l'honnêteté, le service de l'État, la transmission du savoir, la belle ouvrage, etc. [2] ». Sans ce pouvoir constitutif (et en partie inconscient) de parasiter les valeurs morales et philosophiques des « sociétés-hôtes », c'est-à-dire des sociétés à l'intérieur

1. Sur l'idée que la répartition – entre les différentes classes de la société capitaliste – de la richesse collectivement produite ne dépend ni du travail réellement effectué, ni même des « lois de l'offre et de la demande », mais d'abord du rapport de force politique existant entre ces classes, on lira les analyses extraordinairement éclairantes de Paul Jorion – analyses fondées sur l'idée iconoclaste (mais nourrie par son expérience personnelle du monde de la finance) que le « retour à Aristote constitue, en réalité, une radicalisation de l'approche de Marx (*Le Prix*, Éditions du Croquant, 2010).

2. Cornelius Castoriadis, *La Montée de l'insignifiance*, Seuil, 1996, p. 68.

desquelles la logique libérale avait été introduite à titre expérimental – le système capitaliste (comme volonté *politique* de contrôler l'ensemble des activités humaines par le marché autorégulateur et le droit procédural) n'aurait sans doute jamais pu dépasser le stade d'une utopie ingénieuse, paralysé qu'il était par son devoir officiel de « neutralité axiologique ».

On peut donc dire, d'une manière paradoxale, que ce qui avait jusqu'ici permis à ce système de croître dans les proportions que nous connaissons est aussi ce qui a longtemps contribué à ralentir (voire, sur certains points, à infléchir) le développement impétueux de sa logique fondamentale. En d'autres termes, c'est seulement l'existence de « gisements culturels » (selon l'expression de Castoriadis) légués par l'histoire antérieure, et dans lesquels le capitalisme puisait sans vergogne une part essentielle des ressources morales nécessaires à son expansion, qui a permis à ce dernier d'étendre jusqu'à nos jours les bases de son règne impitoyable. Le problème c'est que la *croissance culturelle* est condamnée à rencontrer les mêmes obstacles que la croissance économique. De même que cette dernière ne peut exploiter à l'infini les ressources fossiles et minérales de la planète sans détruire, à la longue, ses propres présupposés matériels, de même, la croissance culturelle du capitalisme (que les libéraux de gauche vénèrent sous le nom darwinien d' « évolution des mœurs ») ne saurait exploiter à l'infini le trésor anthropologique accumulé par les générations précédentes (et, en premier lieu, la vieille logique du don et ses développements éthiques ultérieurs) sans compromettre, à partir d'un certain seuil de « modernisation », les conditions mêmes de la survie morale de l'humanité. Autrement dit, c'est précisément la « réussite » du système libéral (c'est-à-dire l'extension à toutes les sphères de l'existence sociale de la seule logique du calcul égoïste – ou du « choix rationnel » comme préfèrent dire les économistes libéraux) qui conduit inéluctablement à dissoudre tous ces points d'appui historiques et culturels sans lesquels cette réussite aurait été impossible [**F**].

Telle est bien, en définitive, la contradiction majeure de l'utopie libérale (ce que l'on pourrait appeler son *paradoxe de Midas*) [**G**]. Elle ne peut se développer au-delà d'un certain seuil sans détruire du même mouvement ses propres conditions de possibilités écologiques et culturelles. Certes, ses fondateurs auraient été les premiers surpris d'une telle évolution. Leur objectif initial, en effet, était avant tout de soustraire l'humanité à cette terrible « guerre de tous contre tous » que les guerres civiles de religion contenaient visiblement en germe, et dont l'absolutisme (fût-il celui du peuple souverain) représentait une forme de neutralisation incompatible avec la liberté individuelle. Et leur principale originalité avait précisément été de fonder ce projet politique, en lui-même parfaitement respectable, sur une image supposée « réaliste » des limites morales inhérentes à la nature humaine (comme l'écrit avec raison Pierre Manent – le libéralisme n'est, à l'origine, que « le scepticisme devenu institution »). De là, l'opposition rituelle, chez ces premiers libéraux, entre *l'homme tel qu'il est* (c'est-à-dire supposé n'avoir pour guide que le souci paisible de ses seuls intérêts privés) et les différentes tentatives de définir *l'homme tel qu'il devrait être* – tentatives « religieuses » ou « républicaines » – qui constituaient, à leurs yeux, l'éternelle source métaphysique de toutes ces utopies vertueuses – ou « idéologies » – au nom desquelles les individus seraient voués à s'entretuer jusqu'à la fin des temps.

Mais les idéologies ont leur propre logique et leur propre destin. L'ironie de l'histoire (aussi cruelle que dialectique), c'est que le projet libéral – du fait même de l'idéal de « neutralité axiologique » que son pessimisme anthropologique et son scientisme appellent inévitablement – ne pouvait développer toutes les implications dont il était logiquement porteur, que sous la forme d'un monde en tout point contraire aux intentions initiales de ses fondateurs : un monde, nous le savons à présent, dans lequel la notion même de limite est devenue impensable et où l'idéal d'un être humain autonome est destiné à s'effacer, selon la formule inconsciemment prophétique de Michel Foucault, « comme à la limite de la mer un visage de sable ». Il ne s'agit certes pas d'accabler, après coup, les initiateurs d'un tel projet (chacun demeure le fils de son temps, pour le meilleur et pour le pire). Mais cela n'exonère en rien leurs tristes héritiers contemporains (qui, eux, n'ont plus la moindre excuse à faire valoir) des terribles responsabilités qui sont devenues les leurs, dans la destruction présente du monde.

Scolies X

[**A**]

[… *contexte social dans lequel il est inscrit…*]

Dans les sociétés traditionnelles, les pathologies individuelles sont plus faciles à saisir comme telles dans la mesure où le « discours social » (selon l'expression de Jean-Pierre Lebrun) est – *pour le meilleur et pour le pire* – un discours partagé (dans certaines cultures africaines, par exemple, la « sorcellerie » vise de façon privilégiée ceux qui cherchent à se soustraire aux obligations du don et qui sont donc déjà considérés, à ce titre, comme « possédés »). Dans une société capitaliste, au contraire, la déconstruction méthodique de tout « discours social » – et l'injonction corrélative à l'égoïsme (par exemple, à travers la propagande publicitaire ou la « culture de masse ») – rendent infiniment plus difficile le maniement de ces distinctions. Où commence, par exemple, l'usage « pathologique » du téléphone portable ou de l'ordinateur ? Pour paraphraser saint Paul, on pourrait dire que c'est ici la sagesse des gens ordinaires qui est folie aux yeux du marché. Et réciproquement.

[B]

[… *sous le signe exclusif de la « neutralité axiologique »*…]

Dans la mesure où l'idée d'une psychanalyse intégralement libérale est difficile à soutenir jusqu'au bout (sauf à la transformer en simple technique d'adaptation aux conditions existantes), il faut plutôt s'attendre, désormais, à une attaque généralisée des libéraux contre la psychanalyse *en tant que telle*. Cela ne signifie pas, bien entendu, que toutes les pratiques existantes des analystes pourraient échapper à la discussion (de Deleuze à Onfray, la critique libérale a souvent frappé juste sur ce point). Mais cela ne saurait justifier, pour autant, la disqualification radicale dont elle est à présent l'objet (je laisse de côté le rôle des *spin doctors* de l'industrie pharmaceutique dans toute cette opération). On songe à Orwell écrivant que « rejeter le socialisme sous prétexte qu'il compte en son sein tant de piètres personnages est aussi inepte que de refuser de prendre le train parce que le contrôleur a une tête qui ne vous revient pas » (*Le Quai de Wigan*).

[**C**]

[... *l'expérience de la vie...*]

L'autorité de l'expérience *vécue* (même si elle n'a évidemment rien d'absolu) se fonde d'abord sur une dissymétrie radicale : l'adulte a été un enfant mais la réciproque n'est pas vraie. Si cette expérience se voit discréditée dans sa totalité (au nom, par exemple, des « droits de l'enfant » – celui-ci étant déjà supposé pouvoir « philosopher » dès l'école maternelle), la seule figure d'autorité qui restera disponible sera donc celle de l'« expert » (« en l'absence d'adultes, on se met à faire confiance aux experts », écrivait déjà George Trow). De là, un des paradoxes majeurs de la société libérale. D'un côté, elle diabolise tout jugement de valeur (« de quel droit vous permettez-vous de juger autrui ? ») mais, de l'autre, elle est conduite à valider le retour inévitable du moment normatif sous la forme d'une généralisation systématique des pratiques dites d'évaluation (pratiques que les gestionnaires libéraux s'efforcent logiquement de présenter comme purement « techniques ») [**1**]. Sur tous ces problèmes, on lira l'ouvrage de Jacques-Alain Miller et de Jean-Claude Milner, *Voulez-vous être évalués ?* (Grasset, 2004).

[**1**] Comme le rappelle Jean-Claude Milner, cette idéologie de l'évaluation, qui est devenue l'un des axes majeurs de la gouvernance libérale, a tout d'abord été expérimentée dans l'éducation nationale. « En France, l'école a été pionnière ; le pédagogisme et les sciences

de l'éducation y ont fonctionné comme des précurseurs de l'évaluationnisme. Ils annonçaient ce qui s'est aujourd'hui étendu à la société entière » (*La Politique des choses*, *op. cit.*, p. 17). On ne saurait mieux souligner tout ce que la gestion du capitalisme moderne doit, en France, aux idées d'un Philippe Meirieu. Gageons que la classe dirigeante saura récompenser un employé aussi précieux en lui offrant, un de ces jours, un poste de député européen. Elle ne saurait faire moins.

[**D**]

[... *ce décollage indispensable d'avec la mère...*]

L'un des symptômes les plus grotesques de l'« infantilisation planétaire » (Jean-Claude Milner) qui accompagne le développement de la société libérale est la substitution désormais générale (notamment, dans le monde des médias) des termes de « papa » et de « maman » à ceux de « père » et de « mère » (Marcel Pagnol serait, à coup sûr, moins méprisé par les intellectuels de gauche s'il avait écrit *Le Château de ma maman* ou *La Gloire de mon papa*). Ce qui prouve bien le caractère strictement œdipien de ce nouvel usage des mots, c'est que personne ne songerait à l'étendre aux autres figures de la parentèle. Même un journaliste des *Inrockuptibles* s'abstiendra d'évoquer la « tata » de Balzac ou le « tonton » de Dostoïevski (si, toutefois, il s'abaisse encore à citer des auteurs d'une aussi mince importance).

[**E**]

[… *et des féroces figures maternelles qui en constituent l'étoffe ultime*…]

Le matriarcat est le véritable horizon *psychologique* de la société libérale développée [**1**]. Cela ne discrédite en rien le combat féministe (dont la revendication matriarcale, comme Simone de Beauvoir l'avait bien vu, est une simple contrefaçon). Toute femme n'est pas destinée à être mère, et toute mère n'est pas possessive et castratrice (de même que tout père n'est pas un patriarche biblique ou victorien). L'expérience du monde contemporain prouve même qu'il n'existe aucune contradiction entre ce matriarcat psychologique généralisé et le maintien de la domination masculine, notamment dans l'univers politique et économique. On sait bien que derrière tout Néron il y a généralement une Agrippine.

[**1**] Le film *Matrix* aurait-il rencontré le même écho dans l'inconscient collectif des adolescents s'il s'était appelé *Patrix* ?

[**F**]

[… *cette réussite aurait été impossible*…]

Les « gisements culturels », dont l'exploitation a permis au capitalisme de survivre jusqu'à nos jours, n'ont évidemment jamais formé un bloc homogène.

Certaines de ces traditions culturelles (comme, par exemple, celles qui prenaient appui sur la logique du don ou sur la *common decency*) constituaient, une fois dégagées de leurs limites historiques, une base privilégiée pour le développement d'un monde socialiste (on se souvient ainsi du rôle que les populistes russes attribuaient au *mir* – cette forme de démocratie radicale villageoise – dans la construction d'une société socialiste). D'autres, au contraire (comme la subordination des femmes ou la persécution des homosexuels), étaient manifestement incompatibles avec le fonctionnement normal d'une société décente. Distinguer entre « les bonnes et les mauvaises variétés de conservatisme » (Orwell) représentait donc une tâche politique absolument prioritaire pour les partisans du socialisme. En revanche, du point de vue d'une gauche progressiste, libérale et « contestataire », un tel travail critique ne pouvait avoir aucun sens puisque c'est précisément le passé en tant que tel qui devait être refusé *dans sa totalité*.

Plus de quarante ans après Mai 68, chacun pourra donc vérifier par lui-même où devait nécessairement conduire la victoire de l'imaginaire progressiste de l'illimitation – autrement dit celui de la gauche et de son complexe d'Orphée – sur l'idée socialiste d'une société « libre, égalitaire et *décente* » (Orwell).

[G]

[... *ce que l'on pourrait appeler son* paradoxe de Midas...]

Si la politique capitaliste de croissance indéfinie, et donc de consommation énergétique toujours plus élevée, engage progressivement l'humanité dans une impasse absolue (dont les conséquences les plus catastrophiques – sur le plan humain comme sur le plan écologique – sont encore à venir), c'est, en dernière instance, parce que la logique libérale qui fonde et anime cette politique de croissance ne saurait être *universalisée sans contradiction.* C'est pourquoi la « pyramide de Ponzi » (rendue célèbre par Bernard Madoff et que les manuels d'économie officiels présentent habituellement comme une simple forme d'escroquerie parmi d'autres – fondée sur le financement artificiel des premiers de la chaîne par ceux qui, arrivant après eux, ne pourront jamais bénéficier de l'effet d'enrichissement promis à tous) devrait bien plutôt être considérée comme le symbole même du système libéral. Il est, en effet, logiquement impossible à une civilisation capitaliste de se refermer intégralement sur elle-même : dans les faits, elle ne peut réellement fonctionner qu'en exploitant sans cesse ces valeurs morales et culturelles *non marchandes* le plus souvent nées à des époques antérieures, et que sa propre croissance contribue justement à épuiser de façon inexorable. Et pourtant c'est bien ce programme *historiquement suicidaire* que, depuis plus de trente ans, tous les gouvernements libéraux – qu'ils soient de droite ou de gauche – ont décidé de tenir pour « inéluctable » et entrepris de poursuivre sous le nom de « mondialisation ».

Au-delà de tout ce qui nous savons sur l'égoïsme, la cupidité, l'arrogance et la vanité sans borne de tous ceux qui dirigent ce monde – qu'ils sévissent dans l'économie, la politique ou le spectacle –, il serait donc peut-être temps de soulever également une autre question : celle des liens qui semblent désormais unir, au plus profond de l'inconscient collectif, les progrès exponentiels du mode de vie capitaliste (« vivre sans temps morts et jouir sans entraves ») et ce que Freud avait appelé – à la lumière des combats insensés de la Première Guerre mondiale – l'« au-delà du principe de plaisir » et la « pulsion de mort ». Ce serait sans doute une autre manière d'interroger les fondements cachés du *complexe d'Orphée*.

Table

Mise en page par Meta-systems
59100 Roubaix

CET OUVRAGE
A ÉTÉ ACHEVÉ D'IMPRIMER
SUR ROTO-PAGE
PAR L'IMPRIMERIE FLOCH
À MAYENNE EN OCTOBRE 2011

N° d'édition : L.01EHBN000433.A003 – N° d'impression : 80840
Dépôt légal : octobre 2011
(Imprimé en France)